游艇管理丛书

游艇主题活动策划

The Yacht Theme Activities Planning

钱旭潮 王 龙 余菲菲 赵 冰 编著

科学出版社

北 京

内 容 简 介

主题活动既是人们日常生活的重要内容，也是组织内部的文化活动，更是组织间的商务活动。主题活动既能增加人们的知识与体验，也能带来良好的人际沟通，增强人们之间的相互了解和理解。本书在一般性地阐释主题活动的意义、策划的原则和流程的基础上，着重论述了基于游艇的亲水性、私密性和运动性的游艇主题活动的类型、活动内容、形式和条件，为游艇俱乐部组织游艇主题活动提供了理论基础和策划范例，为游艇主题活动参与者如何选择合适的游艇主题活动提供了帮助。

本书适合企业、各类社会组织的人力资源和营销部门的管理人员，以及游艇俱乐部和其他消费服务业的经营者或管理人员阅读，也可作为大学工商管理类专业师生的参考用书。

图书在版编目（CIP）数据

游艇主题活动策划/钱旭潮等编著．—北京：科学出版社，2014

（游艇管理丛书）

ISBN 978-7-03-039175-9

Ⅰ．①游…　Ⅱ．①钱…　Ⅲ．①游艇-活动-营销策划　Ⅳ．①F715

中国版本图书馆 CIP 数据核字（2013）第 276152 号

责任编辑：魏如萍 / 责任校对：郑金红

责任印制：徐晓晨 / 封面设计：无极书装

科 学 出 版 社 出版

北京东黄城根北街 16 号

邮政编码：100717

http://www.sciencep.com

北京虎彩文化传播有限公司 印刷

科学出版社发行　各地新华书店经销

*

2014 年 3 月第 一 版　开本：720×1000 B5

2019 年 1 月第四次印刷　印张：16 1/2

字数：300 000

定价：66.00 元

（如有印装质量问题，我社负责调换）

丛书编委会

总　　序

随着我国社会经济的迅猛发展，人民生活水平的提高，游艇生活正在向我们走来。

和住房、轿车不同，游艇生活本身没有多少功能性。游艇既不是交通运输工具，也不提供其他诸如省时、省力等功能性便利。游艇带给人们的只是精神上的愉悦，而且这种精神愉悦还很纯粹，并不必然以某种功能性为基础。正所谓，湖光潋滟，阳光沙滩，黛瓦白墙，小桥流水，或轻风拂面，或疾风迅驰，我心淌漾，仅此而已。

可见，游艇生活需求不能产生于自然驱动，也不能产生于日常工作生活的经验驱动，而只能产生于交往驱动或营销驱动，消费者教育成为游艇生活普及的必修课。对于游艇生活服务从业者来说，如何使游艇生活充满乐趣，提供什么样的服务，如何提供服务都是新的课题。

一种新的生活方式必然造就一系列的新需求。各种不同类型的游艇可以以新的方式满足或激发人们对运动、休闲、社交和探险等欲望。可见，游艇生活是一种积极、健康的生活方式，它必定能够极大地丰富人们的精神生活，提高人们的生活质量，增强人们的幸福感。

一种新的需求必定会促进一系列新产业的成长和相关产业的结构调整和升级。游艇生活不仅带来游艇制造业、维修业和游艇生活服务业等新产业，还将带动机械制造业、电器制造业、电子产业、信息产业、化工产业的结构调整和升级，推动国家自然保护区、水域环境、码头等基础设施和公共设施的建设和改善，为酒店、交通运输业、娱乐业提供新的发展机会。即为我国社会经济的进一步发展提供新的增长极，为产业结构调整提供新的方式和途径。

游艇生活不是一种以大量物质消耗和能源消耗为基础的生活方式，也不像轿车普及那样需要建设大量的道路、停车场等占用土地资源、影响环境和生态的基础设施。相反，游艇生活以自然水域为基础，要求良好的水域环境，还一个青山绿水的生态系统。所以，游艇生活是一种低碳的、可持续的生活方式。

由此，河海大学游艇管理研究中心组织力量设计编撰了这套丛书，以期达到以下目标：一是使我国消费者对游艇生活有一个直观的认识，揭开游艇生活昂贵、奢侈的面纱，还游艇生活运动、健康、放松的本来面目；二是帮助投资者了解围绕游艇生活发展所带来的各种市场机遇，避免盲目投资；三是为游艇生活服务业从业者提供俱乐部管理借鉴和进行游艇主题活动策划的方法，以使游艇生活更加丰富多彩，符合消费者需求；四是根据产业经济学原理，提出游艇产业发展理论，为政府宏观经济管理部门规划游艇产业发展提供理论指导。

河海大学是一所以水利为特色的研究型大学，河海大学商学院以“求天下学问，做工商精英”为办学宗旨，以“河海特色、世界知名”为战略定位，以“国际化、高层次、入主流、有特色”为发展路径，以“教育、科研、咨询、培训”四轮驱动为发展模式。师生携手、励精图治、开拓创新，现已成为一所拥有管理学、经济学两大学科门类，融工商管理、管理科学与工程、应用经济学 3 个主干一级学科为一体，设有博士后流动站，拥有博士、硕士（含 MBA、工程硕士）、学士等多层次、多类型人才培养能力和科学研究、社会服务、文化传承创新能力的高水平商学院。

学院拥有较为完整的学科专业体系和层次，设有工商管理、管理科学与工程 2 个博士后流动站；拥有管理科学与工程、工商管理 2 个一级学科博士学位授予点；设有管理科学与工程、工商管理、应用经济学、理论经济学 4 个一级学科硕士点，情报学 1 个二级学科硕士点，以及工商管理硕士（MBA）、项目管理、物流工程、工业工程、MPAcc、资产评估、工程管理、国际商务、金融学 9 个专业学位硕士点；设有工商管理、管理科学与工程、应用经济学 3 个大类本科专业共 16 个专业方向。其中，工商管理所属的技术经济及管理是国家重点（培育）学科、水利部重点学科及江苏省重点学科，工商管理是江苏省重点一级学科，工程管理与项目管理是江苏省重点学科。学院还拥有省部级研究平台 8 个。

河海大学游艇管理研究中心是一个面向全球的开放性研究平台，主要从事游艇产业规划、游艇产业投资、游艇俱乐部管理和游艇主题活动策划等方面的研究和咨询。拥有一个活动仿真和观察实验室、行为实验室，与世界和国内一些知名游艇俱乐部建立了良好的合作关系，取得了一批研究成果。我们热忱希望和同业者精诚合作，共同推动我国游艇生活的普及和相关产业的蓬勃发展。

丛书编委会

2014 年 1 月 5 日

前　言

随着我国社会经济的发展，人们生活水平的不断提高，游艇消费正逐步进入人们的视野并成为新的热点。

和以往的消费品不同，游艇的功能及其消费内容、消费方式并不为公众所熟知，甚至许多游艇消费行业的从业人员也并不十分清楚。因此，消费者教育是游艇消费普及的关键。

总体来说，游艇消费是一种休闲消费，属于精神消费，是一种感性消费，而不是功能性消费。亲水性、私密性和运动性是游艇休闲的基本特征。但游艇种类繁多，功能不一，所能提供的休闲内容和方式多样，所能达到的休闲效果也不尽相同。

如果说物质消费主要解决人的生存问题，释放时间和精力，那么精神消费、休闲消费则主要解决人的发展问题，消磨时间和精力，获得思想和情感的升华，还原人类生活的真谛。而这一切均依赖于各种主题活动，并以主题活动的形式来完成这一过程。游艇就是服务于这样一种目的的工具或载体，借助于游艇，人们可以开展以运动、交际、沟通、怀旧等为主题的体验活动。显然，这些主题并不是拥有游艇就可以自动实现的，它们需要完善的策划，根据参与者的目标和各种制约条件，选择不同的活动内容和形式，通过缜密的组织，才能让参与者获得最大限度的参与并获得最好的体验。

本书由河海大学游艇研究所钱旭潮教授主持，河海大学商学院王龙、余菲菲、赵冰，台州学院刘慧星参与撰写，陆莉、王月月、张家健、马丽娜等参与资料收集等工作。

钱旭潮

2013 年 12 月

目　　录

第1章 游艇主题活动概述

21世纪以来，游艇悄然进入公众的视野，并呈缓慢发展之势。显然，游艇并不像轿车那样具有强大的实用性功能，为公众所期盼，且条件一旦成熟即成燎原之势。公众了解游艇，理解游艇带给生活的乐趣，其中的关键就是学习理解游艇主题活动的精妙内涵。

游艇主题活动是指以游艇为载体的各种有益身心健康，能够给人以休闲、健身、交际、陶冶情操的各种活动。这些活动一般都有特定的目的——主题，围绕主题展开，使人获得相应的身心调节。游艇休闲业发展缓慢的原因之一就是目前游艇主题活动的缺失、单调，以及主题不明确、不凝练。

1.1 游艇产业的现状与发展

游艇产业是融合生产制造业、商贸服务业和休闲服务业互动发展的一个产业链。一条完整的游艇产业链，涵盖游艇制造到游艇俱乐部的休闲、管理服务的各个环节，包括游艇制造、游艇运输、游艇驾照培训和考核、专用码头建设、游艇销售、游艇维修保养、零配件制造、内部环境装修、专业保险，再到与游艇相关的度假休闲和各种商务活动等许多环节。游艇产业主要由游艇设计、游艇制造、游艇消费服务和关联性行业等构成。

1.1.1 国外游艇产业发展状况

现代游艇业始于第二次世界大战之后，美国、英国、意大利是游艇制造业的先驱。通观全球的游艇市场，主要集中在北美地区和欧洲地区，以及大洋洲新西兰地区，其中北美和欧洲是游艇消费最为集中的地区。

美国是世界上第一游艇消费大户。美国游艇总数达到1700多万艘，年销售额近200亿美元，几乎占据了全球游艇市场的2/3。其次是瑞典，其游艇总数达到130多万艘，但不超过美国的1/10，其余国家的游艇消费总和也不及美国游艇拥有量的一半。游艇消费市场包括舷内艇、舷外艇、船尾驱动艇、个人艇和帆船等。

欧美国家游艇业的发展有以下几个特征：欧美国家拥有沿江、滨海、滨湖的地理条件，自然风光优美；水上运动的大众基础好，作为体育爱好项目从小培养，形成了各具特色的游艇文化；欧美国家经济发达，人均国民收入水平较高，对游艇消费需求较大；游艇业发展较早，发展经历的时期较长；科学技术发达，制造业水平高，游艇科技含量高，游艇制造业参与人数众多；游艇配套产业发展平衡，已形成较为完善的游艇工业体系。

游艇俱乐部兴起于18世纪的英国。早期的游艇俱乐部，其相应的陆上设施简陋，功能单一。经过近300年的发展，游艇俱乐部已经成为世界各国尤其是西方发达国家公认的高层次、高消费旅游娱乐项目，豪华游艇与高级跑车、私人飞机一起作为非实用性的交通工具成为富有和尊贵的象征。在欧美等国，加入游艇俱乐部属于一种很时尚的休闲娱乐方式，游艇俱乐部提供的专业化设施和高贵服务令社会成功人士心仪不已。同时，由于它独特的休闲感觉和体验，也为广大旅游休闲者所喜爱，特别是随着西方城市滨水区美化改造运动的兴起，游艇俱乐部和公共游艇码头已成为城市滨水区规划、设计中不可或缺的一个重要因素，它在美化城市景观环境、提高城市空间品质和丰富城市公共活动方面发挥了重要作用。

根据国际游艇设施委员会（International Council of Marine Industry Associations，ICOMIA）提供的数据表明：目前全球游艇、配件、水上运动器具的年销售额已经接近400亿美元，超过了商船和远洋轮的年销售额。根据美国市场研究机构的估计，2005年世界休闲游艇市场需求约为237亿美元。之后五年中，世界休闲游艇市场将保持年均7%的增长率。2010年，世界休闲游艇市场的年需求约为332亿美元（表1-1）。

表1-1　世界主要地区2005年和2010年游艇市场需求　　单位：亿美元

地区	2005年	2010年	年均增长率/%
欧洲	96.64	150.85	9.3
北美洲	127.37	162.29	5.0
其他	13.32	19.21	7.6
全球合计	237.33	332.35	7.0

资料来源：美国专业机构研究报告

北美洲和欧洲是当今世界最主要的两大游艇市场，亚太地区的经济持续增长，将为世界娱乐休闲用艇市场的增长提供保证。大型及豪华游艇是欧洲主要需求之一，但北美的游艇消费以平民为主，大多数游艇销售单价在1.5万～5万美元，游艇尺寸一般在8～68英尺①，豪华游艇的销售数量很小，只占总量的2.5%，但其价格昂贵，单艇价格在10万美元以上。在北美市场，最受欢迎的游艇是舷外挂机艇，占北美游艇总量的50%以上。

① 1英尺=0.3048米

2008～2009年，北美洲由于经济衰退及信贷危机，游艇市场的规模同比下降超过了10%。欧洲在2008～2009年，游艇市场的规模则同比下降了30%。由于美元贬值及对大型豪华游艇需求增加，欧洲游艇市场规模首次超越了北美洲，但就娱乐休闲用艇市场来说，北美洲仍然是世界第一。根据最新研究预测，到2014年，世界娱乐休闲用艇市场需求将会达到258亿美元。

美国拥有全球第一大游艇集团BRUNSWICK和第二大游艇集团GENMAR。2007年，BRUNSWICK公司的游艇销售额就超过了20亿美元，占世界市场份额的10%以上。目前，美国是世界上游艇产业最发达的国家，拥有世界上最多的游艇，平均每14个人就拥有一艘游艇，保持着世界游艇市场的霸主地位。

美国游艇业的飞速发展与其经济发展紧密相关，大致经历了四个阶段：1913年，美国游艇业发展开始起步；经过50多年发展，进入高速成长期；在20世纪70年代初到80年代末期达到繁盛时期；20世纪90年代初，随着世界游艇市场开始疲软，美国游艇业也出现短暂的回落，但是随后又很快进入了稳定发展的时期。

美国能成为世界第一的游艇生产销售大国，与其自然环境和经济环境有着必然的联系。美国大部分地区的气候属于大陆性气候，南部属于亚热带气候，具有高度发达的现代市场经济，其劳动生产率、国内生产总值和对外贸易额均居世界首位。美国具有游艇消费的文化氛围，无论是在海洋、湖泊还是河流里面，美国人都能通过游艇获得各种乐趣。

2008年美国休闲娱乐用艇销售量相对于2007年下降了10%，但仍然是美国经济指标增长的重要因素。佛罗里达州全美动力艇、发动机、拖车及配套设备销量第一，紧随其后的是得克萨斯州、加利福尼亚州、纽约州及北卡罗来纳州。尽管受到经济衰退的影响，2008年游艇拥有者仍然钟情于游艇生活，参与游艇生活的人数也在不断增加。

1.1.2　我国游艇产业发展现状及其存在问题

我国大陆地区于20世纪70年代中期开始制造玻璃钢游艇。中国最早的游艇厂家为常州玻璃钢造船厂，于1970年由国家投资兴建。当时的消费水平低，私人游艇这个概念根本不可能在当时的中国大陆地区存在，所以主要发展公用型游艇，如供公园、人工湖及海边用的划桨艇、机动小艇和游览艇；后为适应旅游区的需要，逐渐建造客位较多的游艇，大多是旅游观光和交通用的公用型艇，私人和家庭用豪华游艇很少。

创建于1976年的东莞市玻璃钢船厂也是大陆较早生产玻璃钢游艇的国有企业，主要生产各种规格的摩托艇、高速客船和游艇，曾在1994～1995年为法国CATANAL游艇公司建造了4艘38英尺的双体动力帆船，对广东地区产生了很大的影响。此外，1981 年建立的深圳江辉船舶工程有限公司至今生产了 500 多艘款式各异的豪华游艇，全部销往美国、欧洲及亚太地区。

20 世纪 80 年代初，随着改革开放的深入和旅游业的发展，美国、日本、中国香港及台湾等国家和地区的游艇厂商开始与大陆的玻璃钢造船厂合作生产游艇。通过来料加工、引进专家和先进技术、与外商合资、外商独资办企业等形式，促进了大陆玻璃钢游艇的发展。在这期间先是根据欧美等国的要求，采用国外原材料和设备生产了帆艇、钓鱼游览艇及家庭用游艇等，取得了一定成绩，后来又逐渐发展到与国外合作，甚至自行设计建造较大的游艇乃至高级豪华游艇。

20 世纪 80 年代末 90 年代初，由于中国台湾地区劳务价格急剧上涨和台币升值等原因，游艇生产出现困难。此时不少玻璃钢船厂和游艇商决定来内地建立独资游艇公司。

目前，中国大陆游艇生产企业达到了 325 家，全国游艇制造业年销售收入超过数 10 亿元，中国制造的游艇已出口到 70 多个国家和地区。

1. 我国游艇制造业的发展概况

我国游艇产业从 2005 年开始加速发展，预计在下个 10 年产业规模将达到 100 亿美元。目前中国游艇制造企业已达到 325 家，其中 250 家主要生产工作用艇，另外 75 家以生产游艇为主。绝大多数游艇的制造商以生产中小型娱乐休闲用艇为主，虽然其游艇制造水平与国际水平有所差距，但价格优势明显，所生产的游艇仍在国际市场具有竞争力。目前，中国游艇市场销售的游艇类型主要还是集中在中小型游艇。

目前国内游艇工业园区有大连、青岛、上海奉贤、江阴、舟山、厦门、福建宁德、福建漳州和珠海等。其中珠海工业园区是国内最早也是最大的游艇工业园区，现有游艇制造及生产胚胎企业 21 家，其中平沙镇内 20 家，联港工业区 1 家。21 家企业合作投资 21 亿元，其中全球最大的游艇制造企业——BRUNSWICK 已在平沙设厂。2011 年，珠海工业园区游艇制造及配套企业产值将近 45 亿元，产品覆盖 17～300 英尺的各类游艇和帆船。

游艇发动机、齿轮箱、发电机、空调、通信导航设备基本靠进口，五金件、门窗等舾装件靠国产货和合资产品基本能满足中低端游艇需求，船体、内装等材料靠国产产品和合资产品基本能满足要求。

就游艇制造业发展情况来看，自 20 世纪 40 年代玻璃钢第一次被用于制造游艇以后，由于其具有质量轻、强度高、工艺简单、耐腐蚀、维修方便等优点，游艇产业得到了巨大的发展。

我国大陆游艇生产始于 20 世纪 80 年代。1982 年厦门水产船舶修造厂与香港西来雪游艇公司合作组建厦门玻璃钢游艇厂，生产由国外设计的 48 英尺游艇并出口美国；1983 年，位于江西省湖口县的江新船厂由 708 所设计，生产出 52 英尺游艇，并在当年广交会上展出，开国产游艇的先河。20 世纪 90 年代以来，东部沿海地区和长江沿线，如武汉、芜湖等地开始引台商等外商独资或合资生产游艇销往国外，到近期，一些先富起来的国人开始了购买私人游艇，进入游艇消费领域。

从 30 多年的发展历程看，我国游艇制造产业发展缓慢，总体呈现出以下四个特点：第一，公共应用型多，个人和家庭消费型少，难以吸引国内消费人群的青睐；第二，低档次产品多，针对高端消费市场的高档次产品产量少且质量方面无法进行国际之间的竞争；第三，产品外形设计缺乏时代感和特色，内部装潢也少有新意；第四，在游艇销售和推广方面，缺乏专业人才，国际竞争经验和意识都很薄弱；第五，最重要的是，游艇消费创意缺失，人们普遍缺乏游艇消费意识，不了解游艇消费能为生活带来什么变化，而这主要是由游艇主题活动策划意识和人才缺失引起的。

从目前来看，现存出口游艇制造企业大部分为台资或合资企业，这些出口企业基本没有自己的品牌和设计，销售也依赖国外代理商，利润相对较低。

2. 我国游艇消费的区域发展

游艇不单单是富人的盛宴，中产阶级的宠儿，也是平民百姓用于休闲度假、聚会娱乐、强身健体的活动器具。随着我国经济的快速发展，人民生活水平的提高，中产家庭的出现和壮大，社会逐渐步入“后汽车时代”。

按照国际惯例，在人均国内生产总值（gross domestic product，GDP）达到 3000 美元时，游艇经济开始萌芽；当人均 GDP 达到 6000 美元时，游艇经济进入快速发展阶段。随着中国经济快速增长，珠江三角洲（简称珠三角）、长江三角洲（简称长三角）、环渤海沿海发达地区的人均 GDP 已达到或超过 8000 美元，消费的升级促使我国游艇经济快速发展的态势崭露头角。

目前中国游艇消费及服务聚集区主要分布在三大区域：以深圳、广州、珠海为代表的华南珠三角港口群；以上海、宁波为代表的华东长三角港口群；以天津、大连、青岛为代表的华北环渤海港口群。

华东区域：长三角是中国游艇消费业的发源地之一。密布的河网与经济的腾飞为游艇消费和游艇俱乐部的发展提供了良好的发展空间。华东地区的游艇俱乐部相对规模较小，分布较为密集，档次梯度较大。虽然华东地区的水域资源较为丰富，但失之散碎，缺乏高质量大面积的景观水系尤其是海洋资源。在地缘优势上，华东地区则以上海为中心形成辐射的商务圈。因此，游艇也大多以商务旅游、会务餐饮为重点，强调为商务客户提供全面服务。

华南区域：华南地区因其海域广阔、气候宜人而成为游艇消费业发展的热土，在游艇旅游、租赁方面取得较大成效。同时，虽然华南的高档会所式游艇俱乐部的发展相对较晚，但从规划、投入方面的大手笔来看，有一定的后发优势。

华南地区的游艇俱乐部多与旅游有一定关联，有的成为游艇景点的组成部分，有的独立成为含酒店、会所的休闲度假综合体。深圳、海南等地的游艇俱乐部通过与当地高端旅游业的联合获益匪浅，也带动了当地的社会发展和经济发展。

华北区域：以青岛和大连为主力，华北地区的游艇消费业发展与体育运动密切相关。作为我国水上运动的重镇，环渤海地区有着悠久的水上运动传统，也培育了许多优秀的水上运动选手和一大批水上运动的爱好者。尤其是在2008年，北京奥运会的帆船比赛在青岛举行，更成为游艇消费业的发展动力。华北的游艇俱乐部以水上运动的专业性为卖点，并以此带动休闲产业在规格和档次上的发展和提升。青岛奥林匹克帆船中心（简称青岛奥帆）在奥运会结束之后也成为一所高端游艇俱乐部。

综上所述，目前我国游艇消费及服务聚集区，见表1-2。

表1-2　目前中国游艇消费及服务聚集区

区域	华东长三角港口群	华南珠三角港口群	华北环渤海港口群
代表城市	上海、宁波	深圳、广州、珠海	天津、青岛、大连
优势资源及发展潜力	中国游艇消费业的发源地之一	海域广阔、气候宜人，有利游艇消费业发展	游艇消费发展与体育运动密切相关
	俱乐部相对规模较小，排布较为密集，档次梯度较大	高档会所式俱乐部从规划、投入方面具有后发优势	有着悠久的水上运动传统，培育了大批水上运动的爱好者
	地缘优势以上海为中心形成辐射的商务圈	游艇俱乐部多与旅游有一定关联	青岛奥帆中心在奥运会结束之后成为高端游艇俱乐部
	游艇大多强调为商务客户的全面服务	在游艇旅游、租赁方面取得成效	以水上运动的专业性为卖点

3. 我国游艇消费的主要群体

从国内游艇的主要消费人群来看，我国游艇消费群体大致可以分为三类，即私人、公司及社会团体、公共用户。

私人消费群体。这类人群多为沿海、沿江城市的制造业、IT业、房地产业、金融业的企业家、高级管理人员及富裕人群，或是外企高级管理人员和来华工作、生活的外籍人士，或是演艺体育明星等。

公司及社会团体消费群体。这类群体的游艇消费主要是为了接待客户、洽谈商务或开展其他公务活动。

案例1-1　搜狐CEO张朝阳要1亿英镑买超级游艇

英国《周日泰晤士报》报道，曾名列胡润中国百大富豪排行榜第66名的中国搜狐公司执行长张朝阳，可能在2012年4月的上海游艇展上，砸下超过1亿英镑（约46.6亿台币）购买中国第一艘“超级游艇(gigayacht)”。

报道指出，张朝阳5年前搭乘长约20米的“快乐号”游艇进入上海的港口时，已是当时中国最大型私人游艇的拥有者，如今游艇经销商希望他成为中国第一艘“超级游艇”的主人。依照定义，“超级游艇”船身超过约61米，且拥有至少5层甲板。

有“中国游艇业教父”之称的圣汐中国（Sunseeker China）游艇经销公司执行长卡明斯基（Traugott Kaminski）说，很多中国人愿意花数百万英镑在一艘游艇上谈生意。“圣汐”游艇公司总部设在英国，张朝阳的首艘游艇“圣汐曼哈顿66号（Sunseeker Manhattan 66）”即是通过卡明斯基购入。

《周日泰晤士报》引述一名经济学家的话指出：“2010年，英国超越意大利，成为将订制的游艇输往中国的第一大出口国。意大利虽失去了市占率，但这块大饼每月不断变大。”《胡润财富报告》指出，受访的奢侈品消费者中，50%热爱海上航行。

资料来源：http://www.chinaboating.com.cn/show.aspx?articleid=13449

公共用户也是游艇租赁和游艇旅游的重要消费群体。游艇回归民众生活已成为发展趋势，越来越多的普通民众开始参与水上休闲、健身、娱乐和观光旅游活动。游艇作为一种有品位的休闲运动逐渐为人们所喜好，成为我国一项具有广阔发展前景并广受欢迎的水上休闲活动。

案例1-2　“最传奇”游艇——默多克 & 邓文迪 Morning Glory 号

鲁伯特·默多克（Rupert Murdoch）是美国著名的新闻和媒体经营者，出身于澳大利亚墨尔本以南30英里[①]的一个农场，毕业于牛津大学。他目前是全球庞大传媒帝国新闻集团的主要股东、董事长兼行政总裁，其新闻集团已是世界上最大的跨国媒体集团，也称为“默多克的传媒帝国”。邓文迪，广东东莞人，被称为中国最富有女人，有着“传奇的中国女人”

① 1英里≈1.6093千米

之誉，全名文迪·邓·默多克（Wendi Deng Murdoch）。

1999 年 6 月 25 日，距默多克与前妻离婚协议生效 17 天后，默多克和邓文迪在泊于纽约港的私人游艇 Moring Glory 号上举行盛大的婚礼。婚礼当天共邀请了包括默多克 3 个孩子及邓文迪前男友的母亲在内的 82 位来宾，威尔士歌手 Charlotte Chuech 也前来助兴。

举行婚礼的 Morning Glory 号配有 5 个套房、几间装饰奢华的沙龙、一间健身房和一张特大号的床。游艇内装的设计师是法国著名设计师 Christian Liaigre，游艇配备的两艘小艇据说是以默多克的两个小女儿格雷斯和克洛伊命名，此外，游艇还配有 6 套潜水设备和 9 台等离子电视机。这场很低调的游艇婚礼引起了世界的瞩目。豪门贵族在游艇举办婚礼已然成为时尚，也成为人们私下津津乐道的热点。

资料来源：http://www.chinanews.com/life/2012/01-04/3581066.shtml

4. 我国游艇消费存在的主要问题

智者乐水，仁者乐山。虽然从历史上看，我国士人从来都以游山玩水为雅趣，垂钓、赛龙舟、采莲等水上活动被赋予许多诗情画意。但毕竟我国从来都是一个陆上大国，缺乏一定的海洋意识，而游艇消费虽然广义上说是一种水上休闲，但毕竟现代意义的游艇消费起源于海洋，游艇所能承载的主题活动远丰富于传统的水上活动。这导致游艇消费对我们来说还必须经历一个学习的过程，我国目前游艇消费还存在以下八个方面的问题。

第一，文化认知上的差异。一方面海洋意识薄弱，绝大多数人对豪华高档商品及其消费理念都是望而却步的，缺乏百姓消费的文化氛围；另一方面，高端人士的消费理念过于超前，与我国目前的国民收入和消费结构还不相适应。

第二，游艇管理严格，出航手续烦琐。根据我国游艇管理规定，游艇航行不仅需要获得许可在专用水域内航行，还要通报给海事、航务或港监等部门，游艇才能出航。这些难免制约了国内游艇的消费。

第三，游艇使用服务不到位。目前国内游艇俱乐部的维护、保养等设施的不健全，专业技术人员的缺乏，给国内游艇消费者在购买游艇之后带来无尽的烦恼。

第四，税收过重也制约了游艇的消费。国内销售的主要是中大型的游艇，因而这些游艇的税收包括了关税、增值税、特别消费税等，各项税收累加超过 40%以上。而在发达国家一般不会超过 20%，相比之下，我国游艇的税收过高。

第五，游艇消费市场有待开发。目前，中国高消费群体对游艇还没有发生很大的兴趣，因此中国游艇的内需还未真正得到大规模开发。缺乏基本市场，整个游艇产业链内的各类企业就不可能得到锻炼。目前存在的大量“游艇俱乐部”，意在创造游艇消费市场，但大多并不成功，还只能说是处于等待阶段，等待市场的自然成长和成熟，本身刺激市场的能力不足。没有市场，游艇产业链中的各类企业就不能充分发挥其市场规模效应和聚集效应，不能规模化，则必然不能专业化，导致的结果就是我国游艇相关企业得不到锻炼和提高，更谈不上主动出口。

第六，政府扶持力度不足。任何一个产业或者企业的发展都离不开政府的政策扶持。目前我国游艇产业迅速发展的同时，基于种种原因，政府在游艇的航道规划、水域划分、税收减免、人才培养等的相关问题上支持不足，即有利游艇产业发展的政策支持力度不足，这也是影响我国游艇产业发展的瓶颈之一。

第七，主题活动策划能力和组织实施能力不足。到目前为止，大多数游艇俱乐部都只是提供基本的游艇服务，如码头停靠和简单维护等，也就是保证游艇停得下，开得动。而借助游艇开展的相关活动却主要由游艇主自主安排、组织实施，游艇俱乐部反而居于辅助地位，这无疑将游艇消费教育变成了消费者自我教育。显然，这会大大延缓游艇消费的扩张。

第八，消费配套不足。虽然游艇休闲以游艇为主要载体，但并不局限于游艇。要开展丰富多彩的游艇主题活动，还需要众多的相关配套设施，如潜水区域、设备，适于探险的岛礁、运动器械、安全保障、酒店会所等。

案例 1-3　深圳浪骑游艇俱乐部设施设备简介

浪骑游艇俱乐部位于深圳东部著名的桔钓沙海畔，背倚深圳第二高峰七娘山，面临风景秀丽的大亚湾生态海域，占地占海面积 34 万平方米。创始于 1998 年 5 月，由深圳市浪骑游艇会有限公司投资开发并经营管理。各项设施按现行国际标准，由美国著名游艇码头设计公司 Bellingham 精心设计。主要建筑物设施包括会所大楼、全封闭的会员公寓、800 多米长的防波堤、275 个游艇泊位、400 个干船舱和游艇维修车间及设施等。

浪骑游艇俱乐部海上建有 275 个游艇泊位，陆上会所建筑面积 1.3 万余平方米。内设海景客房、中西餐厅、酒吧、会议室、娱乐室、观海台、露天烧烤场等各类设施，为广大会员的休闲、度假、运动及商务活动提供完整和优良的配套服务。深圳海事局批准浪骑游艇俱乐部的游艇游弋范围达到 974 平方千米，北至汕尾红海湾，南至深圳大鹏湾，东面是一望无际的太平洋。浪骑游艇俱乐部已向国家海事局登记注册了“浪骑”专号，凡挂“浪骑 XX 号”的游艇，可以在该 974 平方千米范围的海域内自由游弋。

浪骑游艇俱乐部是国内游艇品牌的代表，其特点是软、硬件配备齐全，服务对象高端且稳定。

(1) 基础设施——游艇。运动型游艇，以速度作为卖点，价格较低，在年轻人中间非常有市场；休闲型游艇大多为家庭购买，一般以30～45英尺左右的游艇为主，装潢时以烘托家庭氛围为卖点，市场上游艇种类以此类为主；商务游艇，里面装潢豪华，也称豪华游艇，一般被用于大型企业集团法人，老总们购买大多用于商务会议、公司聚会、小型派对。

(2) 配套设施。都是以游艇主人需求而定，特别是中小型游艇，通常都是以游艇功能来设计配套设施。

(3) 其他硬件设施。主要包括会所大楼、全封闭的会员公寓、游艇泊位、游艇维护车间等设施。

(4) 服务项目。俱乐部所属的维修中心备有各类品牌的原厂零部件，提供游艇维修技术支持及游艇专用加油站，有24小时进出闸门，配备GPS安全系统确保出海船只安全。还有游艇驾驶培训中心、海钓中心、潜水中心、浪琴湾婚纱摄影、西餐厅、酒店客房、多功能会议室、KTV房、海天茶座、露天烧烤场等休闲项目，为会员提供了全方位的配套服务。浪骑游艇俱乐部被国家体育总局水上运动管理中心指定为国家水上运动训练基地。

资料来源：钟薇．2011．奢侈消费视角下深圳浪骑游艇俱乐部之经营．特区经济，9：168-170

1.2 游艇主题活动的内涵与特点

游艇，从广义上来说就是设计精美、品质上乘的休闲船舶。国际市场上，通常长度超过10米，价格在10万美元以上的船舶才能被称为游艇（yacht），在这之下的只能被称为船艇（boat）。游艇是一种水上娱乐用高级耐用消费品，集航海、运动、娱乐、休闲等功能于一体，满足个人及家庭享受生活的需要。

对“游船”的解释是“游览用的船”。目前对于游艇的定义，国际上尚无标准的解释。

从国内定义来看，中国交通运输协会邮轮游艇分会（China Cruise & Yacht Industry Association，CCYIA）给游艇的定义是：“一种健康的、有品位的、可以蓬勃发展的水上休闲和运动产品。”根据我国交通运输部令2008年第7号《游艇安全管理规定》，游艇被定义为：公民、法人或者其他组织所有并使用，从事非营业性游览观光、休闲娱乐、业余水上体育运动等活动的具备机械推进动力装置的船舶；如果船舶为出于休闲娱乐目的而组建的俱乐部所有，仅被用于俱乐部成员或其家属的游览观光、休闲娱乐、业余水上体育运动，并且除了俱乐部，船舶使用者不得通过船舶的使用获得任何其他费用，该船舶也属于游艇。对于一定乘员定额和长度的游艇，如 12 人以上或者 20 米以上，将按照客船进行管理。《中国船级社游艇检验规范》中对游艇的定义是指用于娱乐、休闲或旅游观光的营业性或非营业性机动艇。

从国外定义来看，意大利的法律规定小型游艇指 10 米和 10 米以下的动力艇或帆船，中型游艇指 10～24 米的动力艇或帆船，大型游艇指 24 米以上的游艇。欧洲在法律上对游艇的界定为长度不小于 2.5 米的任何性质的可作为水上移动装置的航水器具或设备，用于非营利性的海上运动、钓鱼运动或娱乐。

结合上述定义，本书认为游艇是公民、法人或者其他组织所有并在水上使用的一种高级耐用消费品，用于娱乐休闲、游览观光、水上运动、航海或商务接待的营业性或非营业性机动或非机动的船艇。包括各类旅游客船，不包括运输用船、军用船舶和渔业船舶。从本质特征来看，游艇是一种娱乐工具，这一本质特征使它区别于作为运输工具的高速船和旅游客船。从功能属性上看，游艇是集航海、运动、娱乐、休闲等功能于一体，满足个人及家庭的休闲生活及企事业单位娱乐宣传活动的需要。

主题是指事件所表达的基本思想、基本观点或基本目的。主题活动是指在集体性活动中，以一个主题为线索，围绕主题，即为达到基本目的而进行的一系列活动与交流。

游艇主题活动是指利用游艇的航海、运动、娱乐、商务和休闲的功能，个体及家庭、企业或政府及其他相关组织围绕某一目的，并以此目的为线索展开的一系列活动与交流。

根据使用或涉及游艇的组织类型划分，可以分为个体及家庭游艇休闲活动、企业游艇商务活动和政府或其他社会组织的游艇活动。根据活动主题的差异，游艇主题活动又可分为水底探险、潜水、冲浪、划水、漂流、公司聚会活动、企业品牌推广活动、企业展览展会活动、游艇赛事活动、节假日庆典活动和培训活动等。

和一般活动不同，主题活动在于其有特定的目标和计划，能够为参与者创造所期望的收益、调节身心、增进交流和发展友谊。而游艇主题活动由于其以游艇和水域为载体，因而又有亲水和私密的特点。

1. 目的性

无论是运动、休闲还是社交，也无论是家庭、公司或其他社会组织，利用游艇组织活动都有一定的目的性，也正是这一目的构成了游艇活动的主题。游艇主题活动多种多样，根据不同的对象，会形成不同的游艇活动主题。游艇主题活动要求能够在一定的时间段内，选择活动空间，利用有限的资源，通过主题活动的实施来达到个人及家庭娱乐休闲要求，或公司商务需求，或政府及其他社会组织的要求。

2. 计划性

游艇主题活动一般参与者多，涉及内容多，配套设施设备多，但过程长。所以，在进行游艇主题活动之前，活动策划者首先需要依据活动的目标，客户公司的发展状况，个人及家庭、政府及其他社会组织希望通过本次活动达到的要求进行分析，制定此次活动的具体目标，设计切合活动主题的内容、活动环节，准备相关的物料，并选择适当的活动的组织形式。

3. 大众传播性

蓝天、大海、岛屿，桅杆、风帆、速度，时而飞速、时而悠闲，欢声笑语构成了一幅色彩丰富、充满动态的画面，这是一幅极具感染力和穿透力的画面，构成了游艇主题活动良好的大众传播性和基础。

任何一场游艇主题活动都会注重受众的参与性及互动性。在将活动信息传递给目标受众的过程中，活动策划者会仔细选择恰当的多种媒体，将主题活动进行宣传，引起目标受众的注意。如果本身这场活动就是为了宣传某客户公司的新产品或品牌，那么通过游艇主题活动的宣传，能够迅速传播新产品的信息，提高新产品的销售量，激发品牌在公众的赞誉度。

4. 交互性

活动策划者设计游艇主题活动时，需要围绕活动体验者设计活动交互环节，以达到游艇主题活动的目标。而在游艇主题活动的实施过程中，也需要活动体验者参与进去，通过受众的实际体验，来对活动本身进行反馈，以便活动策划者进一步修正该游艇主题活动，增强活动实施的效果。

5. 亲水性

和其他主题活动不同，游艇主题活动的基本特征是以游艇为载体的亲水活动。水润万物、上善若水，水在人类历史文化传统中具有极其重要的地位，人类是依水而生存发展的。水是人类的母亲，亲水是人类的天性。可见，游艇主体活动的亲水性是游艇主体活动区别于其他主题活动，优于其他主题活动的最大特点。

6. 私密性

同时，游艇的游离于其他建筑物、群体的个体性又使游艇主题活动具有良好的私密性，使游艇主题活动的参与者免受各种干扰，可以更加无忧无虑地表达自己的观点，参与各种活动，解除约束，获得解放。

7. 运动性

大多数游艇主题活动，如帆板、赛艇就是直接由运动演化而来，其他活动也多以运动为主要或辅助形式。这种运动在水面、运动的艇体上展开，与陆地上的运动相较自然另有意趣。

1.3　游艇主题活动的要素

策划或举办任何一场游艇主题活动都离不开以下四个基本要素：明确的主题、适宜的场地和环境、独特的创意活动和缜密的组织行为。

1. 明确的主题

游艇主题活动的策划与实施，首先需要明确活动的主题是什么。一场活动的主题是一场活动的命脉，是后续活动内容的构思、具体活动环节的设置及活动流程设定的基础。一场成功的活动策划必须体现出从头至尾的流畅性和一致性。活动内容、活动环节及流程都应该紧紧围绕活动的主题进行构思和设置，处处渗透活动的主题，以形成相互糅合的统一体。

例如，奥迪汽车客户答谢会的活动主题是“至臻关怀、德式享受”。这个主题的形成主要是源于奥迪汽车产品本身特性与后续服务两个方面，其主题活动内涵如下。

第一，奥迪汽车是德国汽车技术的先驱者，而德国文化蕴涵着严谨、稳重，生活追求高品质和快节奏。

第二，集团以“和”为文化精髓，给客户提供 360 度严谨周到的服务。为了紧扣活动主题，奥迪汽车客户答谢活动设计了一系列的活动，包括德式生活展示欣赏等，展现贴心快捷的服务。

第三，增值服务推介，对具体增值服务项目进行介绍，并在餐饮方面专门安排了以德国特色小吃为主题的德式晚宴。

2. 适宜的场地和环境

任何活动的策划和实施过程都需要慎重选择活动场地。活动场地的选择和当地气候环境的条件都会直接影响到活动是否能顺利实施。

游艇主题活动的场地可以选择拥有湖泊的公园、四面环水的荒岛或是海边。只有选择拥有或临近水域的地点才便于发挥游艇的休闲娱乐功能、商务社交功能或是运动竞技功能。

选择场地除了要有适宜的水域之外，还要对活动场地所处地点的气候环境条件有所要求。尤其在主题活动实施的当天，自然天气状况与环境条件有一定的要求。

3. 独特的创意活动

不同目标的游艇主题活动，必然会伴随着个体或组织的不同活动。例如，游艇的休闲娱乐活动就会伴随个体旅游、休闲及度假的活动。而企业游艇的商务主题活动就会伴随企业组织的品牌推广、新产品发布及客户或供应商答谢等组织活动。活动的成功与否取决于活动是否有独特的创意。

创意是活动策划者的创造性的思维活动。活动的创意点是实现活动目标的关键支撑点，也是一场活动的灵魂。因而，一个独特且具有黏性的创意将极具创造力地实现活动的目标，表现活动的宣传主题，并能吸引更多的参与者，被活动参与者所理解和记忆，并产生持久的影响。一个独特的活动创意往往需要把握简约、意外、具体、可信、情感和故事这六大原则。

台湾著名的广告人李欣频认为创意的第一条准则就是不要以二元对立的角度去看世界，不要贴标签，不去分类，尽量还原事物的全貌，要彻底更换惯性思维。

例如，在戈尔特斯户外品牌推广策划活动中，分为四类目标人群，即长期从事户外运动的，具有丰富经验的户外探险爱好者；有钱有闲的都市年轻人；喜欢拍摄风景、自然风光照片的摄影爱好者；长期从事远程通联业务的无线电爱好者。为增强他们对品牌的关注，活动策划者提出了“体验无止境——戈尔特斯户外梦想实现”活动，从国内报名参评的众多探险方案中，甄选出最优秀的户外活动方案，戈尔特斯品牌将为获奖方案作者提供实施方案的全程装备和资金资助。

又如，花旗银行的2009年年终晚宴活动确立了“光荣与梦想，勇者开拓之夜”的活动主题。整个年终活动始终以“西部通缉令”的颁奖仪式作为活动主线贯穿前后，由晚会现场主持人将每一位立下汗马功劳的员工以通缉的形式一一找出来，并给予他们奖章。为了契合西部牛仔开拓与创业的活动宣传主题，活动在晚会服装这一细节也独具匠心，要求所有参加活动的男士要戴牛仔帽、深色围巾并穿上牛仔裤，而女士则要求戴牛仔帽、浅色围巾并穿上牛仔裤。在互动游戏环节以及奖品的设置上，都在紧紧围绕“西部牛仔”、“勇者开拓”的活动主题，活动专门设计了斗牛这个游戏。该游戏要求选手骑在电动的斗牛身上，看谁坚持的时间最长，那么就会得到真皮牛仔帽一顶。

4. 缜密的组织行为

如上所述，游艇主题活动的重要特征是参与性与交流性，在参与中获得体验，在交流中增进了解。同时，游艇主题活动涉及众多的设施、设备条件，活动的创意性等都要求活动前要有严密的组织，详细设计活动过程的每一个环节，每一种道具。

1.4 国内外游艇主题活动概览

目前，国内外游艇主题活动主要包括个体休闲和商务活动两大类，个体休闲活动又以运动为主。从个体来看，个人游艇主体活动主要就是休闲娱乐，而游艇之所以能服务于商务活动，就在于其所拥有的独特的个体休闲活动。可见，个体休闲活动是所有游艇主题活动的基础。

1.4.1　游艇的个体休闲娱乐活动

游艇休闲是指人们在可自由支配时间内自主选择游艇活动，并可从中得到身心愉悦和精神满足，最终有益于自我的实现与发展。游艇休闲概念包含以下四个要点：第一，游艇休闲的基础在于人们对休闲客体的好感，因为只有休闲客体对休闲主体具有一定的吸引力，主体才会有欣喜感和精神满足感；第二，积极的休闲态度能帮助人们在个性、社会关系和人际关系上得以重建，从而改善人类生活品质，实现自我实现和发展；第三，游艇休闲包括了除职业游艇运动以外的所有游艇活动，不能排除运动员在进行游艇比赛时也能得到身心愉悦和个性发展，同时具有休闲的某些特征，但职业游艇运动员以盈利为目的，将其作为维持自身生活必需的工作形式，因此应将职业游艇运动排除在游艇休闲之外；第四，游艇休闲需求常常是周而复始的。

个体游艇休闲活动多种多样，一般可分为娱乐类、旅游类和竞技类。

1. 水上摩托艇

属于娱乐类的水上摩托艇是深受广大群众喜欢的，观赏性与刺激性很强的新兴水上运动项目。

20 世纪 70 年代，水上摩托运动逐渐在美国加利福尼亚州兴起，并以其便于操纵、花样百出、适应水面能力强的特点，迅速风靡欧洲、美洲、日本及东南亚沿海、沿江地区，成为当时世界最流行的水上休闲运动之一。

水上摩托艇是一个比较普遍，却可带来独特乐趣的项目。穿上橘黄色的救生衣，索性连袜子也脱掉，裤脚挽高，坐在前面。开始的时候一切顺利，只管加大油门飞驰就行了，宽阔的水面怎么拐都行。由于没有刹车系统，靠岸时只能减速或熄火滑行。在直线行驶时，不收油，向一侧方向转动方向盘，摩托艇就会原地转圈。

水上摩托艇从某种意义上说，在水上穿行的方式与火箭在空气中飞行的方式一样。不过与火箭不同的是，水上摩托艇不是使用高压气体产生推力，而是用喷射驱动装置（jet drive）来产生一股强大水流。通过喷射驱动装置，艇底大量的水在叶轮的推动下，通过转向导流管喷到艇后。在操纵水上摩托艇时，有一条线缆与把手相连，这条线缆可操控摩托艇后部的转向导流管转动。通过这种方式，可改变与水流喷射力“大小相等，方向相反”的反作用力的方向。如果转向导流管将水流导向艇体右侧，则艇后部向左侧偏移，这就促使艇体前部向右侧偏移。

在乘坐水上摩托艇之前，有几点安全事项很重要。

第一，需要牢记是骑在水上摩托艇上，而不是坐在艇里（实际上对水上摩托艇的骑乘人员并没有任何限制)。水上摩托艇的时速最高可达100千米以上,且没有任何刹车装置。在这种情况下,一旦发生撞船,很可能是致命的。

第二,在传统的游船事故中,造成死亡的最常见原因是溺水。为了避免溺水,可以使用个人漂浮设备。而在水上摩托艇事故中,造成死亡的最常见原因是撞伤。除了头盔,目前还没有什么技术可以防止物理外伤,而且在水上摩托艇事故中,头盔是否可靠仍然有待证明。

第三,水上摩托艇没有安装任何航行灯,因此在夜晚行驶尤其危险。此外,由于水流的力量,喷射水流的进水口和转向导流管也可能造成危险。

2. 赛艇

属于竞技类的赛艇和皮划艇可以使身处其中的人充分地体验阳光、空气和水的趣味,也成为人们新的健身运动时尚。

赛艇运动是运动员背向前进方向划水的一项划船运动,起源于英国17世纪到18世纪中叶。

这项需要耐力和力量的运动要求运动员每秒前进10米,中间1000米每分钟划桨40次,而在前500米和最后500米,划桨的频率要达到每分钟47次。

赛艇运动历史上最出色的运动员要属英国人史蒂夫·雷德格瑞夫,他6次夺得世界冠军并连续四届在奥运会上获得金牌。他的光芒甚至超过了夺得1992年和1996年奥运会4人无舵手金牌的澳大利亚划船队。

1976年奥运会增加了女子比赛项目,在奥运会赛艇比赛共设14个项目中,其中包括男子8项,女子6项。赛艇按乘坐人数,有无舵手,以及使用单桨还是双桨划分项目。比赛距离男子为2000米,女子为1000米,每条航道宽12.5~15米。男子项目包括:单人双桨、双人双桨、双人单桨无舵手、双人单桨有舵手、四人双桨无舵手、四人单桨无舵手、四人单桨有舵手、八人单桨有舵手。女子项目包括:单人双桨、双人双桨、双人单桨无舵手、四人双桨有舵手、四人单桨有舵手、八人单桨有舵手。比赛采用分组计时的方法进行,然后进行半决赛和有6只船进行的决赛。

赛艇运动是一种在平直的浅水航线上进行的比赛,所以运动员之间的较量实质上是他们体力的较量,比赛胜负还和参赛队员的体重有很大关系。

比赛规则并不严格要求赛艇始终沿航线行进。根据规则,只要在比赛过程中赛艇没有妨碍其他航道上的选手比赛就可以,但绝不能在与其他赛艇距离很近时制造波浪冲击其他航道上选手的比赛。当然,沿直线航行可使赛程最短。

在2000年悉尼奥运会上,男子八人赛艇比赛和女子六人赛艇比赛都包括两个轻量级比赛。所谓轻量级是指:女子单人体重不超过59千克,团队平均体重不超过57千克;男子单人体重不超过72.5千克,团队平均体重不超过70千克。

男子比赛包括：单人双桨赛、双人双桨赛、轻量级双人双桨赛、四人双桨赛、无舵手双人赛、无舵手四人赛、轻量级无舵手四人赛和八人赛。无舵手比赛中的“无舵手”是指在比赛中没有舵手来引领方向。女子赛艇包括：单人双桨赛、双人双桨赛、轻量级双人双桨赛、四人双桨赛、无舵手双人赛和八人赛。各参赛队的赛艇除对重量有严格规定外，对外形和尺寸并无统一要求。船体外型一般为细长形，通常用耐用的碳纤维和塑料制成，以使赛艇重量尽可能轻。

在大型比赛中，参赛各队分在不同小组，赛程一般为四天。大部分赛艇比赛都包括热身赛、淘汰赛、半决赛和决赛。这当然要根据参赛队多少而定。

赛艇在中国是个冷门项目，但在欧洲国家，它却是仅次于足球的第二受欢迎的项目。它也是奥运会的金牌大户，有 14 枚金牌将在这里诞生。中国赛艇队曾在 1988 年奥运会上，以 1 银 1 铜的成绩打破了欧美一统天下的局面。1996 年，中国赛艇队再次在奥运会上拿到银牌。2006 年世界锦标赛，中国队拿到 3 金，引起了世界赛艇界的惊呼。2007 年世界锦标赛中国队再次拿到 1 金 2 铜。

3. 皮划艇

皮划艇分为皮艇和划艇两个项目，英文名称分别为 kayak（原意指爱斯基摩人的独木舟）和 canoe（原意也是指独木舟），均是由古代重要的交通工具独木舟发展而来。根据划船者所使用的器材差异，皮艇和划艇在竞技运动中存在着相当大的差异：皮艇是划船者坐在艇中，使用双叶桨作为动力；而划艇则是划船者单腿跪在艇中，使用单叶桨作为动力；此外，皮艇和划艇在船形结构、握桨方法以及技术动作等方面也完全不同。

皮划艇作为正式的竞技体育运动最早起源于 19 世纪 60 年代的英国，苏格兰人麦克格雷戈于 1867 年创建了“英国皇家皮划艇俱乐部”，并举办了第一次皮划艇比赛，这项运动也由此逐渐兴盛起来。国际皮划艇协会于 1924 年成立，自 1936 年的柏林奥运会起，静水皮划艇运动成为奥运会的正式比赛项目，激流皮划艇运动则在 1992 年的巴塞罗那奥运会上正式加入奥运竞技大家庭。

皮划艇项目是奥运会的金牌大户之一，分为速度赛和急流回转赛两个大项，下面又设有 16 个小项，分别是男子：500 米单人/双人皮艇、1000 米单人/双人皮艇、1000 米四人皮艇、500 米单人/双人划艇、1000 米单人/双人划艇、单人皮艇、单人划艇、双人划艇激流回旋，共计 12 项。女子：500 米单人/双人皮艇、500 米四人皮艇、单人皮艇激流回旋，共计 4 项。在奥运会的皮划艇比赛中，欧洲国家的运动员尤其是德国队、匈牙利队等国队员具有较大的竞争力。

中国开始开展皮划艇运动是在 20 世纪 50 年代，第一届全国划船锦标赛于 1957 年在湖北举行。直到 1973 年，中国划船协会方正式成立，并于翌年正式加入国际皮划艇联合会。1979 年，皮划艇项目在北京举行的第四届全国运动会上被列为正式比赛项目，首届全国皮划艇锦标赛也在 1980 年于湖北举行。

4. 休闲观光

属于旅游类的旅游观光船也是个体游艇休闲的重要工具，个体登上旅游观光船可以更为直接地接触两岸风光，如连绵的高山和深邃的峡谷等。

例如，波尔夫妇，在他们心爱的 120 英尺 Benetti 豪华游艇下水后，花了 4 个月时间畅游地中海。他们访问了意大利的撒丁岛、西西里岛和每一个地中海里维埃拉城市，还有西班牙和法国。然后他们驾驶爱艇至加勒比海的安提瓜岛，在整个冬季，他们畅游了热带气候的加勒比地区。夏季，波尔夫妇驾驶豪华游艇沿圣劳伦斯河北上回到居住地五大湖区。秋季，当北美大陆开始变冷时，他们又驾驶豪华游艇沿美国东海岸南下回到爱艇的基地——佛罗里达的 Key Largo。他们准备在冬季巡游巴哈马群岛。在这一年多时间，他们已经开了16 000多英里，而这仅仅是他们游艇生活的开始。

由于运动大多需要一定的技巧和培训，对大多数人来说并不适合。而目前大众对游艇的认识和各俱乐部实际开展的情况却都是以运动为主，这就造成在公众眼中，游艇更多的是一种适合专业人士的运动工具，而不是适合大众的休闲工具。可见，各游艇俱乐部有义务把游艇非运动的一面通过各种方式向大众展示，使公众建立正确的游艇概念。

1.4.2　游艇的商务社交活动

游艇除了可供个体娱乐休闲之外，还具有商务社交功能。众多富豪船主用他们的豪华游艇作为商业接待的终极平台。当今，使用豪华游艇进行商务款待，是全世界公认的最高级别也是最行之有效的待客之道。

JM 家族企业，一家位于佛罗里达的历史悠久的大公司对此深有体会。该公司拥有的 5 艘豪华游艇都严格用于商务接待。JM 家族企业的子公司之一是丰田汽车在美国东南部的总代理。因此，丰田公司的高级官员就会经常被邀请上豪华游艇玩乐。该公司还经常在自己的豪华游艇上举办“百万富翁之夜”晚会来犒赏手下的得力分销商。在豪华游艇上招待客户也许并不能马上促成一笔交易，但是这种款待可以促成今后更正式的会谈。

轩尼诗（Hennessey）游艇的 Sterling Hennessey 先生说：“我认为在豪华游艇上谈生意主要是让客户享受好时光并未来构建良好的合作关系打下基础，有很强的心理暗示作用，而不简单是和客户坐在豪华游艇客厅里抽着雪茄真正做一个什么交易。”

在美国，商务会谈也是游艇的一大功能。在深圳，游艇成为商务招待的新方式，较为体面，很多商业人士认为海上的私密空间，没有外人打扰，又不会像会议室办公室那么严谨，面对大海，轻松的氛围比较容易达成共识。深圳游艇玩家认为在游艇上进行商务会谈的成功率会提高。根据不同的商务主题，如答谢、交流、激励和秀场，会相应地形成不同的游艇商务社交活动。游艇可以作为活动的场所或活动环节中的交通工具，举办公司答谢客户或供应商的年会，举办激励公司员工的聚会，或举办公司新产品发布会、产品品牌推广会等。

第 2 章　游艇主题活动策划总览

精彩、有吸引力、丰富、跌宕起伏是一次主题活动能否取得成功的关键，而这些又取决于策划中的创意。任何一次主题活动都应有其独特的创意，游艇主题活动也不例外。创意不等于意外、不等于怪诞，创意也不仅是有新意，创意必须服务于主题，即实现主题。

创意更多的是发散性思维，是一种激荡性的脑力活动，但也不是毫无规律。创意既遵循一定的原则、方法和流程，又在具体的环节上、内容上融入发散性思维，通过脑力激荡击发创意才能策划出完美的游艇主题活动方案。

2.1　基本原则、方法和流程

游艇主题活动的成效取决于创意，但创意并非凭空臆想，进行游艇主题活动策划需要遵循一般主题活动策划的基本原则、方法和流程，在此基础上形成创意。

2.1.1　基本原则

进行游艇主题活动策划所应遵循的基本原则主要是信息原则、创意原则、目标原则、简单性原则、集中性原则、权变原则、体验原则和可行性原则。

1. 信息原则

信息原则是指在进行主题活动策划前要掌握尽可能多的、必要的相关信息，以保证策划建立在可靠的原材料上，保证基本内容的准确性，具体包括以下内容。

(1) 收集原始信息，力求全面。要进行大面积扫描，广泛收集经济与科技动态、社会文化活动、风俗习惯、历史、哲学、心理学等领域的文献资料，要特别注意防止重要信息遗漏。

(2) 原始信息力求可靠。收集过程中要用慧眼去辨别真伪。

(3) 要保持信息的系统性和连续性。活动一般具有系统性与连续性，尤其是商业活动，更要对其各个方面各个阶段进行连续的观察和收集。

(4) 重点要放在系统外的原始信息收集。系统外的情况复杂，范围广泛，信息的生成量大，随意性强，这一部分往往是策划活动点睛之笔的原始依据。

(5) 信息加工要准确、及时、系统、适用。这要求策划者在短时间内进行迅速而复杂的思考，将杂乱无章的材料变成有序可用之信息。降低信息的模糊度，使自己在最短时间内获得信息效益最大的资料，这体现策划者的个人水准与素质。

2. 创意原则

所谓创意一方面是指创造欲望，指人们心理上的一种强烈的发现问题和解决问题的冲动；另一方面创意是指意想不到的能带来经济效益或精神愉悦的解决问题的方法或方案。没有创造的欲望，就不会激发出意外的方案。惊喜总是源于意外，唯有创意才能给人们带来意外，所以，创意是策划的起点和灵魂。

3. 目标原则

策划活动一开始就要有明确的目标。目标一旦确立就成为策划运行中的支配性航标，其他一切都围绕其展开。目标体现为策划的“龙头”。

对游艇主题活动而言，目标总体上是休闲，在休闲的基础上获得娱乐、交往新朋友、知识、增进组织凝聚力、加强与客户间的相互理解。可见，游艇主题活动往往是多目标的，脱离休闲的游艇主题活动都是不完整的。

4. 简单性原则

好的策划事实上并不一定要复杂庞大，它也许只要在关键处的一次巧妙变化或者化繁为简，达到目的就算成功。简单性意味着操作简便，在策划中简单性的运用也许正体现了策划者的高明，简洁是一种美，简单更是一种力量。

这就是说，一次游艇主题活动并不需要包括过多的创意，两三个能给人留下深刻印象的小细节远好于一堆了无新意的节目。

5. 集中性原则

集中性要求将参与者的吸引力逐渐地引向活动的创意——活动高潮，这就需要在把握参与者心理活动的基础上，辨认、设置决定活动成败的关键点，围绕关键点合理配置活动内容，过程跌宕起伏，在参与者注意力最为集中的时候展现创意，制造惊喜和回味。

6. 权变原则

游艇主题活动的体验性的精彩来源于参与者的主动性，这就不可避免地会偏离预设程序和内容，要求策划者对这种偏离有所预测和预案，活动主持者要能够灵活把握并加以有效利用。

案例 2-1　直播中主持人的应变

在直播综艺节目中，主持人可以说是场上的“灵魂”，发挥着至关重要的作用，随着节目的进行，主持人在与演员和现场观众交流中总会出现台本以外的状况。在这个时候，主持人结合现场气氛即兴发挥、随机应答就显得尤为重要。一名优秀的主持人总是能使现场气氛热烈，台上台下相互融合。

袁鸣有一次在海南主持庆祝狮子楼京剧团成立文艺晚会时，望文生义，把一位“南新燕”先生误说成了“南小姐”，当这位南新燕先生走上舞台时，台下嘘声一片。可急中生智的袁鸣赶忙说道“哎呀，非常抱歉，我望文生义了。不过你的名字让我想起了一首古诗：‘旧时王谢堂前燕，飞入寻常百姓家。’这可真是一幅充满诗意的美妙图画啊！同样，国粹京剧作为宫廷艺术，一直盛演于北方，如今随着狮子楼京剧团的成立，古老的京剧艺术也首次飞过了琼州海峡，到海南落户，这不也是一幅美妙的图画吗?”

袁鸣的这段话犹如迎面掠过的一丝和煦春风，眼前流过的一条跳动的小溪，给观众带来的是一种美的享受和理的启迪，令人拍案叫绝。

1991 年 9 月 19 日，杨澜应邀主持第九届大众电视“金鹰奖”颁奖文艺晚会，在报幕退场时，不小心被台阶绊了一下，“扑通”一声滚倒在地，这意外的洋相，使场内顿时一片哗然。然而杨澜一跃而起，笑容可掬地说：“真是人有失足，马有失蹄呀，我刚才狮子滚绣球的节目滚得还不够熟练吧？看来这次演出的台阶不那么好下哩，但台上的节目很精彩。不信，瞧他们的。”话音刚落，全场观众为她机敏的反应爆出热烈掌声，有的观众还大声喊：“广州欢迎你！”

显然，这一跤，非但没有摔倒杨澜的形象，反而更让广州人民领略了她的出众的才智。

倪萍在她的《日子》一书中这样写道：现场直播给主持人提供了一个更大的发挥现场，这种发挥绝不是瞎闹哄，一定要与节目的主题相关联，这需要你平时的生活积累，有较宽的知识面和一定的文化功底，同时还要有驾驭语言的能力和现场的应变能力。

资料来源：http://xwcb.100xuexi.com/view/otdetail/20100824/A5E15E45-E98A-46A1-87D2-268C213759B2.html

7. 体验原则

主题活动策划不仅要有信息和目标，而且要根据具体的参与者和游艇、水域等各方面的设施设备、环境条件，在时间、空间、情景和参与者等方面进行巧妙运筹，使参与者获得预设的体验。切忌将参与者有意无意地分成表演者和观众、领导和部属、供应商和客户等，而应尽量使所有参与者都处于平等的体验者状态，体验大海、太阳、沙滩、海燕、风帆等。

8. 可行性原则

任何主题活动都要考虑其可行性：国家法律是否允许；技术上是否成熟可行；企业资金足够与否；人力资源够与不够；甚至天气、交通等方面是否适合等都需要仔细考虑。

2.1.2　基本方法

策划的基本方法包括罗列分解法、重点强化法、借势增值法、逆向变通法、连环伏笔法和移植模仿法。

1. 罗列分解法

罗列分解法，就是把一个整体的主题活动过程分解成若干个步骤或若干个相对独立的子活动——节目，也就是把碰到的活动所涉及的方方面面，目标、情景、人物等尽量周全细致地进行罗列分解，以求把活动简单化、明朗化，从而找到突破口，确保参与者的全程、全面参与和体验。

2. 重点强化法

重点强化法，就是要抓住活动的特点或重点，善于从一点强化突破，形成活动高潮的回忆点。游艇主题活动的难处就在于能否找到这个独特点，并且能否把这个独特点恰如其分地传播出去，以求获得目标对象的关注、重视，产生兴趣和欲望，从而达成主题活动的目的。

3. 借势增值法

借势增值法，就是在活动策划的罗列和重点强化过程中，努力寻找外部环境资源，乃至创造出更加有利于策划对象的环境背景，预留活动中的权变成分，创造并抓住机会提升目标价值，从而使其效果和利益更加显著，并把这些资源、权变整合、捆绑或嫁接到策划对象的市场形象或商务行为过程中。也就是让策划对象借助客观的资源、势能、背景，从而获得更高的市场价值和目标对象的心理价值认同。

4. 逆向变通法

逆向变通法，就是坚持原有的方向思路，改换看待这个策划对象的角度，反向逆行重新设立策划课题，再加以策划。当一项主题活动策划靠客户自身群体力量长时间得不到确认时，策划人不妨把当前的思维角度、方向、内容、途径、目标等反过来，反向逆行寻找解决问题的方案，回避原有问题，换个角度进行策划，以达到出奇制胜。

5. 连环伏笔法

连环伏笔法，就是在实施当前策划方案时，把真实的策划意图掩藏起来，达到更大的策划目的。要实现策划思路步步为营，高潮迭起，必须有一连串的“点子”连环出击，始终为下一个可能出现的环境需求或者变化留有伏笔，一切尽在策划人的“预料之中”。

6. 移植模仿法

移植模仿法，就是以某一领域或地区已经成功的产品、事物、模式、项目等主题活动为模板，进行本土化、个性化复制，模仿运用到当前的策划对象上。移植法又分为直接移植和间接移植两种：直接移植是学习的过程，也是全面抄袭的过程；间接移植不仅是学习的过程，还包括创造的过程，是策划者通过对事物相似性的发现，套用某一事物的规律的结果。

移植法的核心是人类的模仿本能。运用这一方法成功的前提，是足够广博的信息和判断能力，寻求移植对象与策划对象之间的共同点，把一个事物搬到别的地方，将新事物移到别的领域，从而产生新的创意。例如，将电视上的拉杆天线“搬”到圆珠笔上去，成了可伸缩的“教棒”圆珠笔，再将它“搬”到鞋跟上去，可设计出后跟高低可调的新式鞋。

2.1.3 基本流程

从活动的提出到结束，一般包括以下基本环节。

第一，提出主题活动的目标和构思、活动方案设想及费用预算，包括时间、场地、活动目标、内容和形式、宣传媒体、广告和宣传品设计方案、公司配合部门、单项费用预算和总额等。

第二，由相关部门对主题活动方案、费用预算、广告及宣传品设计方案进行评审，形成“业务评审表”。如果评审未通过，则根据评审意见对方案及费用预算进行修改，并再次组织新的评审。通过评审后，进入活动实施前的各项准备工作。

第三，与各大媒体谈判，包括软硬新闻、商品广告、有偿新闻，媒体支持等。主要洽谈对象包括：当地各大报纸期刊、广播电台、电视台、广告公司等。

第四，活动实施前，场地、设施设备、人员、活动脚本、软硬广告的撰写设计、排期投放等形成“项目实施分工责任表”，并下发通知。

第五，按项目实施分工责任表的规定购买主题活动需要的相关物品，宣传品的设计、制作与发放。

第六，活动内容培训、现场布置。

第七，活动、庆典彩排。如果需要，活动前两天，可组织参与人员进行培训，熟悉现场活动程序，并进行彩排，还可以根据彩排的情况对活动执行实施过程中可能发生的临时情况制定备选方案。

2.2　活动方案设计

主题是活动的目标和灵魂，一个好的主题活动必须有一个独特的、标新立异的主题，活动的内容和形式都是服务于主题、从属于主题的。所以，主题设计是主题活动策划的关键和基础。

2.2.1　确定活动目标

主题就是目标，游艇主题活动的目标要依据活动组织者自身的实际情况与活动要实现的预期目标这两个方面综合考量之后，才能加以确立。

在评估活动组织者——企业自身的实际情况时，应该重点考察以下四个方面：①企业在行业中的地位及影响力；②产品特性、产品在市场上的占有率、知名度及与竞争商品相比的优劣；③产品所处的市场阶段及产品的市场目标；④企业所能调用的各种资源，如资金、公共关系、媒体等。

活动一般所要实现的预期目标多种多样，企业需要考虑清楚究竟通过活动需要达到什么目标。比较常见的活动预期目标有：①提升企业形象；②提高产品的知名度及与美誉度；③提高产品的销量；④提升产品的影响力；⑤新产品的招商和市场推广。

在评估活动参与者——消费者自身的实际情况时，应该重点考察以下四个方面：①消费者的支出意愿；②消费者的性格特征；③消费者的年龄及家庭；④参与者的相互关系。

就消费者而言，其参与游艇主题活动的目标总体上来说属于休闲，但又可具体划分为娱乐、求新、旅游、探险、社交、求知、度假等。

2.2.2　确定主题创意

主题（theme）是一个外来词，源于德语，最初是一个音乐术语，指乐曲中最具特征并处于优越地位的旋律，即所谓的“主旋律”。后来用于文学作品的创作之中，现已广泛用于一般文章的写作。主题是指作者在文章中通过各种材料所表达的中心思想，主题贯穿于文章的全部内容，体现作者的写作意图和文章的基本观点。

主题也不完全等同于标题，标题也叫题目，是文章的名称，它可以引导读者理解文章内容，探索文章主题，也可以画龙点睛，先给读者以鲜明深刻的印象。主题是文章的灵魂和心灵。标题是文章的眼睛，眼睛是心灵的窗户，可以透视心灵。对于一个具体活动而言，主题的地位和作用主要体现在以下两个方面：第一，主题是活动的灵魂。人们往往以“血肉”比喻文章的材料，以“骨骼”比喻文章的结构，而以“灵魂”比喻文章的主题，这十分形象而且贴切。第二，主题是活动的统帅。主题可以直接决定活动内容的取舍和设计，还可以对活动的整体设计与内容安排起到支配作用。

确定活动的主题创意就是要寻找能实现活动目标的支撑点——活动目标的传达方式，目标本身往往了无新意，真正的新意其实在于传达方式。创意是对传统的叛逆，要求其打破常规，是破旧立新的创造与毁灭的循环，往往要求活动策划者能够跳出常规思路，超越自我，是深度情感与理性的思考与实践，是创造性的系统工程。简而言之，创意就是具有新颖性和创造性的想法。由此可见，活动创意是活动策划的灵魂，更是活动策划的大纲。

案例 2-2　“西部”与“涮锅”

草原兴发首届中国西部涮锅节的主体内容设计中，为了体现“西部”两字，主办方将活动场地安排在兰州、西安、银川等西部主要省会城市，邀请西部十一省区市草原兴发各涮园的总经理作为参加节会的人员，并以甘肃当地主要各媒体、中央驻甘媒体及其他兄弟省市区中心城市的主流媒体作为参加新闻发布会的新闻媒体构成。为了表达“涮锅”两字的内涵，活动组织者还特别设计定做了高 2 米、直径 1.6 米，锅盖需要 8 个彪形大汉才能抬起的两口铜制大涮锅放置在主会场，现场演示，并让广大消费者亲口品尝大涮锅中的美味涮品。

活动宣传主题又称为活动的广告语。活动主题和活动宣传主题既可以是统一的，又可以是相互关联、相对独立的。活动主题是活动宣传主题的目标和灵魂，活动宣传主题是活动主题的具体体现，活动宣传主题要求更高的吸引力和煽动性。

因此，活动宣传主题可以从活动的目标、主题创意、内容、风格、组织及组织文化、产品及品牌的特性等方面去提炼。所谓提炼活动宣传主题，就是将从材料中得来的思想认识加以集中和深化，进而形成一个活动所要表达的中心思想。提炼活动宣传主题的过程，也就是从感性认识上升到理性认识的过程。例如，湖南卫视 2005“超级女声”的宣传主题为“超级女声，想唱就唱”，而其活动主题显然是构建湖南电视台的青春、激情的形象定位，换句话说是“超级女声”活动本身也只是更高一层活动的一项子活动。青岛啤酒 2005 年“梦想中国”的宣传主题为“激情成就梦想”。金柏川鞋业十一黄金周促销活动的宣传主题为“金柏川 36 小时不打烊，十一狂欢购物到天亮”。

活动主题，一般具有以下六个特点。

第一，主题具有客观性。主题是对全部材料和活动所蕴涵意义和特色的深入挖掘和正确概括。主题总是蕴涵在材料和活动之中，需要对材料和活动进行深入挖掘，反复提炼，才能发现具有吸引力的主题。同时，材料和活动往往蕴涵多种特色，需要反复比较分析，找到最深刻新颖的特色作为主题。

第二，主题具有时代性。任何活动的主题都必须反映着特定时代背景人们独特的处境，体现着他们对时代的独特感悟和理解。“元芳，你怎么看?”“我爸是李刚。”“世界上最遥远的距离是：大家一起出门，有人去买苹果四代，而有人却买不起四袋苹果。”这些语言之所以能流行，就在于他们极好地体现了时下社会的真相和人们的感悟。

第三，主题具有纯一性。一般情况下，一次活动最好只有一个主题，也就是说只能有一个特色，如观念、事件、人物等。《艺概·经义概》一书中写道：“主意要纯一而贯摄。”意思是说，要做到主题突出，必须“纯一”和“贯摄”。“纯一”，就是在文章中只能有一个主题。星繁则月失明，连林则独树不奇。主题“纯一”，无疑会增强主题的鲜明性，使人一看就通，留下不可磨灭的印象。倘若主题是个大杂烩，混杂交错，很难使人看出其中的道道，还会走进“迷宫”，无疑会让人产生截然相悖的效果。所以说，主题的“纯一”是很重要的。“贯摄”，就是主题贯穿宣传的始终。首先，活动宣传主题要贯穿首尾，使主题得到具体、深入和全面地反映，达到“一线到底，变而不离其宗”的目的。其次，活动宣传主题犹如贯穿珍珠的一根红线。用主题来“贯摄”，就形成了科学统一的有机整体，这样就可以避免多方面内容成为断线的珍珠。

第四，主题具有浓缩性。在一场活动中，往往掌握和存在着许多素材，而其中每一个素材都有各自的具体思想，或反映具体问题，或反映具体事物。事实上，这“每一个”都是主题的具体体现。

第五，主题具有鲜明性和简洁性。所谓鲜明性，就是宣传主题的特色要明显，使其易于为受众在众多的信息中注意并识别。所谓简洁性，就是宣传主题要易于理解。

第六，主题具有新颖性。李渔在《李笠翁曲话》一文中写道：“人唯求旧，物唯求新，新也者。天下事物之美称也。而文章一道，较之他物，尤加倍焉。”意思是，交友不能喜新厌旧，作文必须弃旧图新。新颖的东西才有价值。在信息社会网络时代迅猛发展的今天，新颖的知识不仅推动科学发展，而且会因之受到启发、诱导和教育，同时也是吸引受众的重要因素之一。新颖的东西一般都有一种神奇的力量，新的东西就是新的信息。策划活动过程中提炼出的新主题，犹如一块金光闪闪的金子，它能引起人的注目，使其兴奋，产生一种非看一下不罢休的欲望。新颖的东西才能流芳千古，同时新颖的东西也是开拓新知识的“钥匙”。人类社会是在不断前进的，特定时期的新颖东西将为我们开拓新的知识打下基础，提供一把新的钥匙。值得注意的是，追求主题新颖创新还要受内容的制约，不能为新而新。马克思指出，陈旧的东西总是力图在新的形式中得到恢复和巩固。这就昭示我们，追求主题新颖，不是说只在旧事物上贴上一枚形式的标签，就算达到创新的目的了。其实，主题新颖，是属于内容性质的东西，不能从形式上去判断。

2.2.3 确定活动名称

名称是主题内涵的集中表现，人们总是从名称开始认识对象，因此，给活动确定一个名称就如同给人起名一样极为重要。

一个好的名字就好比一个人的着装，一个人对另一个人的认识，首先是从对方的着装开始的，得体的、适合自己的打扮会给人留下美好的印象。名字也好比一个人的谈吐，在审读一个陌生人的时候，要听他的语言表述能力，从而判断这个人的生活阅历、文化修养。名字也好比一个人的形体，健美的体形，大方的举止总会给人留下良好的感觉。因此，可以说，名字体现了一个人外在的精神面貌。

由此推及，一个好的名称能对活动的有效宣传起到极大的促进作用，一个好的名称一般含有三个基本特征：第一，能够吸引人的关注，至少是目标群体的关注；第二，能够体现活动所要宣传的企业、品牌或产品；第三，便于记忆、利于传播。

2.2.4 选择活动内容和形式

活动内容即活动主题的具体展开，或者说是主题的各个层次、细节、说明或证据。

为使参与者体验到探险（主题）的乐趣，就要选择探险的对象，这个对象就是活动内容，这个对象可以是一个，可以是几个，可以是一个层次的，也可以是多个层次的，他们构成了探险主题的主要活动内容。除此之外，为使主题活动更为丰富多彩，一般还可以设置一些辅助活动，如探险工具、探险技巧等的展示和介绍。

活动形式即活动内容的表现方式，他们可能是报告、演说、游戏、舞蹈、卡拉 OK、冷餐会等。有时，活动内容和活动形式密不可分，内容即形式，形式即内容，如潜水、摄影、DV 等。

可见，活动内容和形式是活动策划的主体。活动内容和形式的设计应紧扣活动的目的和主题创意。

2.2.5 设定活动流程

活动流程是指活动的各项内容实施的先后顺序，主题活动内容的顺序没有严格的规定，一般按以下原则性的顺序展开。

首先是导入性活动。导入性活动的目的在于使参与者相互认识，同时对活动有一定的了解，做好心理准备，并产生某种期待。所以，导入性活动的内容主要包括：参与者出场、介绍、主题的引入等，导入性活动的关键在于氛围的营造和渲染，如现代或古典、激情或悠闲、活泼或严肃等。

其次是表演性活动。表演性活动是指那些表演者和观众截然分开的活动，对游艇主题活动来说，表演性活动属于热身活动，其目的在于调动参与者的情绪，使其渐渐融入活动之中，并逐步消除表演者和参与者的界限，过渡到都是体验者，从而引出参与性活动，从自觉体验的必然王国过渡到不自觉体验的自由王国。

再次是参与性活动。在参与性活动中，非但活动的主持者、表演者和参与者的界限消失，而且主持者和表演者还应该退居次要的辅助性地位，活动的参与者成为主体。此时，主题活动达到高潮，参与者获得最好的、最深刻的体验，进而领悟主题。实际上，表演性活动和参与性活动存在反复和交叉，也正是在这种反复和交叉中，活动才有跌宕，参与者的心理、情绪随之起伏，并从中获得反复体验，回味无穷。

最后是回顾和结束活动。在活动的尾声阶段，恰当的回顾有助于深化主题，强化主题在参与者心中的印象。议论、点评、表演者对参与者的模仿应该是结束阶段的主要活动内容。

2.2.6　选择合作媒体

对企业或大多数社会团体来说，一场活动的传播范围仅仅局限于参与者是远远不够，甚至不是主要的。从这个意义上说，所有的活动参与者其实都是表演者。更重要的是媒体活动，只有通过媒体宣传才能使活动所要传递的主题在更大范围内获得传播，获得更多目标受众的理解和支持。这需要加强和媒体的合作，通过媒体对活动进行推广，使活动在更大的范围内产生影响。

活动的成功离不开媒体的宣传。选择恰当的媒体、制定正确的媒体组合和投放计划，可以为策划的活动减少投入成本。例如，在 2005 年“超级女声”的媒体选择中，湖南卫视联合电信运营商、短信增值服务提供商、其他赛区的合作媒体和网络媒体进行大力宣传了而合作企业蒙牛则在电视、报纸、广播、网络、路牌、灯箱、海报、产品包装等媒介上进行大力宣传，这就是一次成功的媒体宣传案例。

为了适合不同活动宣传的具体要求，有必要了解媒体的分类及各种不同媒体的特点。

1. 媒体的分类

媒体是指将信息传播给大众的工具，是生产者和消费者之间的中介物，又称媒介。信息必须借助媒体，配合以图片、文字、色彩三种基本传播符号互相补充说明，以视觉为接受基础。

媒体一般分为三大类：视觉媒体、听觉媒体和视听两用媒体。随着经济的发展和科技的进步，媒体日趋复杂，按照不同的标准可以分为不同的媒体。例如，按媒体的物质自然属性可分为：印刷品媒体（报纸、杂志、书籍、传单等）、电子媒体（电视、广播、国际互联网等）、邮政媒体（通过邮寄方式送达消费者的产品目录、价目表、说明书等）、销售现场媒体（店头广告、实物演示、店内灯箱等）、纪念品媒体（年历、手册、小工艺品等）。按接受者感受角度分为：视觉广告媒体、听觉广告媒体和视听觉媒体。

2. 主要媒体的优缺点

第一，报纸。它是应用最广泛和最古老的大众传播媒体，具有传播面广、覆盖率高、传播速度快和及时、信息量大、读者不受时间限制、制作方便、费用低廉、刊出日程选择自由度大的优点。它的局限性主要体现在：时效短，印刷不够精美，较难展现其质感。报纸以新闻为主，可用于企业、社会团体宣传的版面有限，尤其是大报，版面不易取得。报纸版面多，各版又有分工，广告等宣传版面极易被读者所忽视（特别是分类广告）。报纸篇幅小，文字多，不够形象生动，发行量虽大，浪费量也大，但送达成本也还合理。

第二，杂志。它具有保存期长、印刷精美、传阅率高、形象逼真等特点，可吸引众多偏爱深度信息的读者。在信息传播的持续效果上具有其他媒体无法取代的作用。其优点表现在：保存时间长，传阅率高，可使信息的持续效果达到最久；选择性强，宣传对象明确，有其固定的读者群；发行面广，不受时空、地域的限制；印刷精致，图文并茂，能较好地表现产品或品牌的特征；可采用跨页图片，视觉效果更具震撼力。其缺点主要在于：平面信息缺乏动感、声音，且发行面有限，周期较长，缺乏灵活性等。

第三，广播。它的优点是传播速度快、听众广泛、内容易变更、可多次播出、制作简单、费用低廉。它的局限性表现为，有声无形，只能刺激听觉，遗忘率高，瞬间即逝，缺乏影像，无法识别特征。除了出租车等其他媒体更不适应的场合外，听众主要是一种被动收听，信息接收容易不完整而且难以弥补。所以，收听范围覆盖窄、消失快、不易保存。

第四，电视。到目前为止，电视还是受众最广泛和效果最好的媒体，是宣传传播的理想工具，可以集声、形、色于一体，形象生动，有极强的吸引力，能综合利用各种艺术形式，有表现力强、覆盖面广、注目率高的优点。它的局限性表现为：制作复杂、费用高、时效短。

第五，户外媒体。它是指在露天或针对户外行动中的人传播信息的工具，包括销售现场广告媒体（如橱窗、灯箱、现场演示）和非销售现场广告媒体（如路牌、电脑显示牌、气球、招贴画等）。这类媒体的优点表现为长期固定在一定场所，反复诉求效果好，可以做到色彩鲜艳，图文醒目，媒体费用弹性大，可根据传播对象的特点和风俗习惯设置。它的缺点体现在宣传区域小，变更成本高。

第六，互联网。随着手机移动网络的普及，互联网超越电视成为最大的传播媒介已成必然。相对于广播、报纸、电视等传统媒介，互联网的特点主要体现在以下八个方面：①传播范围广，通过 WiFi 延伸后的互联网和移动互联网可将信息传递到地球的每一个角落。②不受时间限制，时效性强，互联网络可以每天 24 小时不间断地传播信息，随时更新网页，报道新闻。③交互性强，在互联网上，受众是信息的主人，当其对互联网中某一信息发生兴趣时，既可以通过超链接直接查询该信息的详情，也可以通过搜索引擎搜索该信息，而信息发布者也可以随时得到受众的反馈信息。④针对性明确，信息目标群确定，因为点阅信息者即为有兴趣者，所以可以直接命中有可能感兴趣的用户，并可以为不同的受众推出不同的信息内容。尤其是行业电子商务网站，浏览用户大都是企业界人士，网上广告就更具针对性了。⑤受众数量可准确统计，在互联网上可通过权威公正的访客流量统计系统精确统计出每个客户的信息被多少个浏览者看过，以及这些用户查阅的时间分布和地域分布。这样，借助分析工具，成效易体现，客户群体清晰易辨，传播行为收益也能准确计量，有助于客商正确评估传播效果，制定传播投放策略，对传播目标更有把握。⑥灵活，能按照需要及时变更传播内容，当然包括改正错误。这就使经营决策的变化可以及时地实施和推广。⑦成本低，由于其精准性，互联网的传播成本也远低于传统媒体，而若能在传播的基础上直接通过互联网进行产品销售，则可节省更多销售成本。⑧感官刺激性强，互联网是一种多媒体媒介，以图、文、声、像的多媒体形式传送信息，可同时刺激眼、耳等多个感官，能够创造远优于传统媒介的各种体验情景，让顾客如身临其境，从而更好地体验产品、服务与品牌。

3. 选择合作媒体的影响因素

选择合作媒体的时候主要考虑以下四个方面的因素。

1）市场因素

从市场方面看，首先要考虑消费者的属性，人们总依其个人品位来选择适合的阅读媒体，不同教育或职业的消费者，对媒体的接触习惯都不相同。一般来说，教育程度较高者，偏重于印刷媒体；教育程度较低者，偏重于电波媒体。因此，首先要配合消费者的性别、年龄、教育程度、职业及地域性等来决定应用何种媒体。其次要考虑产品的特性，各种产品的特性不一样，应该按产品特性来考虑媒体。例如，生活用品广告和工业用品广告的媒体策略完全不同，前者面对的是全体消费大众，后者面对的是特定的企业、老板、董事或职业经理人，很显然，千万元的别墅广告和普通公寓广告的媒体使用应当有所不同。最后要考虑产品的销售范围，产品市场究竟是全国性的销售，还是限于地方区域性市场的销售，这关系到宣传接触者的范围大小，由此才可决定选择何种较经济有效的媒体，以免使用不适当的宣传媒体起不到传播效果，或无端地增加传播成本。

2）媒体因素

主要是考虑媒体本身的覆盖域、收视率、到达率等指标所反映的流通性、时间性和表现力等。首先，覆盖域是指传播媒体发挥影响的范围或领域，或是媒体的普及状况。北京电视台的覆盖区域主要是北京地区，《农民日报》主要面对全国的农村读者。覆盖域是考察传播媒体的一个重要指标，传播者在选择宣传媒体时，必须考虑媒体是否能够影响到目标市场的消费者。其次，收视率是指为专门收视收听某一特定电视广播节目的人数或户数的百分比。通常是以 100 个家庭为基数，再测定收视（听）节目的家庭所占的比率。广告主和广告公司往往以此来决定是否购买这一时段的广告，而电台和电视台也以此作为制定广告价格的一个依据。再次，到达率是表示在一定时期内，不同的人或家庭接触某一媒体广告的比例。例如，计算电视节目的到达率，以 100 为基数，如至少收视一定节目或广告 1 次以上的家庭（不重复计算）为 20，则有 20％的到达率。印刷媒体的到达率与发行量有关。发行量越大，被读者触及的可能性就越大，发挥的影响就可能越大。同时，还要考虑传阅率。传阅率高的，信息被接触的机会也越多。而触及率是信息经某一媒体传播后，触及到的人数与覆盖域内总人数的比率。这里，接收人数是指接触到媒体或可能接触到信息的人数，但不可重复计算。触及率不能准确地表明触及广告信息人数与媒体受众之间的关系，但触及率高的，媒体的可用性也高。此外，毛感点是指信息通过媒体传播后所获得的总效果，是各次广告传播触及人数比例的总和。电子媒体一般用总收视（听）率来表示，就是把一段时期的各收视（听）率相加得出的。因为电子媒体往往多次反复播出同一信息，观（听）众往往会多次接触到该信息，即频度，频度是表示至少收看 1 次以上该信息的家庭（人）的次数。把媒体的到达率乘以频度，就可以知道总收视（听）率。印刷媒体的接触频度一般只有一次。毛感点是可以重复计算的，经过累加后可能超过 100％。这一指标能够比较清楚地表明一则信息通过媒体所取得的总的传播效果。最后，权威性，主要是衡量媒体的影响力，是对媒体的传播效果在质的方面的考察。信息对消费者产生影响，一是信息作品本身产生的作用，二是信息推出后所产生的连带效用。不同媒体的权威性不同，如一家体育类报纸刊登体育用品的广告可能更有说服力，一个娱乐性的节目插播文化娱乐类的广告可能更有效果。一种资信较高的媒体所发送的广告可能更令人信服。从媒体本身来说，也会因其空间和时间的不同，使权威性有所差别。例如，在报纸要闻版刊登的内容，要比其他版面刊出的更具权威性。在电视台黄金时间播出的节目，要比其他时间播送的权威性强。媒体的权威性也不是绝对的，媒体受众与目标消费者越接近，权威性才会越高。美国的女性杂志权威性较高，因为在美国家庭消费的主要支出者是妇女，广告主更愿意选择女性杂志刊载广告。电视台在黄金时间播出电视连续剧，具有较高的收视率，但绝大部分观众并不是广告主的目标对象，其权威性就相对弱些。而在另外的一般时段，节目的收视率虽然低一些，但针对性很强，影响力就大，广告价格也会低很多。

3）传播者因素

首先，要考虑传播者的销售方法特征，如销售方式究竟以推销员为主还是以零售商为主。其次，要考虑传播者的促销战略，如计划一个赠送样品的广告活动，就要用能配合赠送活动的媒体。再次，要考虑传播者活动的基本目的及传播预算的分配额和传播者的经济能力。此外对于同行竞争者使用传播媒体的情况与战略也应列入媒体考虑范围，以达“知己知彼”之效。

4）媒体成本

不同媒体费用不同，同一媒体不同时间、位置费用也会不同。传播主在选择时要根据自身财力和宣传效果预期慎重考虑各媒体的成本费用，不仅要考虑“绝对成本”，即媒体的实际支付费用，同时也应考虑“相对成本”，如用印刷媒体的每天读者数，或电波媒体的每分钟每千人的视听成本等。

2.3　活动实施与评估

活动的成效必定取决于实施，良好的组织是活动成功的关键，活动执行的好坏决定着活动的成败，预算充足、及时评估、发现问题并反馈调整是活动成功的保障。必须随着活动的进展和变化，对活动进行及时的调整和有效的控制，保证活动向预定的目标前进。例如，蒙牛将活动与“超级女声”每一阶段的比赛充分结合起来，渗透到比赛的每个环节，并选择自己的五大目标市场作为“超级女声”分赛区，充分调动各种资源进行配合，深入终端。最终，蒙牛凭借“超级女声”将蒙牛酸酸乳销量卖到接近 25 亿美元。

2.3.1　活动执行

在活动具体执行的过程中，活动组织者需要特别注意以下三个方面。

1. 及时收集反馈信息

在执行过程中，执行者会碰到各种各样的问题，甚至发现更好的解决方案。对这些信息，要建立一个反馈的渠道进行收集。对收集到的问题，提出解决办法，及时处理。对执行者提出的好的建议，积极采纳。需要注意的是，领导通过下属汇报得到的信息，是经过过滤的。信息收集人员会根据自己的理解忽略某些事情，领导者最好深入活动现场，亲自了解情况。

2. 注重与具体活动执行者之间的沟通

良好的沟通是执行的基础。有效地提高执行力，在一般情况下首先要进行充分沟通，对完成目标任务取得较为一致的认同。否则，上面再好的决策经过中、下层执行的“七折八扣”，就会走样。一位策划经理曾说：“如果执行的方向错了，后果只有一个。你不是在计划怎么成功而是计划怎么失败。”如果说有什么可以让每个具体的活动执行者更清楚执行的方向，那就是良好的沟通。将决策传递给各个活动执行者，帮助他们理解需要完成的目标，取得他们的支持，这是成功的保证。

在活动的执行过程中，沟通的作用十分重要。假设执行者遇到困难，他又不能通过方便、快捷的渠道和主管沟通，只好按照自己的理解和方式去解决问题。俗话说，失之毫厘，差之千里。执行者处理问题的方式，也许和主管的想法大相径庭，最后执行走样，就是不可避免的。

3. 注重奖罚分明

分明的奖罚措施也是保证执行的重要条件，否则人们就没有动力做出更大的贡献。唯有分明的奖惩才是最基础、最有效的保证。只有在此基础上，再加上其他因素的贡献，才能使执行力强上加强。

2.3.2 活动预算编制

活动预算是指为了保证整个活动的顺利实施必须支出的财力和物力。编制活动预算就是对整个活动所要支出的费用进行分类列项，合计总的支出。例如，一场大型会议、节会活动的经费预算支出包含：办公费、印刷费、租赁费、交通费、住宿费、餐饮费、培训费、娱乐费用、电话费、礼品、布置费和其他相关费用。

活动经费的预算方法往往会根据活动目标的差异而有所不同。较为常见的活动预算方法有以下四种。

1. 营业额百分比法

根据年度营业目标的一定比例来确定活动预算总额，再按各月的营业目标按比例分配至各月。其优点是简单、明确、易控制；缺点是将营业额（促销效果）和活动预算的比例关系固化，而这在根本上就是缺乏依据的，一个好的活动方案可以四两拨千斤，而一个差的活动方案虽然花了很多钱，但却不能产生效果。

2. 量入为出法

根据传播者的财力来确定活动预算，就是有多少剩余的财力就搞多少活动。

这是一种将活动视为可有可无的方法，没有意识到活动是可以创造效益的，因而也是从根本上就是错误的。简单地说，低于阈值的活动，花再少的钱也是浪费。

3. 竞争对等法

企业按竞争对手的大致费用来决定自己的活动预算。优点是能借助他人的预算经验并有助于维持本企业的市场份额；缺点是情报未必确实且每家公司的情况不同。

4. 目标任务法

根据活动目的和任务而确定促销预算。这是一种最为合理的预算方法，因为确定活动是否开展，开展什么样的活动是依据市场需求、企业发展需要而定，这就确保了活动本身的必要性和合理性。而且一旦活动的规模、内容和形式确定下来后，预算也就可以建立在具体、可靠的费用预测和核算的基础上，而不再是仅仅是经验和设想。

2.3.3　活动评估

在活动结束之后，组织相关人员专门将活动结果与预期的目标进行比较，对活动的效果进行整体评价，并对活动策划与执行认真进行主客观分析，找出差距、总结经验，以便指导下一次活动的策划和实施。

进行一场活动的评估，需涉及活动的方方面面。对于活动的评估而言，首先，评估是要有目的性的。通过对整个活动开展的评估，找出活动开展过程中的不足，为今后类似活动的更好开展，积累经验，以求完善。其次，有关评估的内容、范围及标准，一般而言，对一场活动的评估主要包括四个关键项目，即活动准备工作评估、活动执行过程评估、活动费用评估和活动效果评估。

1. 活动准备工作评估

在进行活动评估前，需要明确准备工作是什么。准备工作包括：①活动参与人员的确定，包括活动负责人、活动执行人与活动监控人。②活动准备事项，包括准备地点位置、需要准备的器材设备、活动记录表、活动接待人员培训问题、活动宣传方案等，这一切都需要事先与活动需求者和有关部门提前做好联系，以准备妥当。③宣传与信息发布，要说明宣传方式和信息发布人群。

明确准备工作后，要开始评估整个活动的前期准备。例如，整个活动的前期准备工作均依据方案于活动开展时间前准时安排到位，说明人员、物资、广告宣传和各岗位人员到位等。

2. 活动执行过程评估

活动过程的评估是最重要的。首先要说明活动的执行过程是什么，然后再进行评估。活动执行情况包括以下内容：

人员安排。在活动地点安排的服务人员情况。

物品配送。活动物品原计划如何安排，特殊情况需另行说明，在实际执行中又是如何安排等。

活动流程。活动中的工作要依据流程执行，如几人负责接待，几人负责硬件设置的准备，几人负责记录登记活动情况等。

活动数据核准。详细到活动结束后由谁负责核对、审核，包括通知情况、实客数量、销售等情况。

总结出整个活动执行过程，说明活动的执行过程，再对活动执行情况进行评估。评估活动中出现的任何情况，包括很多细节方面：是否给活动产生了影响，产生了什么样的影响；顾客的意见如何，有没造成负面影响；评估参加活动的服务人员的服务情况，服务的好坏是否给顾客带来了不良的影响或者是特别的优质服务情况有没有给顾客留下深刻的印象；评估正负面影响为后续效果带来的可能性。

3. 活动费用评估

先算出各项费用预算：硬件设施租用费用，活动主持人费用，宣传费用，为方便顾客提前准备的食物、饮水、各种耗材等，以及最后费用预算的合计。说明费用预算后再结合实际费用支出进行评估。评估费用的节支问题：本着节约的原则，评估出有哪些方面节约了活动费用。必要时可以附上节支表，包括：费用项目、预算费用、实际费用、节约费用等。有关活动效果的评估，直接关系到以后的活动是否能更好地开展，所以最后的活动效果也是每一个人最关心的问题。

4. 活动效果评估

活动效果评估主要包括两个方面：活动效果评估的标准与方法，以及查找和分析活动成效的原因。

从效果的方面来讲，可从以下方面进行评估。

影响人数。包括活动影响人数、通知人数、参加人数和实到人数。

影响面。如果是规模较大的活动，那么它对同城同类商城所带来的影响如何；如果是小型活动，那么它对顾客群体的影响如何，对相关品牌影响又如何，是否达到了活动预期的要求范围。

品牌提升。通过活动的开展，对于已经拥有一定市场基础的品牌是否在顾客认知度上又进一步得到提升。

促进销售。活动的开展，是否扩大了影响面，提高了知名度，这些无疑决定了对销售能否起到至关重要的促进作用，同时也增强了顾客对商城的信心与认可度。

把活动的不足放在最后进行系统的评估。例如，活动方案是否完善，宣传力度是否达到；对于活动的信息传达是否到位，哪里还有欠缺，如有没有顾客不知道有这次活动等；执行力强弱，如第一次活动中人员就因为欠缺经验而对顾客执行服务方面效率低，使活动的效果大打折扣等。

活动结束后要分析问题的原因所在，包括执行及服务人员的开展经验问题，人员安排是否到位，相关配合度是不是不够。例如，邀请的主持人的水平高低，是否能够吸引参与者。很多事情就是由于某个环节而影响整个活动的效果。

为了下一次活动更加完善，需提出一些改进的建议，有关需要改进的方面，可能是活动的方案不够周全、详尽，建议必须在活动正式开展前半个月完成方案草稿，以便领导有充足的时间调整修改，同时完善活动的各项设施及物资；也可能是活动宣传做得不够充分，执行力需加强等。总之，分析问题的原因所在一定是要针对活动的不足之处以便为以后的活动做出参考。

从方法和标准来看，可选择以下方法中的一种或几种进行。

前后比较法。选取开展活动之前、中间与进行活动时的销售量进行比较。一般会出现十分成功、得不偿失、适得其反等多种情况。一是十分成功。在采用活动后，消费者被活动吸引前来购买，增长了销售量，取得了预期的效果。该次活动不仅在活动运行期中，而且对公司今后的业绩和发展均有积极影响。这是经营者、营销人员及所有员工都希望的情景。二是得不偿失。活动的开展，对市场、营业额的提升没有任何帮助，而且浪费了资金，显然是得不偿失的。三是适得其反。这是活动引起不良后果的一种表现，是经营者最不愿意看到的一种情形。这次活动虽然在进行过程中提升了一定的销售量，但是活动结束后，市场的销售额不升反降。当然，也可以进行影响力、美誉度等其他指标的比较，视活动目标而定。

参与者或受众调查法。活动组织者可以组织有关人员抽取合适的参与者或受众样本进行调查，向其了解活动的效果。例如，调查有多少参与者或受众记得本次活动，他们对该活动有何评价，是否从中得到了利益，对他们今后的消费选择是否产生了影响等，从而评估本次活动的效果。

案例 2-3　万达公馆主题游艇活动落幕

万达公馆是由全国商业地产巨擘——万达集团重资开发，引来许多海内外成功人士的关注。2009 年 9 月 24 日下午，万达公馆首次举办了主题游艇活动，近百名成功人士聚首大连港一号游艇，让人们可以从海上 360 度观看正在建设中的万达公馆。

活动当天，近百名成功人士早早来到游艇，并饶有兴致的参与了活动主办方万达公馆现场举办的丰富多彩的活动。而为了契合成功人士的品位需求，主办方还在游艇一层大厅设立了名表、珠宝鉴赏、模特走秀、“万达公馆”主题人体彩绘及魔术表演——近景魔术等。萨克斯独奏则让嘉宾在享受凭海临风的畅意时，还领略到了难得的放松与闲适。活动当天还安排抽奖活动，为现场嘉宾设立了一、二、三等奖，奖品分别为LV包、爱马仕方巾，COOSKIN（酷奇）时装表。待游艇驶近“万达公馆”项目地时，主持人还在二层露天甲板结合项目地实景为现场嘉宾进行了介绍，让嘉宾对万达公馆这一钻石港湾之畔的地标项目的观海尺度有了更直观的了解。

万达公馆项目负责人介绍，主题游艇活动只是个序幕，在“十一”期间他们还将举办万达老业主专场的万达样板间体验日活动，让多年来跟随万达品牌的老业主可以在第一时间参观品评项目。

据了解，大连万达公馆、万达中心活动结束后就将开始销售，2012年建成。万达公馆，通过邀请成功人士参与游艇主题活动，比肩全球的海岸线豪宅典范，正将更多成功人士的主流“住”需求一一兑现。

资料来源：http://szb.dlxww.com/dlrb/html/2009-09/29/content_266470.htm

进行分析观察法。这种方法简便易行，而且十分直观，主要是通过观察参与者对活动的反应进行分析。

案例 2-4　海南启动“美丽中国幸福海南——爱你一生一世”主题营销活动

在2013年第一天（因为2013又有着“爱你一生”的谐音和含义），借“2013中国海洋旅游年”在三亚启动之际，海南省同时启动“美丽中国幸福海南——爱你一生一世”主题营销活动，以“阳光海南，度假天堂，爱的海岛，情的海洋”为主题的系列营销活动，目标是将海南省打造成为中国乃至世界著名的婚庆旅游目的地。

作为2013年我省在每个月推出的不同主题的12个婚庆月的第一个，1月海南游艇主题婚礼月活动在2013年第一天宣布正式启动。2013年第一天上午，来自国内的5对新人们身着美丽的婚纱礼服，乘坐海南恒翔游艇公司的豪华游艇从肖旗港出发，在游艇上举办了一个独具特色的游艇婚礼。“这是一辈子忘不了的经历，尤其是在2013年的第一天，非常浪漫，也非常感人!”新人们享受着游艇新生活，感受游艇生活的浪漫，新娘漂亮的婚纱在游艇上飘起来，随行的摄影师们“啪啪啪”不停按下快门，为新人们留下这美丽而又浪漫的一刻。

在三亚君澜度假酒店的草坪上，10对新人面朝大海，举办了一场浪漫的海边草坪集体婚礼，展示了浪漫海南的别样风情。据了解，目前我省已有近10家旅行社推出主题婚庆旅游产品，结合海南一流的热带海岛休闲度假资源，以及海南悠久的婚庆文化，我省婚庆旅游产品从蜜月休闲度假到举办个性婚礼，成为近年来快速发展的旅游新产品和旅游新业态。而婚庆旅游又带动了包括婚纱摄影、酒楼餐饮等40余个相关行业的发展，成为我省旅游市场的一座甜蜜金矿。

据悉，围绕省旅游委提出的“美丽中国幸福海南——爱你一生一世”营销新主题，我省旅行社、景区、酒店等相关旅游企业将在近期成立“海南岛十全十美婚庆产业联盟”。用婚庆这一浪漫主线，重新整合、包装、推广海南滨海游、温泉游、森林游、民俗游等旅游产品，引导传统观光旅游产品向休闲度假产品转变，提升海南旅游魅力和旅游效益。创新引领时尚，通过婚庆这一特殊的主题旅游产品，引导旅游消费时尚，促进海南旅游经济提升。

而且，在不同月份推出邮轮主题、雨林主题、黎族苗族风情主题、风情小镇主题等不同的12个主题婚礼月活动，通过不同主题向国内、国际旅游市场全面展现了海南丰富而又多元的婚庆旅游产品和婚庆旅游文化。

资料来源：http://tourism.hainan.gov.cn/Goverment/jiaodianxinwen/ lvyouyaowen/201301/t20130101_36677.html

第3章　游艇主题活动实施

再好的创意，没有好的实施也只是一种理想或期望，产生不了实际的效果。除了活动本身，实施还包括相关的人员、物品、场地、交通、餐饮和安全等一系列准备工作。

对游艇主题活动来说，其最大的特殊之处在于场地——游艇、水域及相关设施设备，以及由此而产生的安全问题——水上救生。因此，对相关场地和安全设施设备的检查和调试就成为游艇主题活动实施准备的关键。

3.1　组织、流程和场地

合理配备工作人员、控制活动流程、场地和设施设备的准备是成功实施游艇主题活动的三大要素。

3.1.1　组织

在开始准备策划活动的时候，活动策划者就需要考虑是聘请专业人士帮助，还是仅建立由本单位员工组成的活动实施小组。

案例 3-1　2005 年日本世博会的组织机构

1997 年 6 月决定 2005 年世界博览会（简称世博会）在日本举办后，同年 10 月日本就成立了“财团法人 2005 年日本世博会协会”，由丰田前总裁丰田章一郎担任会长。2001 年 3 月，日本著名经济学家、思想家屋太一就任该协会最高顾问。2001 年 7 月，世博会实行“制作人”体制。该体制设有三个“总制作人”，包括木村尚三郎、泉真也和菊竹清训，并设有三个“首席制作人”，包括原田镇郎、牧村真史和福井昌平。此外，还有照明制作人、环境管理制作人、市民参与制作人、广告制作人、会场演出综合制作人、活动制作人和导演等。

对面向消费者个人的游艇主题活动——朋友聚会、婚礼、家庭休闲等活动来说，游艇俱乐部在活动策划、实施过程中都起主导作用的，主持、服务、后勤等主要由游艇俱乐部安排和提供。这种活动一般不可能有彩排，所以，成功实施的关键是如何既能使参与者积极主动，又使活动不偏离预设的轨道，做到既有序又活泼。这就要求组织者能够灵活应变，如有必要，也可以安排一定数量的工作人员以适当的身份、在适当的时候对参与者进行无痕引导。

而对于面向企业、政府或社会团体等组织的游艇主题活动，大多数组织一般不会将活动的策划和实施全盘委托给游艇俱乐部，而是会同时利用本单位的人员，组建活动委员会或团队。这就为活动的实施带来相当多的便利，游艇俱乐部往往只要做好后勤服务和场地、设施设备的准备就可以了，而活动本身的进程组织完全可以交由活动委托者的工作人员去完成。这样既可以减少俱乐部的运营成本和责任，又可以使活动更加热闹。

一般而言，游艇主题活动在组织人员安排上应该注意以下两点。

(1) 合理分配。根据参加人员的能力、经验分配工作任务，主持、联络、串场、后勤保障、反馈调整等，凡事都应具体到人，主次分明，这样才能在实战中分工合作，相辅相成。

(2) 形象礼仪。任何一个参加人员都是代表俱乐部面对客户，个人行为举止如何，对俱乐部品牌而言，并非小事一桩。做市场首先是做人，员工的素质反映企业文化，企业文化较差的公司，活动者也会敬而远之。因此，所有参加人员都应注意自身形象，以能反映本游艇俱乐部文化和特色的仪态面对活动参与者。

3.1.2　流程

有条不紊和注重细节是举办一次成功活动的关键。为了保证活动顺利且有条不紊地进行，必须事先设定好活动的流程，并按照预定计划顺利进行。通常情况下，活动策划者应当在决定承担一项活动的时候，就该立即制定关键任务时间表。在制定关键任务时间表之初，就应当在日历上确认活动举办的时间，然后从那天开始向前排出每天应当做的事情。

关键任务表可以发挥两个方面的作用：一是明确活动的每一环节开始和结束的时刻，二是确定哪些是关键环节。所谓关键环节是指那些必须严格按时间表完成的环节，这些环节的任何拖延都会导致整个活动的拖延。

一项游艇主题活动实施阶段主要包括以下六个主要环节。

(1) 人员配备，即按活动方案确定人员需求并挑选相应的人员，人员并非一次到位，而是随着活动准备的开展逐渐到位。所以，也还需要再划分具体的环节。

(2) 物料准备，即按活动方案确定活动所需要的各种物料，如救生设备、救生衣、潜水服、渔具、游戏道具、食材、饮料、短途交通工具等。同样，物料准备也不是一次到位，有些采购周期较长，有些需要保持新鲜，还需要进一步划分以确定具体的开始和完成的时间点。

(3) 场地和设施设备准备，如水域、游艇、岛屿等，这主要是检查场地和设施设备的状态，必须保证游艇的各种机械电子、娱乐、休闲性能处于良好的运行状态并保证安全，并且和气象部门保持密切沟通，及时了解水域、岛屿的气候状况，选择合适的时机开展主题活动。

（4）迎宾，迎宾包括客人抵达城市机场、车站、码头后的接站，住宿和餐饮安排，在主题活动主场地的迎宾仪式，这是主题活动的开端。一个好的开端可以使活动参与者产生对活动的正确期待，这有益于活动的成功。

（5）主题活动，主题活动本身又可分为引子、活动和结束等阶段，视具体活动方案而定。

（6）退场和送客，即活动参与者离开活动主场所，返回。

案例 3-2　挑个好日子

日子的选择有时能起到画龙点睛的效果，一个特殊的日子也许能激起人们特殊的美好记忆，一个风和日丽的日子能使人更好地体验大海、太阳和游艇。

在确定活动日期的时候，首先要考虑这个时间能否保证大多数人能够出席此次活动。其次，要考虑一下季节的因素。例如，如果选择在某个景区或前往旅游目的地举办活动，那么活动策划者需要考虑在这个时期是否正处于一年当中雷电和山洪的多发期？路面交通是否正处于风雨交加的季节而导致经常堵塞或瘫痪。这些季节性的因素都会对活动的实施和实际效果产生诸多影响。再次，仔细考虑你举办活动的日期，安排在一年中什么时候最为合适，节假日是否会与活动时间相冲突。例如，通常来说，5 月和 6 月是婚礼的黄金期，11 月和 12 月是庆贺节日的高峰期。活动策划者选择在这个时期举办活动就会遇到酒店住宿或宴会厅预定的高峰期，这就需要对场地或参加活动人员食宿安排提前做好准备。

3.1.3　场地

游艇主题活动是游艇经济中一种高附加值的经济活动，若一个国家、游艇俱乐部有着发达的游艇产业和游艇主题活动举办场地，那么不仅会产生巨大的经济效益还会产生更多的社会效益。例如，游艇主题活动可以吸收场地附近大量的劳动力，优化经济结构，也可以带动相关产业如旅游业、服务业的繁荣发展。

一般说来，港口城市及周边地区高端人士集群的密集区，是商务人士、高收入阶层休闲旅游的首选。游艇主题活动举办场地，需要发展游艇经济的优势条件，使其具备游艇制造技术好、基础设施建设完善、消费能力高和亲海氛围浓厚四合一的优势。而俱乐部游艇、较为开阔的水域、较为安静的岛屿、引人入胜的景点，都可以作为游艇主题活动的选择场地。

（1）游艇，是一种高级水上娱乐耐用消费品，需要集航海、运动、娱乐、休闲等功能于一体，在举办游艇主题活动的时候，能够满足嘉宾个人或多位嘉宾进行亲身娱乐和运动体验的需要。在选择游艇时，需要注意，根据主题活动的内涵和嘉宾的数目等选择游艇的类型，并且对于游艇产业相关的维修、水上娱乐等服务进行安排准备。

（2）水域，即有利的自然条件。对举办一场游艇主题活动来说，优越的气候和自然条件、气温温和等是必备的。良好的水域条件，要求渔业资源、港湾资源、滨海旅游资源、岛礁资源丰富。例如，青岛市是中国著名的沿海旅游城市，位于山东半岛，濒临黄海，环绕胶州湾，山海相依，海域面积辽阔，海岸线绵长，拥有海湾 49 处，较大的有胶州湾、玻挪湾、整山湾、崎山湾等，大小海岛 69 座，海上旅游资源丰富，拥有天然的黄金水道、优良的岸线条件等，为游艇旅游、举办游艇主题活动提供了良好的市场与停泊水域条件（陈艳，2012）。

（3）岛屿，即远离海岸，选择较为安静、清洁的地方停靠游艇，方便客人休息。一般说来，岛屿生态环境质量总体良好，能够为游艇经济发展和滨海城镇建设提供必要的支撑，也能够支持游艇主题活动的顺利进行。在远离海岸的岛屿，能够进行海水浴、潜水、游艇、摩托艇、帆板、垂钓、冲浪等多个海上运动，而且岛屿地貌结构多样，海湾众多，海滨风景秀丽，能为游艇主题活动提供良好的外部环境支持。此外，在岛屿举办游艇主题活动，还可以发展海岛旅游，开辟海上游艇旅游航线，能够丰富海上游艇旅游项目，缓解陆地交通压力。

（4）景点，能够为参与游艇主题活动的客人们提供旅游休息的场所。游艇主题活动场地中，景点如海岸带观光，是最受人群追捧的旅游路线，享受阳光、海水、沙滩、绿色和新鲜空气，配以路上、山上等多方位旅游综合体验，可以让客人们享受活动的乐趣。

案例 3-3　风帆之都——奥克兰

奥克兰位于新西兰北岛，是个三面环水的优美城市，地形狭长，是新西兰第一大城市。奥克兰的地形非常适合帆船运动，城中居民多拥有私人船只，是全世界拥有私人船只比例最高的城市。环抱着奥克兰的怀特玛塔港和马纳考港是开展海上帆船活动的胜地。每逢周末，蓝色的海湾里，扯着五颜六色风帆的帆船在海上穿梭，奥克兰因而又有“风帆之都”的美誉。

在奥克兰的海湾，数量繁多、种类各异的游艇密密地停靠在泊位上，这里的富裕人家不仅有海边别墅，而且有自家的码头与游艇。在奥克兰，平均每4人便拥有1艘船。每年1月底在怀特玛塔港举行的帆船竞赛，千帆并举，更是奥克兰城的一大盛景。在这里，海域面积辽阔，海岸线绵长，散布着较多的岛屿，而且悠久的历史产生了很多景点，这为游艇主题活动的举办提供了良好的环境和条件。

3.2 客人抵达与迎宾

迎宾——是游艇主题活动参与者对活动的第一印象，虽不是主题活动本身却在很大程度上影响了客人对主题活动的期待，而不同的期待会对同一活动及评价产生不同的影响。所以，迎宾是取得活动成功的首要环节。

一般而言，迎宾仪式是指接待方为了表示对客人的尊敬和重视，在迎宾地点举行的一种仪式，也称欢迎仪式。迎宾礼仪是指在迎宾过程中形成和遵循的礼仪规范。要圆满完成一次迎宾仪式，需要注意以下各项细节：①确定迎宾地点；②确定迎宾人员；③提前到达迎宾地点；④对客人身份进行确认；⑤迎接客人；⑥安排住宿。接回客人后，通常应在安排客人入住并适当休息之后，再安排其他活动。

在迎宾工作之中，要进行必要的先期准备，以求有备而行，有备无患。

第一，一定要充分掌握迎宾对象的基本状况，尤其是主宾的个人简况。例如，需要了解来宾的姓名、性别、年龄、籍贯、民族、单位、职务、职称、学历、学位、专业、专长、偏好、著述、知名度等。必要时，还需要了解其婚姻、健康状况，以及政治倾向与宗教信仰。在了解来宾的具体人数时，不仅要务求准确无误，还应着重了解对方由何人负责，来宾之中有几对夫妇，来宾此前有无正式来访的记录等。如果来宾，尤其是主宾之前来此进行过访问，则在接待规格上要注意前后协调一致。无特殊原因时，一般不宜随意在迎宾时升格或降格。来宾如能报出自己一方的计划，如来访的目的、行程、要求等，那么在力所能及的前提之下，应当在迎宾活动之中兼顾来宾一方的特殊要求，尽可能地对对方多加照顾。

第二，迎宾仪式的环节和内容，要制定和主题活动在主题和形式上相匹配的环节和内容，从本质上说，迎宾仪式是主题活动的一部分。

第三，一定要详尽制定迎接来宾的具体计划，这有助于使接待工作避免疏漏，减少波折，更好地、按部就班地顺利进行。就迎宾而言，接待方也应有备在先，最为重要的有五项内容，即迎宾方式、迎宾人员、迎宾时间、迎宾地点和交通工具。

在迎宾方式的决策过程中，首先需要思考的是，要不要搞迎宾活动。如果需要搞，那么又该如何安排迎宾活动，怎样进行好迎宾活动？在安排迎宾活动的过程中，一定要精心选择迎宾人员，数量上要加以限制，身份上要大致相仿，职责上要划分明确。在条件和时间允许的情况下，还可以为客人准备特别活动来欢迎客人的到来。例如，歌唱欢迎曲，在营造欢迎客人抵达的氛围方面起着重要的作用。但在这些欢迎仪式地点和内容的安排上，都要考虑是否需要与相关部门事先做好沟通，并征得其同意。例如，在一次夏日举办的节庆活动，主办方想给所有参加本次活动的来宾每人一个印有本次活动标志的风筝作为礼物留念。但考虑到活动场地附近有个机场，所以活动策划者需要主动与机场方面取得联系，确定此项计划是否可行。得到机场方面给予的书面答复之后，才可以进行放风筝的活动，且风筝的线长也不可超过 30 英尺。这个例子就说明凡事要提前计划，尽早动手，做事情不可想当然，要做有把握的事。尤其重要的是，活动策划者要对活动进出场地的通道状况进行评估，以保证安全。

在迎宾工作中，时间问题是又一个非常重要的问题。首先，时间要预先由双方约定清楚。其次，要在来宾启程前后再次予以确认。最后，一定要提前到达迎宾地点。

在迎宾的过程中，要安排好以下四类关于地点的问题。第一，交通工具停靠站，如机场、码头、火车站、长途汽车站等。第二，来宾临时下榻之处，如宾馆、饭店、旅馆、招待所等。第三，游艇俱乐部一方用以迎宾的常规场所，如会所广场、大厅等。

在确认来宾的身份的时候，通常有可以使用以下四种方法。第一，使用接站牌。使用接站牌时，牌子要正规、整洁，字迹要大而清晰，不要随便用纸乱写。尽量不要用白纸写黑字，让人感到晦气。接站牌的具体内容，有四种主要写法：一是“热烈欢迎某某同志”，二是“热烈欢迎某单位来宾的光临”，三是“某单位热烈欢迎来宾莅临指导”，四是“某单位来宾接待处”。第二，使用欢迎横幅。第三，使用身份胸卡。第四，自我介绍。在方便、务实的前提下，上述四种确认来宾的方法，可以交叉使用。

在迎宾之时向来宾施礼、致意，最重要的是要做到以下四点。第一，与来宾热情握手；第二，同来宾主动寒暄；第三，对来宾有问必答；第四，为来宾服务周到。接到来宾后，在接近迎宾地点时，迎宾人员应主动为来宾拎拿行李。不过，对于来宾手中的外套、提包或是密码箱，则没有必要为之“代劳”。

来宾的引导，是指迎宾人员在接待来宾时，为之亲自带路，或是陪同对方一道前往目的地。在一般情况下，负责引导来宾的人，多为来宾接待单位的接待人员、礼宾人员、专门负责此事人员，或是接待方与来宾对口单位的办公室人员、秘书人员。在引导来宾时，切勿一味沉溺于高谈阔论，免得令来宾走神，“一失足成千古恨”，当众跌跤丢人。

在客人抵达时，活动策划者首先要关注客人抵达时的天气状况。每个季节都有自己的天气特点，要把当地过去的气温、降水量和湿度等相关资料都考虑进来以提前安排好各项接待服务。为活动参加者和重要来宾提供舒适的服务，建立良好的第一印象是至关重要的。一定要提前做好准备，务必确保当突然事件发生时有回旋的余地。在活动举办当天，如果天气状况看起来不妙，就需要灵活处理，确定最终在什么地方来作为活动场地。要注意与客户公司确认最终活动举办地点。

此外，还要尤其注意在迎宾过程中的座次礼仪。

（1）车的座次礼仪。五座位轿车的一般座次是：有专门司机开车时，后排右座是第一上座；如果领导或者朋友亲自开车，第一上座为前排右座；客人主动选择的位置就是上座。旅游中巴和大巴的座次：以司机座后第一排（即前排）为尊，后排依次为小；其座位的尊卑，依每排右侧往左侧递减。

（2）社交场合的座次礼仪。在安排会议室并与来宾进行会谈时，应以客为尊，并将尊贵的位置让给客人。如果会谈安排的室内进行，应以以下原则确定座位的尊位：面向房间正门的位置为上座；以离正门最远的为尊位；居中位置为上座；以右边为上座（这是国际惯例，在中国的部分场合遵循的是以左为上座）；以前排为上座。与客人同行时，要让客人走在内侧即右边，而陪同人员则走在左侧；出入房门时，让先为敬，即应该让客人先入先出；乘坐无人驾驶电梯时，陪同人员应先进后出；乘坐有人值守电梯时，陪同人员应后进后出；乘坐自动扶梯，所有人员应靠右侧站立。

案例 3-4　中华门每天“开门迎宾”

中华门城堡即将推出“仿古迎宾入城仪式”，游客可以过把“明代贵宾”瘾。中华门城堡还将推出优惠措施，凡南京市市民凭本人身份证只需花 5 元就可登上中华门城堡。

“十一”黄金周前，中华门城堡将推出“仿古迎宾入城仪式”，游客都能做一回“明代贵宾”，观赏到庄严隆重、古色古香的“开门迎宾”表演。南京市秦淮区旅游局吴局长说，按照古代迎宾入城仪式，贵宾在明宫女、百官的夹道欢迎下，从南门入城，再由马道上城顶，一览古城风貌。但现在受场地限制，仪式要改成在北门举行。入城仪式将分为开门迎宾仪式和普通迎宾仪式两种，常年举办，其中敞开中华门大门的开门迎宾仪式每天早晨只举行一次，因此想体验开门迎宾的游客还得赶早。每天入城仪式只能举行一到两场，每次 10 分钟左右，人数定为 30 人，以明代礼乐、歌舞、古代仪仗、官员武士列阵等内容为主。同时还推出模仿古人出行过关卡城池时的“通关文牒”，上面将盖有南京市副市长致欢迎词的篆刻大印章。

资料来源：http://news.sina.com.cn/s/2007-08-201070212415119s.shtml

案例 3-5　传统的迎宾仪式——再现古老的水族待客习俗

进入水族村寨前，水族人民都会举行一个古老而传统的迎宾仪式。

迎宾门位于三洞乡达便村以北 50 米处，高约 5 米、宽 8 米，并写有楹联，迎宾门内两侧各摆放 9 面铜鼓、9 面皮鼓、9 支长号、9 支鸟枪，每样合起来的数字都是 18，据三洞乡负责筹备此次活动的负责人说，这个数字代表了水族的九乡十八寨。要通过迎宾门首先得品尝水族佳酿，早已等候在迎宾门下的 10 名水族妇女穿节日盛装，着绶带，手持酒杯，笑容以待。当客人走近迎宾门时，鸟枪、响礼炮齐向天鸣，铜鼓、皮鼓、长号声同时响起，紧接着，水族妇女端起酒杯，一边唱着敬酒歌，一边向客人敬献满杯的糯米酒，连喝三杯后方可通过迎宾门。

在中国水族文化旅游节期间，数千游客齐聚三都水族自治县三洞乡达便村和水根村，亲身体验水族古老祭祖仪式的神秘色彩。祭祖供桌由 12 张传统长条桌拼成，桌面水族妇女机织花色布单平盖，祭祀设席 36 座主宾排列，寨老内座，两头主祭师及族老就座，其余为贵宾席。祭祖四周悬挂 3 米长“旌幡”12 幅，水书 12 联，以示 1 年 12 个月月月红，祭祖供席上摆有鱼包韭菜、茄子、南瓜、煎豆腐、西红柿、青椒、生姜、彩色糯米饭、陈年米酒等多种祭品。仪式由寨中一位德高望重的长者主祭，供席入口两侧有两位年轻男子守持长杆茅苇守护。

祭祖开始，铜鼓敲 9 下。铜鼓敲响完毕，主祭长老先将一杯水酒洒于地上，以祛除晦气。接着，出席祭祖的族中长者一齐向供奉祖先的神龛上香。上香完毕，主祭长老伫立桌前神情肃穆，手端斟满酒的酒杯，口中念念有词，表达对祖先的怀念和祈福，祈求来年风调雨顺、五谷丰登、六畜兴旺、吉祥如意。同时，请祖先神灵为参加祭祖游客及嘉宾祈福。

祭祖是水族过端节最重要的活动，分别在端节、除夕夜和大年清晨进行。水族端节、祭祖所用祭品依例要戒荤食，唯独鱼不在禁用之列。水族祭祖的鱼叫鱼包韭菜，是将韭菜、栗仁等塞满鱼腹后，炖煮或清蒸而成，祭祖之后便可食用。相传，水族的远祖由南方北迁时，送行者送上一包食物，原来是内有九种青菜的煮鱼。远祖靠这食物充饥来到黔南落户，后来鱼包韭菜便成为水族人最喜欢的家乡风味。

祭祖仪式结束后，还要举行一个特别的祭铜鼓活动。祭师坐在草凳上，手拿别（水族祭祀专用），将别在贡品上飞舞三圈，同时诵铜鼓经，祭师口含酒，对着铜鼓面喷酒，同时大声喊“敲铜鼓咯”，一群水族男女围着铜鼓跳起欢快的舞蹈，互祝人寿年丰。

资料来源：http://www.gzjcdj.gov.cn/wcqx/detailnew.jsp?id=278421

3.3　交通、住宿和餐饮

一场活动，参与者的到来、停留和离去，交通、住宿和餐饮既是活动的前奏、序曲，也是活动的尾声，甚至可能是活动非常重要的组成部分。到得及时，走得顺畅，吃得有味，住得舒适是一场活动圆满的保障。

3.3.1　交通

轿车和大巴是传统的接站交通工具。如果选择轿车作为接站交通工具，实施过程中要注意确定和关注如下基本信息：所需车的数量、停车问题、轿车的车况和司机素质，要注意对不同等级的贵宾用车做出区分，了解轿车的座位情况，如人数、座位设置的情况及轿车内的椅子是否可以放倒等相关信息。更为重要的是，要对汽车抛锚情况安排好应急处理预案。

如果选用大巴作为接站的交通工具，实施过程中要仔细计算需接送客人的总人数、弄清停车场的位置，以及可容纳量、租车所需的费用、汽车抛锚的应急预案，以选择恰当类型和型号的大巴以满足需求。尤为关键的是，大巴接送不似轿车可以随来随走，大巴的发车班次和航班到港、列车到站要有良好的衔接，以免客人在机场、车站等待的时间过长。

除了大巴与豪华轿车，结合活动目标和主题的需要，还可以选用具有趣味性的交通工具。例如，为某些特殊活动安排古典轿车、敞篷轿车及国外的奢华轿车，甚至连马车、雪橇、人力车、平底船、驳船、直升机、马匹、骆驼、独木舟、热气球、吉普、特殊地形使用车、自行车等都可以成为交通工具。当然，这种选择要考虑和活动主题相匹配。例如，在 2010 年 12 月 5 日，《姑苏晚报》曾刊登一则新闻，报道了一对新人乘坐三轮车，在平江路上拍摄外景的照片。8 辆喜庆的三轮车引起了途经游客和市民们的好奇，一时间这支“特殊”的结婚队伍引起了非常大的关注。

3.3.2　住宿

对参与活动者的住宿安排，活动策划者要注意以下四个方面的问题：第一，要提前了解活动场地附近是否有足够多的饭店或旅社可以提供所需的房间数或床位数；第二，为参与活动者提供住宿的多种选择，以满足不同参与者对住宿价位、舒适度等多方面的要求；第三，对待重要嘉宾，活动策划方最好能帮助其直接预定好相应档次的客房，并在其抵达之后，就派专人安排其入住；第四，在条件允许的情况下，住宿安排也可以围绕活动主题和目标进行一些细节的安排，体现出趣味性和创意性。

住宿的关键在于饭店，饭店一般有两种解释：第一，多数汉语词典之类的语文工具书解释为“规模较大，内部设施优良，能提供食宿的场所”，类似的名称有宾馆、酒店等；第二，仅仅提供饮食的场所，类似名称有酒楼、餐馆等。本书中所讨论的饭店是指上面第一种解释。饭店一般具有住宿、餐饮、商务、家居、度假和会议多种功能，因而成为举办各类活动常用的场地。随着市场经济的发展，我国酒店业市场的划分越来越细，会议酒店、商务酒店等多种经营方式也不断涌现。这里主要讨论饭店的住宿问题，但会对餐饮、会议、活动场所等功能有所兼顾。

1. 会议酒店

在酒店的客源结构中，会议酒店是以出席、参观一个或多个会议、展览或其他活动为主要目的，并具备一定规模的会议功能、场所和设备的商务酒店。会议酒店的客源具有人流量大、消费水平高、逗留时间长的特征，能为酒店带来较为可观的经济效益。

所以，对大型游艇俱乐部来说，其会所包含相应规模的会议酒店是必要的。酒店既可以满足活动的住宿、餐饮需求，也可以作为活动迎宾及其他附带活动，如会议、展览等活动的场所，从而可以极大地提高游艇主题活动的整体性和协调性。

就其功能来看，酒店能否提供会议服务以及是否拥有会议及其相关功能，是活动组织者选择酒店时考虑的重要因素。主要有四个方面，一是由于客源具有群体性、密集性特点，需要酒店具有一定的经营规模和面积。二是拥有能接待不同类型、不同规格、不同要求、有较强组合性和较多功能的场馆；能为会议客人提供住宿、餐饮、休闲、娱乐、停车等综合性功能。三是要配备专业的会议配套设施。主要是视听设备，包括放映设备（投影仪、升降屏幕、多媒体设备）、音响设备（专用音响、专业话筒、录放音设备等）、特殊视听系统（同声传译设备）等。由于现在电子技术发展迅速，设备周转很快，使用率高的设施，酒店可以自备；使用率低的，则可以考虑向专业公司租赁。

就其客源特点来看，会议客人的需求主要有五个方面。

一是参会代表选择酒店是被动的，一般都是组织委员会指定的酒店。在这种情况下，客人往往对会议酒店不了解。对这类客人来说，会议酒店的服务显得尤为重要。如果客人通过服务认识并喜欢上会议酒店的话，往往能够成为酒店的回头客。

二是会议客人对酒店的地理位置、交通状况有一定的要求，如酒店要临近游艇码头、展览中心或者会议中心，交通便捷等。

三是酒店的会议功能与外界联系要通畅，包括交通、电信、网络等。

四是要有常吃常新的餐饮服务。一个客人在酒店开会时间一般是 3～5 天，或者时间更长，因而，酒店要在餐饮服务方面不断创新。

五是酒店除了为客人提供完成会议所需的基本产品，如客房、餐饮、票务、商务等服务项目之外，还需要提供令客人精神和身体放松的较高层次的休闲娱乐项目。

会议市场的种类和基本特点主要有三大种类。第一类是商务会议。这类会议往往由公司、企业承办。第二类是政务会议。会议的组织和参与者为政府机关。第三类是学术会议。这三类客源呈现出不同的特点，如商务会议对质量比较敏感，对质量要求比较高，尤其是一些大企业。政务会议对服务和组织敏感，即对酒店的现场组织、安保工作要求较高。学术会议对价格比较敏感，因为很多协会、大学、医疗机构都是靠赞助来开办会议的，经费相对紧张。

就其销售特点而言，会议酒店的销售与其他酒店相比，主要有三个方面的区别：一是销售形式不同于传统的酒店，它是综合性销售，不但有客房、餐饮销售，同时还有会展设施、会议设备、会议相关需求销售。二是服务的对象不同，除了服务中面对每一位参会个体之外，还要面对会议的组织者，和组织者的沟通是重要的环节。三是服务部门的设置不同，在实际中要针对专业性较强的会议采用不同的服务体制，特别是要配置相应的会议服务设施设备，给会议提供完满的服务。

针对会议客源的需求特点及会议活动要求，酒店往往还提供专业化的会议服务。服务过程包括了会议前、会议中及会议后的全过程。服务项目包括会议礼仪迎送，秘书服务，会议展厅设计、布置，会议指示牌、横幅、会标、字幕等制作，会议用车、宾客接送服务，会议茶水服务，协助会务组工作服务等，并以此制定酒店的组织流程，即部门组织环节和服务工作程序。

目前，会议酒店大多采取以销售部牵头的组织流程，由销售部销售人员一揽子服务到底的流程服务方式。在会议接待过程中，销售经理以会议接待通知单的形式下发到各个相关部门，由各个部门按任务单提出的要求进行服务。销售部在这里起到了关键的承上启下作用。销售部了解了会议客人的需求以后，把客人的各项服务分解，并分发到相关的会议服务部门、会场的设备服务部门，包括会议期间需要的商务部门、酒店的前台、客房服务、餐饮、安保服务等。在这个过程中，质检部门应进行全面的质量管理监督。在会议结束后，要将会议接待过程中收集到的客人意见以一定形式归纳分析后反馈给相关部门，以便及时根据客人需求调整工作程序，提高服务质量。为了有效地开展相关专业服务，酒店必须配备具有娴熟专业技术与服务技能的会议服务人才，包括会议服务经理、迎宾礼仪人员、视听设备技术员、销售人员、会议保安员等。

2. 商务酒店

商务酒店是以商务客人而非旅游度假客人为主的酒店，一般认为商务客人的比例应该不低于 70%。与度假者相比，商务客人对于酒店的选择更挑剔，但同时也愿意为服务支付高价格。度假者希望的是在酒店找到家的感觉，追求的是“宾至如归”的感受，而对于日理万机的商务客人来说，酒店还要有宴会厅、会议室和商务中心。一家好的商务酒店通常具备以下特点：位置好，距离商务活动中心比较近（商务客人的时间通常很宝贵，不愿意在交通上花太多时间）；酒店的商务设施齐全；不低于四星级，由酒店管理集团统一管理。

在产品特点上，酒店的地理位置、建筑装饰风格、设施设备、服务项目和员工服务能力应根据商务客人的消费需求特征加以配置而集成。例如，商务酒店的商务设施要齐备，如传真、复印、语言信箱视听设备等；酒店还要提供各种先进的会议设施便于客人召开会议；客房里的设施设备也要符合他们需求，便于办公，如打印机、网络接口等。

在价格上，商务酒店的价格要高于同类型的酒店。一般商务旅客对价格的敏感度不大，但在住宿、通信、宴请、交通方面较为讲究，注重酒店的环境和氛围。商务酒店为了满足客人的物质需求和心理需求，不论是在酒店设施设备的配备上还是提供服务的质量上都要比一般的酒店高，所以商务酒店的价格也自然要高于同级别的其他类型的酒店。

在地理位置上，商务酒店具有优越性。一般是交通便利，临近商务密集区，便于参加各种商务活动和会议，能接触到一些潜在的商务合作对象；周围知名的特色餐厅林立，利于宴请宾客；离休闲中心近，有利于商务客人办公结束后的休闲活动。同样，由于商务客人需要在短时期内完成各种商务活动，地理位置不优越，无异于浪费时间。

对短期的、以休闲为主的非大型游艇主题活动来说，游艇以外的活动项目不多甚至没有，一般以选择合适的商务酒店为佳。

3. 会议中心

会议中心，是主要功能为集中举办各种规模和形式的会议活动的建筑设施，一个会议中心通常包括多个不同规模的会议室、报告厅及宴会厅、停车场、商务中心等辅助建设或设施，一般还应有满足会议附带展览需要的展览区域。会议中心的功能，首先不是吸引报告、论坛、新品发布等非会议活动，这些活动存在于政治、经济、文化、体育、教育、宗教、军事、生活等各个领域，是种社会组织为了议事协调、交流信息、传播知识、推介联络等目的而召开。会议涉及开会、旅行、住宿、租车、开会、购物、用餐、娱乐等一系列活动。虽然如今人们已经离不开互联网，喜欢快捷方便的电话会议、视频会议，但仍然愿意抽出时间、花费更多的费用到外地去参加会议，热衷于学习、交流、会后互动答问，出没于会议所安排的酒会、颁奖典礼，从而获得知识并得以认识同行或潜在的客户。

“会议中心”和“会展中心”的概念在各个国家都不尽统一。美国国际会议中心协会（International Association of Conference Centers，IACC）在北美地区有300多家会员单位，按照该协会的解释，“会议中心”是以接待中小型会议为主的专业的会议设施，有别于接待展览为主的“展览中心”、接待大型会议的“会展中心”，以及同时接待商务客人、会议客人的“酒店、度假村”等。美国的会议中心一般不带有展览空间，对于是否带有住宿设施也没有严格的要求。但美国国际会议中心协会对于会员单位的会议设施及会议服务则有较严格的标准。

我国的“会议中心”主要有以下五类：一是专业的接待会议团队的设施或者建筑，主要包括会议设施、餐饮设施、住宿设施，或者再带有一定的展览空间，如北京国际会议中心、上海国际会议中心、广州白云国际会议中心等；二是会议功能比较强的酒店、度假村，如九华山庄、中信国安第一城等；三是酒店内专业接待会议的设施、建筑，如北京国际饭店的国际会议中心、温都水城的会议中心等；四是大学等单位内部的会议室或会议室群；五是新建的类似于美国会展中心的建筑或建筑群，既有很强的会议功能，也有过硬的展览设施，如国家会议中心等。

随着经济的快速发展和社会的不断进步，人们越来越倾向于将会议、旅游、展览、度假、休闲、娱乐、体育等结合起来。因此，会议的展览化、休闲化、娱乐化等趋势越来越为明显，而这种趋势的最佳实现载体就是“度假会议中心”。在国外，这一类会议中心多为企业集团投资。在国内，这一类会议中心的投资方式较为多样化。“度假会议中心”的特点主要有：一是自然环境优越，如直接建设在风景名胜区；二是会议接待功能强大，如会议功能、附属展览功能、住宿功能、餐饮功能等；三是休闲、娱乐、旅游、体育、购物、美食等功能突出；四是总体规模有不断增大之势。

就会议中心举办的会议而言，游艇主题活动一般只是会议的附加环节，不构成会议的主要部分。所以，游艇码头（俱乐部）和会议中心在地理关系上要求不高。

3.3.3 餐饮

不论举办立式招待会还是正式的坐式宴会，主题活动策划者都可以不局限于手头得到的菜单，还可以与饭店、餐馆和酒宴供应商进行合作，共同制定一份有创意且符合预算的菜单。主题活动策划者必须寻找那些与众不同的东西去凸显其独特的眼光、创造力和想象力，力图在餐饮上也能表现出活动主题。

在餐饮安排细节方面，活动策划者需要考虑所提供食物的种类，要提前告诉饭店大概会有多少人用餐以及确定哪些人将被视为客人并需要为其订餐。在用餐人数确定方面，一般会按照预估的来宾人数减去 5%～10%来确定订餐的份数。对于员工、负责活动场地和照明工作的人员、娱乐工作者、摄影师等一些工作人员是列入客人名单，还是另外安排都需要事先做出计划。

在确定菜单之前，就应当仔细地进行一个初始的预算。先计算所有固定开支，即不可变动开支。对固定开支要做到心中有数，这会有助于确定该在食物和酒水上花费多少钱，以及哪些地方可以讨价还价。确定菜单时最重要的原则就是保证食物的适量供应，尤其要考虑在何时提供何种食物。在设计菜单的时候，要考虑季节、国别、地方特色和客人们品尝新口味的勇气。此外，也要考虑所提供食物的总体外观如何？各道菜在视觉和选料上是否相互搭配？颜色是否明亮鲜艳且丰富多彩？

在对餐饮具体安排的时候，早餐、茶歇、午餐、鸡尾酒会和晚宴也会有所不同。例如，早餐宜形式多种多样，活动策划者可以将其搞成自助餐的形式，这样可以为大家提供一个相互交流的机会。尽量多摆放几张自助餐餐台，或安排工作人员帮客人盛取食物，这样可以减少客人排队且减少拥挤的程度。饭店一般会有多种不同规格、不同价位的自助餐可供选择，作为活动策划者必须弄清其中的差别，以根据预算准备控制办自助餐的价格。会间休息时的茶歇也可以安排得有声有色，咖啡、果汁、茶、曲奇、水果等都是茶歇时间经常供应的美味。在安排点心时，尤其要考虑季节因素。如果在饭店或度假胜地举行的会议需要安排午宴，可以搞自助、室外烧烤或在室内吃盒饭。尽可能安排不同的餐厅供客人们用餐，如果每天在同一个地方用餐，客人们可能会感到厌倦。

总体而言，在进行餐饮安排的时候，活动策划者要时刻记住你所做的每一件事都在体现个人的策划能力，事关活动目标的实现，而不仅仅是让客人吃饱，为客人提供饮食。例如，就拿咖啡这一简单的饮品来说，如果客人的心理时钟仍然设定在都市生活的狂热节奏，而你希望让他们放松下来，转换成当地悠闲的生活节奏，一个办法就是马上给每桌客人上一整壶咖啡，而不是一杯。这样，客人们就可以得到放松，自斟自饮，节奏也变得悠闲起来。

我们通常所说的西餐主要包括西欧国家的饮食菜肴，当然同时还包括东欧各国，地中海沿岸等国和一些拉丁美洲国家，如墨西哥等国的菜肴。而东南亚各国的菜肴一般统称为东南亚菜，但也有独为一种菜系的，如印度菜。下面对这几种常规的餐饮方式进行简单的介绍，重点对其特色、适合条件进行介绍。

1. 中餐

中餐（Chinese food），即指中国风味的餐食菜肴。其中特别著名的有粤菜、川菜、鲁菜、淮扬菜、湘菜、浙菜、闽菜、徽菜“八大菜系”。

粤菜：由广州、潮州、东江三个地方菜组成，它广泛吸取了川、鲁、苏、浙等地方菜的烹调技术精华，自成一格，有“食在广州”的美誉。口味讲究鲜、嫩、滑爽、生脆，擅长煎、炒、烧、烩、烤等，调味爱用蚝油、虾酱、梅膏、沙茶、红醋和鱼露，颇具特色。菜肴色彩浓重，滑而不腻。尤以烹制蛇、狸、猫、狗、猴、鼠等野生动物而享誉盛名。今天，在保护、爱护野生动物的潮流下，如何协调两者关系是粤菜面临的时代挑战。

川菜：以成都风味最为正宗，还包含了重庆菜、东山菜、江津菜、自贡菜、合川菜，富有浓厚的乡土风味，素以味广、味多、味厚著称，并有一菜一格，百菜百味的美誉。烹饪特别讲究火候，并以小煎、小炒、干烧、干煸见长。调味多用三椒和鲜姜，故味重并麻辣鲜香。

鲁菜：由济南和胶东地方菜所组成，其烹调方法擅长爆、烧、炒、炸，菜肴以清、鲜、脆、嫩著称。

淮扬菜：指流行于江苏扬州、镇江、淮安及其附近地域的菜肴，汇集上述菜肴之精华，是江苏菜系的代表性风味。淮扬菜注重刀工，刀法细腻，口味清淡，主要菜品有红烧狮子头、软兜长鱼、平桥豆腐、虾籽蒲菜和文楼汤包。该菜系的发展得益于隋炀帝下江都，带来了北方烹饪手法，融合江南本土鲜美的食材，唐朝时扬州富甲天下，该菜系得到极大发展，融合百家。又经过千百年各地演绎，已形成诸多小菜系，从中衍生出皖菜、浙菜等，形成后来的八大菜系。

湘菜：由湘江流域、洞庭湖区和湘西山区地方菜发展而成，其口味偏重于咸、辣、酸，料多是猪、牛、羊、鸡、鸭、河鲜和湖产品。烹法以煨、炖、腊、蒸、炒、熏、焖为主。

浙菜：以杭州、宁波、绍兴、温州等地的菜肴为代表发展而成。其特点是清、香、脆、嫩、爽、鲜。烹调技法擅长于炒、炸、烩、溜、蒸、烧。

闽菜：起源于福建省闽侯县，它是以福州、泉州、厦门等地的菜肴为代表发展起来的，特点是色调美观，以滋味清鲜而著称，烹调方法擅长于炒、溜、煎、煨，尤以“糟”最具特色。

徽菜：以沿江、沿淮、徽州三地区的地方菜为代表构成。其特点是选料朴实，讲究火功，重油重色，味道醇厚，保持原汁原味。徽菜以烹制山野海味而闻名，早在南宋时，就有“沙地马蹄鳖，雪中牛尾狐”的著名菜肴了。其烹调方法擅长于烧、焖、炖。

中国是文明古国，也是悠久饮食文化之境地。中餐可以归纳出以下五个特点。

第一，风味多样。由于我国幅员辽阔，地大物博，各地气候、物产、风俗习惯都存在着差异，长期以来，在饮食上也形成了许多风味。我国一直就有“南米北面”的说法，口味上有“南甜北咸东酸西辣”之分，主要是巴蜀、齐鲁、淮扬和粤闽四大风味。

第二，四季有别。一年四季，按季节而吃，是中国烹饪又一大特征。自古以来，我国一直按季节变化来调味、配菜，冬天味醇浓厚，夏天清淡凉爽；冬天多炖焖煨，夏天多凉拌冷冻。

第三，讲究美感。中国的烹饪，不仅技术精湛，而且有讲究菜肴美感的传统，注意食物的色、香、味、形、器的协调一致。对菜肴美感的表现是多方面的，无论是红萝卜，还是白菜心，都可以雕出各种造型，独树一帜，达到色、香、味、形、美的和谐统一，给人以精神和物质高度统一的特殊享受。

第四，注重情趣。我国烹饪很早就注重品味情趣，不仅对饭菜点心的色、香、味有严格的要求，而且对它们的命名、品味的方式、进餐时的节奏、娱乐的穿插等都有一定的要求。中国菜肴的名称可以说出神入化、雅俗共赏。菜肴名称既有根据主、辅、调料及烹调方法的写实命名，也有根据历史掌故、神话传说、名人食趣、菜肴形象来命名的。

第五，食医结合。我国的烹饪技术与医疗保健有密切的联系，在几千年前有“医食同源”和“药膳同功”的说法，利用食物原料的药用价值，做成各种美味佳肴，达到对某些疾病防治的目的。

2. 西餐

西餐这个词是由它特定的地理位置所决定的。“西”是西方的意思。一般指欧洲各国。“餐”就是饮食菜肴。西餐一般以刀叉为餐具，以面包为主食，并多以长形桌台为台形。西餐的主要特点是主料突出、形色美观、口味鲜美、营养丰富、供应方便等。西餐大致可分为法式、英式、意式、俄式、美式、地中海式等多种不同风格的菜肴。按照每天用餐的不同时段，分有正餐（午餐、晚餐）、早餐、早午餐、下午茶、小点。按照制作正式与否，又有家常餐、快餐、餐厅菜式之分。

从总体上看，与中餐相比，西餐至少具有以下四个显著的特色。

特色一：西餐极重视各类营养成分的搭配组合，充分考虑人体对各种营养（糖类、脂肪、蛋白质、维生素）和热量的需求来安排原料和加工烹调方式。

特色二：选料精细，用料广泛。西餐烹饪在选料时十分精细、考究，而且选料十分广泛。美国菜常用水果制作菜肴或饭点，咸里带甜；意大利菜则会将各类面食制作成菜肴，各种面片、面条、面花都能制成美味的席上佳肴；而法国菜，选料更为广泛，如蜗牛、洋百合、椰树芯等均可入菜。

特色三：讲究调味，注重色泽。西餐烹调的调味品大多不同于中餐，如酸奶油、桂叶、柠檬等都是常用的调味品。法国菜还注重用酒调味，在烹调时普遍用酒，不同菜肴用不同的酒做调料；德国菜则多以啤酒调味，在色泽的搭配上则讲究对比、明快，因而色泽鲜艳，能刺激食欲。

特色四：工艺严谨，器皿讲究。西餐的烹调方法很多，常用的有煎、烩、烤、焖等十几种，而且十分注重工艺流程，讲究科学化、程序化，工序严谨。烹调的炊具与餐具均有不同于中餐的特点。特别是餐具，除瓷制品外，水晶、玻璃及各类金属制餐具占很大比重。

3. 自助餐

自助餐，有时也称冷餐会，它是目前国际上所通行的一种非正式的西式宴会，在大型的商务活动中尤为多见。它的具体做法是，不预备正餐，而由就餐者在用餐时自行选择食物、饮料，然后或立或坐，自由地与他人在一起或是独自一人用餐。自助餐之所以称为自助餐，主要是因其可以在用餐时调动用餐者的主观能动性，由其自己动手，自己帮助自己，自己在既定的范围之内选用安排菜肴。至于它又被称为冷餐会，则主要是因其提供的食物以冷食为主。当然，适量地提供一些热菜，或者提供一些半成品由用餐者自己进行加工，也是允许的。

一般而言，自助餐具有如下几条明显的长处。

第一，可免排座次。正规的自助餐，往往不固定用餐者的座次，甚至不为其提供座椅。

第二，可节省费用。因为自助餐多以冷食为主，不搞正餐，不上高档的菜肴、酒水，故可大大地节约主办者的开支，并避免了浪费。

第三，可各取所需。参加自助餐时，用餐者碰上自己偏爱的菜肴，只管自行取用就是了，完全不必担心他人会为此嘲笑自己。

第四，可招待多人。每逢需要为众多的人士提供饮食时，自助餐不失为一种首选。它不仅可用以款待数量较多的来宾，而且还可以较好地处理众口难调的问题。

星级酒店的自助餐一向以就餐环境好、餐具卫生状况好而著称。所以，无论是公司开招待会还是大型宴请，往往会采用自助餐的形式。自助餐可选择的菜品少则五六十种，多则上百种，选择余地较大，而且对就餐时间一般没有明确限制。除了大型宴会，自助餐也很适合两人世界或三四个朋友的小型聚会或商务活动，所以，一般餐厅预留的餐台较小。

由于游艇空间、厨具、餐具等自身条件的限制，以及游艇主题活动以休闲为主题，自助餐不失为一种比较适合的餐饮方式。

4. 茶歇

茶歇通常是活动进程中安排的片刻自由活动时间内提供的一些热饮（以咖啡、茶为主）和一些点心、水果等，有时也会根据活动的要求和季节的变化，增加一部分软饮料（可乐、果汁、矿泉水等）和一些三明治。在这片刻中，大家脱离活动的正式进程，随意地聚在一起，喝茶、聊天，以舒缓身心，交流活动心得。它缘自美国心理学家华生最早提出的“break”即“工间休息”的概念。华生认为，“工间休息”能有效缓解工作压力。适当的茶歇不但不会破坏主题活动的气氛，反而还会有助于调整活动的节奏，增进参与者的交流和沟通，提高活动的收效。

茶歇虽然是配角，却一样可以做到内容丰富、形式多样，与主题活动相得益彰。茶歇需要在点心、饮品的种类和数量，摆饰，服务及开放时间等方面做出计划和安排，一般不同时段可以更换不同的饮品、点心组合。大致上茶歇的分类是中式与西式。中式的饮品包括矿泉水、开水、绿茶、花茶、红茶、奶茶、果茶、罐装饮料、微量酒精饮料，点心一般是各类糕点、饼干、袋装食品、时令水果、花式果盘等。西式茶歇饮品一般包括各式咖啡、矿泉水、低度酒精饮料、红茶、果茶、牛奶、果汁等，点心有蛋糕、各类甜品、糕点、水果、花式果盘。从趋势上看，茶歇越来越中西合璧。

3.3.4　餐馆

对餐饮而言，餐饮的环境、条件，大到整个餐馆、大厅，小到包间，从硬件的装饰材料、设备的档次，到装饰的格调、品位，服务内容和形式以及服务人员的气质、形象都是饮食文化的重要因素，其重要性甚至超过餐饮本身。所以，选择合适的餐馆也是活动实施中的重要事项。

1. 中式餐馆

餐馆在13世纪的中国杭州发展起来。餐馆，又叫菜馆、酒家、酒楼、饭馆、饭店、饭庄、食堂、餐厅、馆子或食肆，是让顾客购买及享用烹调好的食物及饮料的地方。今天，餐馆一词涵盖了处于不同地点及提供不同烹调档次、风格的饮食场所，名目繁多，如酒家、酒楼、酒店、饭庄、火锅店、烧烤店等，是指以饭菜（含中餐、西餐、日餐、韩餐等）为主要经营项目的单位。餐馆种类繁多，有专为附近上班族提供早点、午餐的廉价小餐馆，也有提供美酒佳肴的正式餐厅，应有尽有，按照经营面积或就餐座位数分类，可以分为以下四类。

(1) 特大型餐馆，是指经营场所使用面积在3000平方米以上（不含3000平方米），或者就餐座位数在1000个以上（不含1000个）的餐馆。

(2) 大型餐馆，是指经营场所使用面积在500～3000平方米（不含500平方米，含3000平方米），或者就餐座位数在250～1000个（不含250个，含1000个）的餐馆。

(3) 中型餐馆，是指经营场所使用面积在150～500平方米（不含150平方米，含500平方米），或者就餐座位数在75～250个（不含75个，含250个）的餐馆。

(4) 小型餐馆，是指经营场所使用面积在150平方米以下（含150平方米），或者就餐座位数在75个以下（含75个）以下的餐馆。

2. 快餐店

快餐店是以经营快餐为目的的经营性实体店。快餐这个词最早是从外国快餐店引进而来的。现在快餐店已不仅提供用餐服务，越来越多的西式快餐店还衍生出以下多种功能。

第一，西式快餐店成为儿童们的天堂，像个游乐园。少年儿童一直是西式快餐店最忠实的顾客，那些金灿灿、香喷喷的油炸食品不但满足了人类最初手抓食物的天性，而且餐厅里专门为孩子们提供的游戏空间，更满足了小孩在众人面前表现自己的欲望。

第二，西式快餐店变为阅览室，读书、看报、翻杂志，爱待多久就多久。不知道从什么时候开始，看书、看报纸、翻杂志、复习功课成了很多西式快餐店里一道独特的风景。由于其环境比较好，气氛比较轻松，经常有高中生在中午休息时来肯德基餐厅或麦当劳餐厅做作业和复习功课。现在在快餐店里，人们往往不吃汉堡之类的主食，只是拿点甜品、薯条或者饮料之类的休闲食品，再拿出一大份报纸或者杂志，找一个相对偏僻的位置，静静地阅读，纵使周围无数的喧嚣和吵闹，也依然独自享受着这片空间和自由。

第三，西式快餐店休闲化，人们聊天、看电视、玩手机，爱做什么做什么。都说快餐是现代高节奏生活的产物，但是我们却经常可以发现许多人把快餐厅作为自己社会活动的场所，而不是仅仅局限于单纯的快餐消费范畴。人们往往更愿意享受快餐店里的氛围，而不是快餐店的食物。餐厅里的人们多是年轻人，或三五成群，或出双入对，或独自一人，有的在忘我地高谈阔论，有的很投入地看着电视，有的青年学生在那里玩手机、发短信，更有甚者，什么都不做，只是坐在那里发呆。虽然所点的东西早已吃完，但是每个人都依旧沉浸在属于自己的世界里。

第四，西式快餐店里，一般都会特意设置一个专门的空间供家庭欢聚之用。家庭相聚，要的就是轻松自由的气氛。一到周末，这一区域便是整个快餐店里最热闹和最拥挤的地方。例如，在海珠区最大的一间西式快餐厅里，这里的家庭聚会区已经坐满了人。有的家庭前来庆祝小孩生日，有的在庆祝小孩考试取得好成绩，有的只是因为这是周末。总之，都有一个理由，让一家子人围坐在小小的桌子旁边，尽情玩乐。

快餐店的出现本来是为了适应高效率、标准化、快节奏的现代生活，但是它却日益成为人们休闲消遣的场所，或会友，或娱乐，或嬉戏，或聚会，甚至还成为人们学习和休息的地方。

3.3.5 茶社、咖啡馆

茶社、咖啡馆已然成为人们的工作、生活以外的第三生活空间，茶和咖啡也是各种活动中必不可少的饮品。在我国和东南亚地区，品茗包含着丰富的文化内涵，其本身就是一项重要活动，自然也是各种主题活动中经常采纳的一个环节。

1. 茶社和茶道

茶社是爱茶者的乐园，更是人们休息、消遣和交际的场所。我国的茶社由来已久，据记载两晋时已有了茶坊。自古以来，品茗场所有多种称谓，茶社是改革开放后才普遍流行的，近代以前称为茶社的并不多，而以茶坊、茶楼居多，茶坊的称呼多见于长江流域，两广多称为茶楼，京津多称为茶亭。此外，还有茶肆、茶坊、茶寮、茶室、茶屋等称谓。

在南宋偏隅临安的年代，临安（即今杭州）的茶馆称为茶肆。茶肆内设花架，安排奇松异槐，敲锣卖歌，招揽顾客，按不同季节提供应时茶汤，有的茶肆还有专门教授富家子弟的乐器班、歌唱班。明朝出现私家园林，有的设有私家茶寮。茶馆一词也开始出现。明代散文家张岱所著《陶庵梦忆·露兄》写道：“崇祯癸酉，有好事者，开茶馆”。

清代茶馆发展成为大众娱乐场所。京师茶馆有清茶馆、大茶馆、书茶馆、酒茶馆和园林茶馆等几种。大茶馆和酒茶馆就是现在的大饭店和酒楼。清茶馆无酒，店铺里头排列着长茶案，茶客可以自己带茶叶，手提鸟笼，入座买水。园林茶馆多设立在北京郊区风景区如西山、香山等处，泡一壶上茶，欣赏满山的红叶。

最有代表性的是说书茶馆。客人一面饮茶一面欣赏说书先生说演的《三国》《东周列国》《罗通》《包公》等。后来还有相声、梆子、评弹等。到乾隆末年，江南有河滨茶馆，除了卖茶，还提供瓜子、糖果、春卷，烧卖、水饺等各种小吃，这和现在茶社的功能已经很接近了。

今天的茶社，已然不见了各种演出活动，但饮品、点心要丰富得多，而且大多提供简餐，以延长人们在茶社的消费时间。桌椅的布局也增加了私密性，提供牌、麻将等娱乐设施和工具。除少数茶社仍然以茗茶为主外，大多数茶社已经演变为朋友间小聚的场所。

茶道是茶文化的核心和灵魂。它是指通过有一定规则、流程和茶具的品茶活动来表现一定的礼节、人品、意境、美学观点和精神思想的一种饮茶艺术。它是茶艺与精神的结合，并通过茶艺表现精神。茶道兴于中国唐代，盛于宋代、明代，衰于清代。改革开放以来，随着生活水平的提高，茶道复兴之势明显。中国茶道的主要内容讲究五境之美，即茶叶、茶水、火候、茶具、环境，同时配以情绪等条件，以求“味”和“心”的最高享受，被称为美学宗教。以和、敬、清、寂为基本精神的日本茶道，则是承唐宋遗风为主。

2. 咖啡馆和咖啡文化

最早的咖啡馆叫做“Kaveh Kanes”，是在麦加建成的。尽管最初是出于一种宗教目的，但很快这些地方就成了下棋、闲聊、唱歌、跳舞和欣赏音乐的中心。从麦加开始，咖啡馆又遍及亚丁、梅迪纳（Medina）和开罗（Cairo）。

现在的咖啡馆是人们休闲、商务交流的场所。咖啡馆自产生之初便蕴藏着一种社会交往范式。它体现了人们待在一起并进行交流的意愿。在咖啡馆中，人人都是平等的，不讲究地位和出身，具体的表现就是咖啡馆“座位上的平等主义”。不管什么人，只需买一杯咖啡，就能在咖啡馆中得到一把椅子，随便坐上多长时间。人们喝咖啡的时候有平等的说话权利，各抒己见，有时甚至产生争吵。人们把咖啡馆当成发表言论、交换观点、获取新闻的场所，咖啡馆似乎起到了如同当今社会信息网络系统的作用。在咖啡的作用下，人们的头脑清醒，精神亢奋，他们尽力表达着对现行制度的不满和对理想制度的设计；他们拼命地从与他人的交流中获得学识、增长见识；他们全力在自己的大脑中搜寻创作灵感和现实素材。

显见，不管是茶道还是咖啡文化，他们都是主题活动中必不可少的要素，差别只在于繁简，简可以仅仅是解渴的方式，繁则可以通过其形式、内容表达一定哲理和意境，与活动主题相映成趣。

第 4 章　主题生成与设计

主题是主题活动的灵魂，是主题活动内容和形式的纲领。一个好的主题既来自策划者的主观创意，更依据活动的目标——活动组织者的需求，也需要依据参与者的个性，以及活动场地、设施设备等客观因素。组织者的需求、策划者的主观创造力和客观因素制约的完美结合是活动主题生成与设计的必由之路。

4.1　策划基石

游艇主题活动策划讲究对异质体验的追求，即给活动参与者带来独特的、别样的感受。这种异质性主要表现在这种体验既有别于工作感受，又不同于日常生活感受，也与一般社会活动感受相迥。因而，找到活动的创意点，才能使一场游艇主题活动充满新意，从而使活动参与者得到各种新奇的体验。

游艇主题活动同时还要讲究明确的目标与获取即刻的反馈，这种目标是对工作、生活和一般社会活动的调节或补充，本质上是指参与者是否在活动中达到了忘我体验，与主题活动融为一体。

畅爽理论认为当活动参与者在进行活动时，如果完全投入情境中去，并且过滤掉所有不相关的知觉，就是在进入一种沉浸的状态。只有在这种状态中，参与者才能完全沉浸于活动本身，消除害怕挫败的担忧，自然地消减自我意识，消除日常工作、生活的所有良好的和不良的感觉。但这种状态，并不是参与者自然而然地能够达到的，他需要活动组织者的暗示、带动和帮助。所以，活动策划者必须在活动中帮助参与者提高体验技巧以应对活动中可能的挑战。

要达到畅爽、异质性的体验，就需要活动策划者在对活动设计的时候，综合考察参与者个人的技能水平和挑战应对能力，只有当挑战应对能力与技能两者达到某种平衡时，个体才会有畅爽体验的产生。

4.1.1　异质体验分析

现代城市的快节奏生活，来自工作、家庭、社会等方面的压力与日俱增，缓解压力、放松身心的休闲受到人们越来越多的重视，以调节生活的平衡和身心的健康。但是，传统的休闲领域和方式，由于方式单一、人满为患、内容枯燥，已经不能满足人们的需求而逐渐被人们厌倦。人们新的休闲需求包括：①高速、强刺激、自由自主，具有一定的冒险性；②高品位，能够一定程度地展示自己的地位、荣誉和财富；③活动场所环境优美、亲近自然，远离喧嚣的城市；④国际化程度明显，符合国际标准等。

案例 4-1　蓝色的吸引　畅游海底

无边无际的蔚蓝色海水，在阳光的照耀下折射出炫目的光彩，相比这种浩瀚，更动人、更精彩的景致却在海洋的深处。遨游在色彩斑斓的珊瑚礁之间，与陆地上难得一见的美丽鱼群共舞……深邃奇幻的海底世界有着无穷无尽的魅力。只有置身其间，亲身体验随心所欲的畅快遨游，你才能找到潜水的真正乐趣所在。

慢慢地看着海水掠过脚部、腿部、腰部直到头部……随着气泡的上升，沉重的身体在海水浮力作用下突然轻了许多。身体伸直后一下子就可以下降到一定的深度，心情也会随之豁然开朗。透过湛蓝的海水，可以清晰地看到美丽的珊瑚和海底奇形怪状的岩石。突然，一群色彩斑斓的小鱼儿，整整齐齐、摇摇摆摆地从身边游过，真是令人惊喜不已……如今，潜水已不是距离我们遥远的冒险运动，而成为了现代都市人缓解工作压力、放松身心的一项时尚运动。

资料来源：http://travel.hsw.cn/system/2008/12/09/006457890.shtml

1. 异质体验需求

异质体验休闲作为一种新的休闲领域，在社会快速发展的今天，正逐步走进人们的生活，它能够更多地满足人们新的休闲需求，正在成为人们休闲娱乐的新选择。

亚伯拉罕·马斯洛试图说明在某一特定阶段人们为何受到各种具体需要的驱使，为什么一个人要花费大量时间和精力用于个人安全和被别人尊重的追求。马斯洛认为，人类的需要可按层次排列，先满足最迫切的需要，然后再满足其他需要。他假设每个人内心都存在五种需要层次，如图 4-1 所示。

(1) 生理需要，包括：觅食、饮水、栖身、性和其他身体需要。

(2) 安全需要，包括：保护自己免受生理和情绪伤害的需要。

(3) 社会需要，包括：爱、归属、接纳和友谊。

(4) 尊重需要，包括：内部尊重因素，如自尊、自主和成就感；外部尊重因素，如地位、认可和关注。

(5) 自我实现需要，是个体追求社会认可的内驱力，包括成长、开发自我潜能和自我实现。

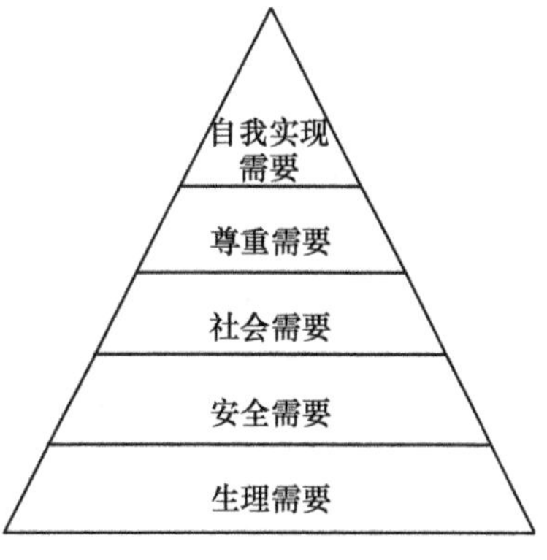

图 4-1　马斯洛的需要理论

当任何一种需要基本上得到满足后，下一层次需要就会成为主导需要。如图 4-1 所示，个体的需要是逐渐上升的。从动机角度来看，该理论认为，虽然没有一种需要会得到完全、彻底的满足，但只要它大体上获得满足，就不再具有激励作用了。所以，如果你想激励某一个人，你就需要了解他目前处于哪个需要层次，然后重点满足这种需要及其以上的更高层次的需要。

马斯洛还把五种需要分为高级和低级两个级别。生理需要和安全需要称为较低级的需要，社会需要、尊重需要和自我实现需要称为较高级的需要。区分这两个层次基于这样的基础：较高层级的需要主要通过内部（个体内在的内容）使人得到满足，较低层级的需要则主要通过外部使人得到满足（如报酬、工会合同等内容）。

随着经济的发展，人们的生理需要、安全需要得到满足，需求层次进一步提高，越来越多的人追求着精神上的享受，社交、尊重、自我实现等高层次需求成为人们生活中所追求的新目标。对于异质体验的需要属于较高层级的需要，它满足了人们的尊重需要和自我实现需要。人们在体验的过程中，可以进入层次较高的社交群体或者特殊的社交群体，从而满足人们的社交要求。同时，对于个人而言，异质体验不再仅是一种奢侈的消费品，更代表全新的生活理念和生活方式。在体验的过程中，人们会得到周围人对其消费水平和娱乐品位的赞许和尊重。在追求异质体验、投身于未知探索过程中，人们的精神和心理都得到了前所未有的感受和经历，激励着人们去追求自我，实现自我。在追求精神享受的今天，异质体验将成为人们娱乐生活、追求自我的重要选择，将成为个性消费和追求品味的新亮点。

案例 4-2　蓝天畅想曲——热气球运动

你是否渴望自由的翅膀、渴望哪怕片刻的飞翔？你是否向往挣脱地心的引力、向往那在峰峦间白云端的引吭？如果是，那么请你参与这遨游碧空的运动。在这里，你能够自由地飘扬！

似乎从诞生之日起，热气球运动就被刻上了贵族烙印。200 多年以后，这种情结才渐渐从当初的名门世家移向现今的豪商巨贾。而随着热气球材料的改进、制作工艺的提高、驾驶技术的日臻完善，热气球飞行已成为任何地点都可进行、任何人都可尝试的新型空中体育项目，但它仍是一种财富、身份、性格、勇气的象征。

迄今为止，全世界约有 20 000 个热气球。在欧美等发达国家，几乎每天都有热气球比赛或活动。而自热气球在中国着陆的那一刻起，就备受各界人士的关注。

热气球，不仅给人类的飞翔之梦插上了翅膀，而且将这个梦想点染得五彩缤纷、绚烂夺目。人类激情的创造力、天才的想象力，在热气球上表达到了极致。如鲜花般在空中绽放的热气球，与地面上万人攒动的景象交相辉映，那是怎样壮美的场面！蓝色的天空，一如既往地用清风白云等待着人们的倾心拥抱。漫步于蓝天白云间的热气球将送给你一份惊喜，给你飘飘欲仙的感觉。

资料来源：http://www.casballoon.com/

人只有在实践中意识到主客体关系并以此来反求和确立自我时，才可能成为自觉的、自为的人，才会意识并关注尚未被开发和使用的潜能，才会关注自我发展，自我实现的意识才会确立起来。自我实现需要并不是人的内在固有趋势、固有需要，而是由于在社会实践活动中受各种刺激而产生、形成、发展和实现的，自我实现本质上是人的能动的社会化的成长过程，是人的自身潜能和价值、理想目标的实现，是人对自身能力的肯定和对现实自我的超越。即自我实现是一种追求的目标，是“希望自己越来越成为所期望的人物，完成与自己的能力相称的一切事情”。追求自我实现的人通常具有以下品质特征。

（1）对现实的更有效的洞察力和更加适意的关系，即他们更多的生活在自然的真实世界中而非生活在一堆人造的概念、抽象物、期望、信仰和成规之中。

(2) 既有超然的个性及离群独处的需要，自己下决心、自己拿主意、对自己的命运负责，是积极的行动者，知道自己的发展和持续成长主要依赖于自身的潜力及潜在的资源；也有对组织、他人和自然的接受，不排斥和否定环境的作用，他们是坦率的、自然的和诚实的。

(3) 既对经典欣赏，又保持体验的时时常新，对社会、技术进步有着良好的敏感性，喜欢神秘的或“高峰的”体验。

(4) 有着很强的社会情感，对人类怀有一种很深的认同、同情和爱，具有只要是一个人，他们就给予一定尊重的民主性格结构，因而有更深刻和深厚的人际关系。

(5) 能够区分手段与目的、善与恶，有富于哲理的、善意的幽默感，有创造力，对社会文化有适应性抵抗，自己的个性原则和社会原则交互作用、相得益彰。

同其他基本需要不同，别的需要一经满足就自行消失，不再作为需要至少不作为占优势的需要而存在，而自我实现则永远不会消失，是“一种单纯的、终极的价值，或者说是人生的目的”。所以，自我实现是一个连续不断的发展过程，是一个随时随地、点点滴滴地实现个人潜能的过程，这是一个使工作、劳动、认知、体验处于合意状态的活动过程。

自我实现在心理上表现为一种高峰体验，意味着充分地、活跃地、无我地体验生活，全神贯注，忘怀一切，是一种真善美高度统一时的体验，是对人生中最美好的时刻、生活中最幸福的时刻、自己发挥潜能的最佳状态的体验。这种高峰体验，在平常人身上也会发生，不过在自我实现者那里更加经常，带有周期性。

人的需要在人的价值实现中起到重要的作用，人的自我实现动力在一定程度上可以说是人的价值活动的最终动力。马斯洛认为，“人性按着他自己的本性有指向越来越完善的存在，越来越多地实现其人性的压力”。因为“在人的内部存在着一种向一定方向成长的趋势或需要，这个方向一般地可以概括为自我实现，或心理的健康成长。或者可以具体地概述为，向自我实现的各个方面和一切副次方面成长，也就是说，他有一种内部的压力，指向人格的统一和自发地表现，完全的个别化和同一性，指向探索真理的、成为有创造力的、成长美好的人。”马斯洛又说“作为人的高级需要的自我实现需要，如果被剥夺或阻塞，会酿成缺乏维生素所呈现的类似病状——生活缺乏价值观念，缺乏意义感和充实感”。这种“人性的压力”，对人是一种更深层、更本质的压力。于是，人在其生存的基本需要满足之后，就会产生出如何生存得更好，以及与自我发展有关的需要。至此，人就开始受到新的超越生存动机的支配和驱动。

案例 4-3　攀登的极限

高耸入云的珠穆朗玛峰（简称珠峰）一直是人类想要证明攀登能力的圣地。自 1953 年 5 月 29 日人类首登珠峰成功之后，包括中国在内的世界各地许多登山者在珠峰顶上留下脚印。

1975 年春，日本人田部井淳子成为世界上首位从南坡登上珠峰的女性。同年，中国登山队第二次攀登珠峰，9 名队员登顶，藏族队员潘多成为世界上第一位从北坡登顶成功的女性。

1998 年，失去一条腿的美国人汤姆·惠特克成为世界上第一个登顶的残疾人。

1999 年，尼泊尔著名的登山家巴布·奇里第九次登上珠峰并创下只身在峰顶逗留 21 小时的最高纪录。

2000 年，尼泊尔著名的登山家巴布·奇里从大本营出发由北坡攀登，耗时 16 小时 56 分登顶成功，创造了登顶的最快纪录。

2001 年，16 岁的尼泊尔人坦巴·特什里成为世界上攀登珠峰最年轻的登山者。同年，美国盲人维亨迈尔成为世界上首个登上珠峰的盲人。

2002 年 5 月 16 日，当天共有 62 人登顶成功，创造单日登顶人数最多的纪录。

2008 年 5 月 25 日凌晨，76 岁尼泊尔老人明·谢尔钱成功登顶世界屋脊珠穆朗玛峰，成为世界上成功登顶珠峰最年长者。

资料来源：http://news.xinhuanet.com/ziliao/2003-05/22/content_882485.htm

2. 异质体验供给

从满足需要的产品的角度看，商业领域中的产品可以分为三类：产品、服务和体验。产品和服务总体上用于满足人的低层次需要，体验用于满足高层次需要。作为一种商业提供品的体验是近一二十年的事，过去人们为自己的体验负责，现在为了得到体验付钱给别人。那么，在付费体验的世界里，这种体验还是真的吗？还能带给人一种高层次的满足吗？所以，真实性感受是商业体验提供品面临的关键问题。

那么如何在体验活动中里创造真实性呢？如何正确地讲一个精彩的、真实的故事呢？体验经济理论创始人约瑟夫·派恩把体验的真实性划分为五种类型。

第一种是“自然的”（natural）真实性。人们倾向于把那些来自于自然的东西感知为真实的，如石头、树木等。有机食品越来越流行，就是人们认为它们比那些附加了许多化学物质的加工食品更真实。

第二种是“原创的”（original）真实性。人们倾向于把原创的东西感知为真实的，而不是那些复制和模仿的东西。iPod 让我们感到那是地道的苹果原创设计的产品，有一些人在 iPod 基础上做了一些改动，推出的模仿货就让人感到非常不真实。我们自己亲手制作的东西是原创的。芝加哥有一家雪茄店，在那里人们可以自己动手卷烟，店里提供有各种各样的未加工的烟叶。不过自己动手卷烟的价格是成品烟的 10 倍，因为那是你自己原创的，所以卷出的烟更具有真实性。现在的 Web2.0 也是同理，我们自己原创的内容，同事、朋友、亲人空间中的原创内容，感知起来比那些大公司提供的内容更加具有真实性。微博之所以盛行，因为微博都是博主自身的感受，并且自己发布，这比通过媒介的发布让人更感真实。

第三种是“非凡的”（exceptional）真实性。人们倾向于把那些能够让人感到喜出望外的东西，比我们自己做得更好的东西感知为真实的。一些饭馆里伙计用长嘴茶壶给客人添水，那个一米多长的壶嘴加上那道水流，实在让人觉得不可思议，也就让人觉得更真实。

第四种是“参照的”（referential）真实性。人们倾向于把那些参照了真实事物的东西感知为真实的。例如，我们玩的视频游戏，商家总是想把游戏做得尽可能现实，采用的办法就是让游戏尽可能多地参照真实世界。

第五种是“影响的”（influential）真实性。人们倾向于把那些感召或者鼓励我们提升自我、提升他人或者环境的东西感知为真实的。例如，英国美体小铺（The Body Shop）公司主张的反对动物试验、支持社区公平交易、唤醒自觉意识、捍卫人权和保护地球，还有丰田公司的有助于节能和环境保护的普锐斯（Prius）混合动力汽车，它们都具有这种影响的真实性（岳占仁，2006）。

尽管经济提供物本质上是“假”的，但是它们可以被感知为是真实的，而商业的任务就是表现和提供被感知为真实的东西。企业以服务为舞台，以产品为道具，以消费者为中心，创造能够使消费者参与，值得消费者回忆的活动。在消费者参与的过程中，记忆长久地留住了对过程的体验，由于体验美好非我莫属、不可复制、不可转让，使消费者愿意为体验付费。体验已彰显出其独特价值，并且消费者愿意为这种体验付费。

有人说，体验经济“玩”的就是时尚，而时尚是一种易碎品。也有人说，“个性化定制和规模化生产永远是一对矛盾体”，每个人都可以拥有它，但每个拥有它的人都会获得不同的“体验”，或许这就是体验经济的魅力所在。体验经济是服务经济进一步深化的结果，是以创造个性化生活及商业体验而获得利润。目前，人们开始找体验、玩体验、呼唤体验、追求令人难忘的异质体验感觉，并愿意为此付费，以体验式培训、户外极限运动、旅游、娱乐等为主要内容的“体验经济”也正在形成（章川，2003）。

案例 4-4　挑战人类海底探险极限

两位亿万富豪（Richard Branson and Eric Schmidt）出资赞助抵达海洋最深处——位于南太平洋洋面以下 7 英里的马里亚纳海沟，名为“挑战者深渊”（Challenger Deep）——的探险计划。2012 年，两位富豪计划遣送一艘为承受深海极端压力和低温而专门设计的新一代高科技潜艇抵达世界尽头。这次行动可能收获有关在该种极端条件下存活的外星生物，乃至地球起源的大量科学数据。加入这支深海探险精英新团队的还有一些航空及互联网大亨，包括电影《阿凡达》的导演詹姆斯·卡梅隆（James Cameron）。

“深海探险的目标并不是在马里亚纳海沟进行杂技式的潜水”，施密特海洋研究院（Schmidt Ocean Institute）支持的加利福尼亚深海探险及研究（Deep Ocean Exploration and Research）机构在其网站上称，“而是打造一个能为科学家提供无限亲近深海的世界级资产”。

资料来源：http://www.forbeschina.com/review/201108/0011496.shtml

3. 异质体验类型

从异质体验需求分析可知，游艇活动主题一般来自两个方面：居民自身生存和发展的需要，组织生存和发展的需要。当然，这些需要又包含多个层次和多方面的子需求。由于体验总是通过人的感受器官来接受，主题又可以从人本身的感受能力途径出发来获取。

人通过自身的感觉器官获得对外界的感知，这是人类的第一层次体验，也是客观的体验。人类作为高等动物会对第一层次的感知进行思维梳理，并产生相应的行为及关联反应，这是第二层次的体验。人又是社会性动物，是有感情的，美好情感是人类的终极诉求，感官体验也罢，思维体验也罢，最终都会演变成情感体验上的愉悦。

1）感官体验

人类身体的感觉共为五种，即视觉、听觉、味觉、触觉和嗅觉，与之对应的五官为眼、耳、舌、皮肤和鼻。其中视觉是人获得知觉最直接和具影响力的感觉，是感知产品、服务和体验的第一要素。此外，外部形态辅以触觉、听觉、嗅觉和味觉等共同塑造了用户对于产品的感官体验。感官体验能够给使用者带来最直观和最有效的产品体验，也是其他体验的基础。组织者必须利用消费者的感官体验来设计异质体验产品和诱导消费者，从而满足他们心中的需求。

2）思维体验

思维体验就是启发体验者获得发现和解决问题的体验，它运用惊奇、计谋和诱惑等引发顾客的大脑活动，产生思考，启发的是人们的智力。例如，由 Pengelly Design 设计的色拉碗，通过将“手”的形状带入了碗中，人们在见到这款碗时，首先会被它奇特的外形所吸引——一只看似普通的碗上，设置了一个“手”形的小物件。这种看似简单的设计中巧妙地将平时为人们服务的“手”融入到产品设计中，用颜色加以强调，吸引人们的注意力，并激发他们使用的兴趣。

3）行为体验

参与是获得体验必由之路。眼见、耳闻，有被动的，有主动的，主动的器官感知能产生更大的收获。在有所感知和思维后，必然会引发相应的参与行为，而参与行为又会使参与者获得更好的感知和体验。因此在产品和活动设计中更提倡消费者的参与性，让消费者亲身参与、亲身体验，即让消费者通过自身的参与行为来体验产品，获知更多的产品信息，进而加深对产品的印象和信任。

4）关联体验

从生活方式的结构看，任何产品、服务或行为都只是构成生活方式的元素，一种产品只有放到生活方式中才能完全体现其意义。所以，任何感知、体验其实都会引发关联的思维和行为，浮现出生活的其他部分。油烟机和厨房，进而是聚会；游艇和海浪，进而是泰坦尼克的 Jack（杰克）和 Rose（罗丝）。这是一种产品与其内心中理想的情景的关联，并且感觉自己融入其中并与他人互动，获得的一种满足感和幸福感，相信使用某种产品会实现这种感觉——自我价值。

5）情感体验

正确把握产品给消费者带来的情感体验，有助于使产品在满足消费者使用功能的前提下，产生情感共鸣，从而使产品承载并传达更多的精神特质。消费者人数众多、喜好各异，因此要针对不同的消费群体进行细化，找出不同年龄、民族、文化、身份等消费人群的审美和情感取向，针对不同的消费理念分别进行设计。

4.1.2　影响异质体验消费的因素

异质的本质在于因人而异，也就是说，每个群体、每个人的异质体验追求都有其独特性，是由其所处的群体、个人状态和个性等因素所决定的。理解这些因素才能准确把握体验者参与异质性体验的真正需求。

1. 群体

群体可以从三个方面来理解，一是社会阶层，二是相关群体，三是家庭。

1）社会阶层

社会阶层是在一个社会中具有相对的同质性和持久性的群体，他们是按等级排列的，每一阶层成员具有类似的价值观、兴趣爱好和行为方式。

事实上，一切人类社会都存在着社会层次，不同层次的人员在社会担当一定的角色。社会阶层有几个特点：第一，同一社会阶层内的人，其行为要比来自两个不同社会阶层的人的行为更加相似；第二，人们以自己所处的社会阶层来判断各自在社会中占有的地位的高低；第三，某人所处的社会阶层并非仅由一个变量决定，而是受到如职业、收入、财富、教育和价值观等多种变量的制约；第四，个人能够在一生中改变自己所处的阶层，既可以向高阶层迈进，也可以跌至低阶层。

在异质体验消费领域，各社会阶层显示出不同的兴趣偏好和品牌偏好，在对体验方式的选择方面，各阶层也截然不同，高阶层消费者偏爱参与度强、感受丰富的方式，如游艇航行、极地探险、海底旅游等，而低阶层消费者偏爱观赏性强的方式，如热气球观光、奢侈品展览等。

案例 4-5　中国富豪新宠

中国的精英阶层如今正在狂热地追求并享受着美好人生，奢侈品牌商从中赚得钵满盆满。除了手表和手袋，中国的富人也在花大把的钱追求休闲的生活方式。亚洲高端酒店连锁最为突出地报告中国游客数量迅速增加——在马尔代夫的一处旅游景点，从 2008 年到 2012 年游客人数暴涨了 20 倍。

中国富人一直在抢购当代艺术品、顶级葡萄酒和某些世界上最昂贵的汽车。现在他们把鸽子也列入了必须拥有的清单。中国一位海运大佬最近花 250 400 欧元（约合 32.8 万美元）买了一只荷兰鸽子。它可不是公园里吃残渣剩饭的那种普通鸽子，而是专门用来比赛的。这项小众运动在英国、比利时、荷兰和德国都有一群爱好者，赛鸽在过去一直是一项乡村休闲运动，如今在中国也有越来越多的富豪喜欢上了赛鸽。

资料来源：http://cn.wsj.com/gb/20120216/swl075331.asp? source=NewSearch

2）相关群体（参照群体）

人是社会动物，我们都从属于群体，试图取悦他人，并通过观察周围人的行为来获取应如何行动的提示。事实上对某些人来说，成为或融入自己所向往的个人或群体，正是他们进行购买或行动的主要动机。有些人为了能够被自己向往的群体接受，竭尽所能去取悦这个群体成员。

一个人的相关群体是指那些直接或间接影响其看法和行为的群体，其最重要的相关群体一般是同事、朋友、同学和亲属，他们从言论、规范和价值观三个方面对群体成员的行为产生影响。不同情景和产品属性也会影响参照群体的重要程度：所购物品是公开消费还是私下消费；所购物品是奢侈品还是必需品。通常：①购买奢侈品与购买必需品相比，参照群体有更大的影响力，群体成员相互影响，会有一定程度的趋同，而必需品则因需而购，主要取决于各人的实际需求，这种相互影响较弱；②购买具有社会显著性或者他人可视性的物品时，参照群体的影响力更大，因为消费者必然以此求得群体的认同。

异质体验相关群体则分为：成员型群体——由有共同爱好的体验者组成某种形式的会员俱乐部，他们以更经济和集体性的方式来进行异质性体验；渴望型群体——由成功人士的商界人士、运动员或演艺界人士等形成各自的或联合的松散型组织，他们以更为独特的、挑战性更强的异质性体验为追求。渴望型群体的体验消费模式和追求往往是成员型群体的模仿对象，是新体验对象和模式的接受者。

3）家庭

家庭是社会上最重要的消费者购买组织，而且家庭成员构成了最有影响的主要相关群体。从更广泛的意义上说，家庭也是指具有血缘关系的家族，当然，家族成员之间的影响力一般与血缘关系的远近成正比。

在游艇消费领域，年轻的单身男女和新婚夫妇具有最“现代的”性别角色态度，对于异质体验消费的方式选择，往往会追求在速度、刺激、激情等方面感受较强的体验；有子女家庭在异质消费方式选择方面会更注意舒适度和低风险性，更多的考虑子女的感受和整个家庭的参与度等因素。

2. 个人状态

现实状态的不同规定着每个人的现实需求，个人状态主要包括年龄、职业和收入。

1）年龄

人们在一生中购买的产品和服务是不断变化的，对于异质体验的消费，根据年龄的不同而有所差异。青少年和老年群体，对异质体验消费的选择呈现单一的特点，花费也保持在较低范围；年轻人和中年人，处于生命的旺盛阶段，独立富有激情，对于异质体验消费的选择则呈现多样性和高参与度的特点，花费也较高。不同年龄的人会表现出不同爱好和不同的生活方式，消费者成长的年代使他们与其他数百万同时代的人产生了共同的文化纽带，随着年龄的增长，为了与同龄人保持一致，需要和偏好会相应发生变化。

青少年、年轻人、中老年人对异质体验消费的选择各具特色，青少年虽然不具备收入能力而且往往跟随父母一起，但是他们的兴趣感受和选择越来越受到家长的重视。因此，青少年对异质体验的选择通常集中于高娱乐性、高安全性方面；年轻消费者在异质体验的选择上强调运动性、速度等感受强烈的方式和活动；中老年人则更多喜欢选择观光旅游等简单、易于实现的参与方式。

2）职业

职业是一个人的社会身份、社会角色，每个人都必然地服从这种社会身份对其工作、生活等各个方面的要求，包括影响其消费模式。否则，他就难以获得同事和社会的认可，职业生涯遭遇瓶颈。于是，大多数公司的高级管理者会选择购买游艇、私人飞机、申请高级俱乐部；而白领阶层更多的选择大众异质体验消费方式，如观光、经常性参与等。

3）收入

收入直接制约着一个人及其家庭的消费能力。只有具备相应的支付能力，人们才能进行符合其社会身份的和所处群体所要求的消费活动，才能实施符合其个人意愿的消费活动。

3. 个性

个性是指一个人本身在其发展过程中形成的态度、性格和自我概念、生活方式等固有的特性。这种特性既受社会、群体、职业、年龄的影响，又独立于这些因素，表现出某种与生俱来的性质。

1）态度

态度是人们喜欢或者不喜欢某些对象的程度，态度在理解人类行为方面发挥着核心作用。态度的对象可以是一个产品、一个品牌或一项服务，也可以是一个人、一个地方、一个想法、一种意识形态或一种生活方式。

消费者对异质体验的态度是因人而异的。对于异质体验的态度既与对具体体验对象的接触程度有关，也与相关群体、个性等因素有关，从介入程度上看，消费者对体验消费的态度可分为如下三级。

（1）顺从。这时消费者的体验介入程度最低，之所以参与体验只是因为它有助于获得奖赏或者避免惩罚，这一态度是非常浅薄的，也可以说是模糊的、无态度的。当人的行为不再受监控或者可以有其他选择时，这种顺从就很容易改变。异质体验消费正在成为一种时尚的休闲选择，在时尚的潮流下，一些消费者被迫选择尝试，但异质体验也属于休闲方式的一种，不可能博得所有人的认可和赞同。

（2）认同。为了与他人或者团体保持一致而形成了相应的态度，这时伴随着认同的过程。一些广告选择形象代言人，正是建立在消费者认同并倾向于模仿崇拜人物的基础上的。对异质体验持认同态度的消费者，多数受自己所钦佩的人或群体选择异质体验的影响，通过仿效他们的行为，从而指导自己形成自己的异质体验消费偏好。有时这种认同也可能是被迫的，消费者是出于自身社会经济地位或者交际层次的压力选择了异质体验消费，以达到与周围人的消费态度趋于一致的目的。

（3）内部化。这是一种高度介入状态，是指这种观念及行为成为个人价值观体系的一部分，这时他就非常难以改变了。越来越多富裕起来的人们厌倦了传统的娱乐休闲方式，他们渴望新颖、异质的活动，追求个性的生活，异质体验带来的激情与速度，自由与高贵等感受。如果说，一开始还只是好奇的话，那么，后来异质体验的休闲方式就逐渐走进了他们的生活，成为其日常娱乐休闲的必需，在享受异质体验的同时，宣扬自己的个性追求，成为一种完全自主的行为。

案例 4-6　医疗旅游成热点——全球九大热门医疗旅游胜地

如今的医疗旅行已经不只是穷国的人到富国去享受更好的医疗服务，在日新月异的现代社会，许多你没有想到的地方，它们的医疗水平并不比发达国家逊色，但费用却低得不成比例。在你只知道对日本、韩国念念不忘的时候，英国人和法国人都跑到匈牙利去拔牙了，巴西和哥斯达黎加则成了美国人和加拿大人的“疗养院”。

瑞士著名的医疗旅行项目是羊胎素，热门地点在莱蒙湖周边。

瑞士的青草地疗养院（Clinique La Prairie），有全世界最好的羊胎素，其业务发展经理 Melissa Mihalik 介绍，活化细胞再生疗程为期一周，在蒙特勒的中心进行，包括活化细胞治疗（这就是通常说的羊胎素疗程）、6 日住宿、膳食营养建议、医疗跟进和一个完整的内科和牙科检查。“我们不对外出售 CLP 精华素，青草地疗养院是全球唯一一个能享受这种疗法的地方。”Melissa Mihalik 说：“这一疗法对 40 岁以上的人尤其有效，能帮助那些感到精力流失或有其他老化表现的客人刺激免疫系统。疗效依据顾客的年龄及生活方式持续 18 到 24 个月不等。”

匈牙利著名的医疗旅行项目是牙科，热门地点在布达佩斯、索普朗。

匈牙利有什么？匈牙利有布达佩斯、巴拉顿湖、多瑙河湾、马特劳山，有美丽的风景、温泉、富有特色的建筑、世界自然遗产，还有无数优秀牙医，他们也为匈牙利的旅游市场贡献着自己的力量。欧洲其他国家的人都喜欢利用长假跑到匈牙利来看牙，来客最多的是法国、德国、奥地利、瑞士和海峡彼岸的英国，因为这里的花费实在是太便宜了，最高可以节省70%。现在，匈牙利牙医每年接待的患者当中，有70%是来自国外。每个周末，来自欧洲各地的游客从四处聚集到这里，多数是为牙齿而来，一边度假一边医牙。

资料来源：http://www.forbeschina.com/life/review/201111/0013513.shtml

2）性格和自我概念

在传统社会里，阶级、社会等级、社区或家庭在很大程度上决定了一个人的消费选择。而在现代消费者社会，人们可以更加自由地选择产品、服务和活动，并以此来界定自我，创造一个与他人沟通的社会身份。一个人对于产品、服务、生活方式的选择实际上是一个声明，说明我们是谁、我们所认同的人的类型、我们所追求的生活方式，甚至那些我们想要远离的人。

每个人都有决定自己生活行为的独特个性，异质体验消费则是表现这种个性的最佳领域，人们可以选择和自己个性相符的体验方式，即使相同的体验方式，每个人由于个性和自我概念的不同，所获得的体验通常也是有差异的。通常，拥有较强的自信力、控制欲、自主性的个性群体，异质体验可以让其尽情享受自由、刺激、激情，赛车、航行、探险等速度型的体验将是较好的选择；顺从性较强、保守的群体，通常选择安逸、舒适的异质体验方式。

案例 4-7　“购买”人生经历

世界上的人千差万别，但几乎都用一个相同的梦想——环游世界。

Conrad Combrink，这个出生于南非开普敦，单是极地就去过65次的探险家无疑早就完成了别人梦想中的事。十几年的航海探险经历让他游遍了七大洲和世上部分最偏远的目的地，包括：南极洲、南太平洋、俄罗斯远东地区、阿拉斯加、北大西洋、印度洋、阿拉伯海湾、地中海及北非。很快，他又将踏上第66次去极地的征程。

很多人习惯了乘坐火车进行长途旅行，在“哐啷哐啷”的前行声中眺望远处的山林和原野；更多人习惯了乘坐飞机去目的地，贪图的是能节省时间和拥有一览众山小的视野。但是，真正尝试过乘坐邮轮远航的人往往会瞬间爱上这个主意——更何况是奢华邮轮旅程呢？2007年以后，Conrad加入了世界著名的高档邮轮公司Silversea，成为了其旗下Prince Albert Ⅱ的探险旅程总监。与过去不同的是，从此他将奢华与探险完美结合，成就了一次次动人心魄的航海远征。

在 Conrad 眼里，邮轮比任何一种交通工具都舒适、安全，“更重要的是，客人不必担心去哪个餐馆就餐，晚上该选择哪个宾馆入住”。因为他们可以在船上的豪华套间中坐享 360 度海景视野，尽情品尝由 Relais-Chateaux 主厨烹制的佳肴，Chateau Petrus 酿制的红酒，聆听来自世界各地的专家献上的精彩演讲，还可以享受一对一专属管家服务，这样的航海之旅尊贵显赫且完美难忘。

对于 Silversea 的客人来说，去哪里并不是最重要的，他们真正看重的是过程中能获得什么。“因为这些富裕人士大多到过世界上的很多地方，欧洲、非洲、东亚……与其说他们在用金钱购买物质，不如说是在用金钱‘购买’人生经历。”

他这样描述每一次自己设计新航线时的心境：“我仿佛是在为那新的目的地创造大使。我希望带领客人去感受那片土地。就像北极，我们每一个通过千辛万苦到达那里的人都是大使，传递着地球的心语。”用高价“购买”人生经历，在经历中收获，而最终领悟到这些收获其实恰恰是无价的。这正是 Conrad 心底里最渴望传达给客人的。

Conrad 说，他也还有很多梦想中的目的地，甚至想驾着他的摩托车从开普敦到开罗，骑着马驰骋在蒙古的大草原上。“你永远不知道你将会面对什么，直至你到达目的地。”

资料来源：http://www.forbeschina.com/life/review/201008/0003086.shtml

3) 生活方式

生活方式是一个人的观念、兴趣和活动的综合。一个人的生活方式代表了这个人选择的收入分配方式，包括在不同产品和服务中的相对分配，以及在这些品类里所进行的特定选择，代表了这个人的时间分配，包括工作时间、学习时间、休闲时间以及在这些时间中的具体分配。人们会根据自己喜欢做的事、喜欢打发的闲暇时间以及所选择使用可支配收入的方式将自己归入到不同的群体中。

随着人们生活水平的提高，工作生活压力的逐渐增高，异质体验活动被人们越来越多地引入生活。一种新颖、健康的生活方式，成为人们的追求和向往。同时，人们早已厌倦了陆地休闲方式的同质性和人满为患的状况，异质体验消费可以向人们展示多样文化的精彩，展示着新鲜的生活方式和独特的体验价值，已被越来越多的追求更好生活方式和高价值的人们所接受和喜爱。

4.2 目标顾客需求分析

目前我国游艇购买者主要有三类：一是大型旅游、航运、房地产公司等购买商务艇用于旅游及商务活动；二是大型公司或企业购买商务艇作为公务接待、高级商务和特殊服务（如婚礼服务、广告及影视业）等消费；三是纯粹的私人游艇消费。

目前，全世界游艇人口比约为 1∶171。对比我国国家海事局 2008 年 7 月发布的数据，我国大陆目前共有私人游艇 102 艘，平均每 1300 万人拥有 1 艘私人游艇。从平均拥有游艇数据可看出我国游艇消费市场的巨大差距与上升空间。同时，商务活动和公关宣传用途的商务艇是目前我国游艇市场的另一大需求。随着我国市场经济体制的不断完善，资本市场的不断成熟，以上市公司为代表的一批具有国际竞争力的大型企业不断涌现，这将进一步提高接待用商务艇的市场容量。

4.2.1 个体顾客需求分析

游艇作为满足人们精神需要或享受需要的新的消费方式，其需求随着经济的发展和购买力的提高呈不断上升的趋势。游艇消费也像时尚消费品一样，不断更新换代以吸引高收入人群。至于高档豪华游艇的消费者，巨富毕竟是少数，游艇消费的绝对量仍是中、低档次的游艇占绝大比例，因为消费者的范围从白领阶层向蓝领阶层，从中年人向青年人在不断扩大。

1. 一般消费群体划分

从总体消费特征看，可以以家庭富裕程度为标准，将目标顾客分为富裕阶层和中产阶层。

1）富裕阶层

随着我国经济总量和富裕消费阶层不断壮大，国内私人游艇市场的潜在需求已十分庞大。2012 年中国千万富豪人数已达 96 万人，其中包括 6 万个亿万富豪。目前，全国每 1400 人中有 1 人是千万富豪。千万富豪的平均年龄为 41 岁，亿万富豪的平均年龄为 45 岁。其中以男性居多，这部分人群更为关注健康的生活方式，15%的亿万富豪表示准备在将来两年内购买私人游艇，阿兹慕是他们最喜欢的游艇品牌。

以香港地区为例，香港目前已有游艇 2000～3000 艘，目前每年私人游艇产业的产值已经达到了 40 亿港元，而长江三角洲及珠江三角洲的其他城市所拥有的百万美元级富豪在数量上远远超过香港，长江三角洲和珠江三角洲将是一个“数倍于 40 亿港元的产业”，而这仅仅是中国两个经济发展区的私人游艇产业的最低规模，游艇产业的潜力可能会超出所有人的想象。而目前中国经济最发达的长三角地区，拥有私人游艇的人数不过区区百人，相比如此悬殊也揭示了私人游艇产业未来在中国所能够达到的高度。

案例 4-8　富豪出国购物买什么？

调查显示，富豪出国购物，购买手表的最多，占 23.4%，手表品牌他们最喜欢百达翡丽，其次是卡地亚。购买珠宝的占 17.8%，卡地亚珠宝已连续八年成为富豪最青睐的珠宝，其次是宝格丽，蒂芙尼也表现不错。购买皮具的占 15.6%。购买衣服配饰的占 15.5%，男士时装中乔治·阿玛尼最受欢迎，女士时装中香奈儿最受欢迎，配饰则一直都是爱马仕备受青睐。购买化妆品的占 12.4%，女士护肤品前三甲分别是雅诗兰黛、兰蔻和香奈儿，男士护肤品前三甲分别是阿玛尼、兰蔻和 Hugo Boss。

资料来源：http://31.toocle.com/detail-6788539.html

2）中产阶层

中产阶层可以定义为享有一定数量的可自由支配收入的家庭，即在应付完生活必需品之后，他们还有相当数量的节余，可以自由地用于非必需品的消费，如高质量的教育和医疗、别墅、度假和其他休闲活动等。与贫困家庭不同，中产阶层对于消费品有更多选择。但又与富裕阶层不同，他们的选择更多的受制于预算，对价格和品质都比较敏感。

中产阶层通常拥有稳定的住房、医疗、给子女提供的教育机会、可靠的退休和工作保障，以及能用于度假和休闲的宽裕收入。这个阶层由各种职业构成，可能是政府官员、富裕农民、商人、企业员工和专业人士等。他们从事各种不同的管理和办公室工作，还有许多是小企业、作坊和商业化家庭农场的自雇就业者。中产阶层的需求有较高的收入弹性。我国的中产阶层将是潜力巨大的游艇消费市场。

美林银行相信，到 2016 年，中国的中产阶层人数会达到 3.5 亿。麦肯锡公司采用了不同的定义，推测到 2050 年，这一人数将达到 5.2 亿～6 亿。国家统计局在 2005 年的一项研究中所采纳的城市中产阶层的定义是：三口之家，年收入在 6 万～50 万元，或者说在对购买力进行调整后，按 2005 年美元价格计算，每人每天 16～32 美元。按照这个标准测算，到 2020 年，45%的中国城市人口将成为中产阶层（林重庚和迈克尔·斯宾塞，2011）。

案例 4-9　Silversea 探险邮轮 Prince Albert Ⅱ的五条推荐线路

Prince Albert Ⅱ南极之旅：每年 11 月至翌年 2 月，Prince Albert Ⅱ提供 10～17 天的远征往返旅程。从阿根廷乌斯怀亚出发，行程将穿梭德雷克海峡及南极半岛，宾客将可亲睹壮观的冰山、冰川及丰富多样的野生动物。每天，宾客都可随探险团队乘坐 Zodiac 小艇进行极地探索，前往企鹅聚居地、科研站、捕鲸历史遗址及早期南极探险家的营地。

Prince Albert Ⅱ北极之旅：每年 6～9 月，Prince Albert Ⅱ提供 7～18 天的北极旅程，出发地点包括伦敦、挪威朗伊尔城（Longyearbyen）和特罗姆瑟（Tromso），以及冰岛首都雷克雅未克（Reykjavik）。北极之旅探索斯瓦尔巴群岛、冰岛、格陵兰及加拿大的北极地区，焦点包括壮丽的峡湾和冰山、巍峨的山峰及洞穴、沸腾的泥浆池、熔岩地层及古维京遗址。而旅途上，旅客将有机会一睹令人惊叹的多种野生动物，如海象、海豹、驯鹿、善知鸟，以至北极王者——北极熊。

Prince Albert Ⅱ欧洲偏远岛屿之旅：15 天的远征旅程航游至英国及爱尔兰的偏远岛屿，探索古北欧的商贸市镇、史前遗址及崎岖的岛屿。

Prince Albert Ⅱ中美洲之旅：10 天的中美洲旅程将探索多米尼加共和国、荷属安的列斯（Antilles）、巴拿马及哥斯达黎加一带多姿多彩的野生动物、土著部落和历史遗址。

资料来源：http://www.forbeschina.com/life/review/201008/0003086_4.shtml

2. 游艇消费群体划分

从总体消费特征看，随着年龄的增长，个人经济状况也逐步提高为假设条件，根据经济状况、职业发展和支付能力及对休闲消费方式的选择，将我国游艇消费者划分为少年阶段、青年阶段、中年阶段、老年阶段。

（1）少年阶段，处于学习阶段，支付能力依托于父母等长辈，经常随父母或其他亲属长辈参加各种休闲活动。对一般休闲活动的选择有相当大的发言权，但由于缺乏了解和游艇主题活动的复杂性，对游艇主题活动的选择发言权较小。

（2）青年阶段，刚刚开始职业生涯，经济状况一般，拥有自己的支付能力，新潮、激情、活力，对待新事物接受力强，敢于挑战的青年人群。他们向往游艇主题活动，在经济能力许可的条件下，他们是积极参与者。

（3）中年阶段，拥有稳定的工作，良好的支付能力和经济状况，经常参加各种商务活动和休闲度假，他们是各种游艇主题活动的主力。

（4）老年阶段，有可靠的退休和社会保障的相对富裕的老年人，时间充裕。这一阶层的人数越来越多，他们可以成为休闲活动的最大消费者，也应该是最具潜力的游艇休闲消费者。但我国目前阶段的老年人相对传统和保守，以节俭为美德，需要游艇休闲从业人员大力开发他们的消费潜能。

因此，可将我国游艇休闲消费者分为 4 类，即少年无产类消费者、青年初产类消费者、中年中产类消费者、老年富裕类消费者，他们的游艇消费倾向见表 4-1。

表 4-1　游艇顾客类型及游艇消费倾向

类型	消费倾向
老年富裕类	自由选择、高意义性
中年中产类	强交际性、高休闲性
青年初产类	高参与度、强运动性、强探索性
少年无产类	强观赏性、低参与度

4.2.2　组织顾客需求分析

游艇消费的体验性和显示性使其越来越受到各类组织的重视，借助游艇为载体举办的商务活动和公关活动可以强化企业的品牌个性，提高员工对企业的满意度，维护企业与客户之间的关系。在此过程中，可以增加企业的价值资产、品牌资产和关系资产，在社会及公众前，树立良好的企业形象和声誉。一般来说，企业游艇消费主要有以下四个方面的目的。

1. 公共关系

公共关系就是对公众的认知管理，即通过管理公众对事物、企业或个人的看法，获取他们的认同，以促使他们采取有利于自己的行为方式及决策。这种相互了解和信赖的关系，能够帮助组织在社会公共中树立起良好的形象和声誉，从而有利于促进组织本身目标的实现。

企业是当今世界公共关系实务运用最广泛、最经常的部门，企业公共关系即指企业面对外在的公众和内在的员工时，通过运用沟通、交往、利益调整等方法途径，建立企业与目标对象之间的相互理解、相互信任和相互促进的互动关系。由于今天高度发达的媒体，公众之间的相互影响大大加强了，而不再是单纯地受企业宣传的支配，公共关系是企业在现代信息技术和大众传播事业高度发达条件下的重要经营手段。随着市场规则不断地向社会各领域渗透，公共关系的应用领域也不断扩大，从仅仅是作用于外部的营销手段，到解决企业组织内部发展中的重大问题，从企业到各类社会团体都得到了广泛的应用。

游艇主题活动的异质体验性可以作为塑造公司形象的有力工具。它以一种与众不同的途径传递公司的形象，游艇主题活动可以产生所需要的感染力，从而触动参与者及社会公众的内心感觉。游艇消费有助于企业完成以下任务：协助新产品上市；协助成熟期产品再定位；建立对某一种产品的兴趣；影响特定的目标群体；建立有利于表现产品特点的企业和品牌形象。

2. 品牌个性

品牌个性是品牌战略设计者希望建立或保持的独特品牌定位及联想。这一品牌定位和联想表现了品牌代表着什么，暗示着企业对顾客的承诺，正是品牌个性才使品牌变成有生命的东西，让人们去接近它、追求它。品牌个性是品牌吸引消费者的基本元素，鲜明而有针对性的品牌个性是品牌在竞争中胜出的保证。

游艇主题活动可以促进、强化顾客记忆中关于企业品牌的联想。换言之，组织游艇主题活动可以作为顾客记忆中与品牌节点相关联的其他信息节点，以游艇和水域为载体，反映品牌含义或者反映产品本身的性能，或者企业的愿景。重要的是，游艇具有自由、活力、突破传统等特色，游艇主题活动可以帮助企业塑造其所期望的品牌形象，形成顾客的差异化反映，帮助企业在顾客记忆中建立强有力的、偏好的、独特的联想。游艇主题活动的异质体验对品牌个性的作用可归纳为：首先，促进消费者对品牌产生认同，促进在消费者的脑海中建立与特定产品或需求相关联的品牌联想；其次，可以战略性地把有形、无形的品牌联想与特定资产联系起来，在消费者心智中建立稳固、完整的品牌含义；再次，借助游艇本身具备的特色，引导消费者对品牌认同和品牌含义做出适当反应；最后，可以以游艇为纽带，将消费者对异质体验的反应转换成消费者和品牌之间紧密、积极、忠诚的关系。

3. 客户关系

在买方处于主导地位的今天，企业之间的竞争日益激烈，潜在市场开发的难度也越来越大，在企业间诸多的竞争中，归根结底都是争夺客户。企业只有充分意识到客户的重要性，同时发展并保持与客户之间的良好关系，才能把握市场脉搏，处于优势地位。客户关系资源及由此而来的客户资源就成了企业成功的关键。

游艇作为一个社交场合，游艇商务主题活动可以创造轻松、自由的沟通氛围，有利于企业倾听、整合客户的声音，捕捉他们定期的或者不定期的需求和要求，进而将企业的产品和服务个性化、私人化，以增加客户的社交利益。同时，也使客户能够容易地找到合适的机会来表达他们的需要、感觉和抱怨。

基于客户关系管理的游艇主题活动包括在游艇上举办答谢会、销售促进会、产品发布会、各类公益活动等，满足了客户对于游艇异质体验的需求。同时，企业借助游艇和海洋文明为传播渠道，向客户传播组织积极、创新、重视客户等相关理念和文化，以建立、增强和巩固与相关组织客户的关系，更好地加强客户关系管理，并最终赢得更多的顾客。

4. 员工关系

员工是组织的细胞，组织的任何目标都必须通过他们的合理分工和协作才能实现，所谓只有做到了“员工第一”才能真正做到“顾客第一”就是这个道理。另外，无论是从事外部市场性工作的，还是承担内部生产性工作的，每个员工对外都直接代表着组织及其形象。所以，从某种意义上说，员工关系甚至重于客户关系。

同时，同事是现代社会人们接触最多、最经常，相互影响最大的事物，同事关系是人们最重要的社会关系。良好的同事关系使人们工作舒心、生活开心。

由此可知，组织通过游艇主题活动，可以培养员工对组织的认同感、归属感、凝聚力。同时，可以创造和谐融洽的人事关系，满足员工的社交需求。

基于员工关系的游艇主题活动，既是企业的一种激励手段，也是企业和员工以及员工之间交流的桥梁。企业借助游艇为平台，在吸引员工异质体验兴趣的基础上，配合以一定的激励机制，可以有效地点燃员工的激情和更加强烈工作的动机，通过海洋文明与陆地文明的鲜明对比，让他们产生超越自我和他人的欲望，为企业的远景目标奉献自己的能力和价值。同时，组织以游艇为载体，举办多种形式的活动，借助游艇为第三方交流空间，可以加强组织上下级和员工之间的交流，创建轻松愉快、彼此无障碍沟通交流的组织文化。

4.2.3　影响我国游艇消费的因素分析

游艇需求会受到许多因素影响，其中包括自然条件因素、经济因素、社会文化因素和消费者偏好因素等。就某一国家或者某一地区的游艇需求而言，自然条件因素是最为重要的制约因素。某一国家或地区所拥有的水域（包括河流、湖泊等能够开展游艇活动的区域）的数量、类型都会对这一地区的游艇消费产生实质性的制约，因而会直接影响游艇的需求。除自然条件因素外，国民经济发展水平、地区人口数量、人们对游艇休闲消费的喜爱程度、政府的相关政策法规，以及相关配套基础设施发展状况等也会对游艇消费需求产生直接影响。

1. 经济环境

根据欧美国家的发展模式，当地区人均 GDP 达到 3000 美元时，游艇经济开始萌芽了，当人均 GDP 达到 6000 美元时，游艇经济进入快速发展阶段。2008 年，我国 GDP 为 314 045 亿元，人均 GDP 已经达到 3000 美元，长三角、珠三角、环渤海地区等经济发达地区的人均 GDP 更是已经达到或超过了 8000 美元。据统计，截至 2011 年 3 月月底，中国奢侈品市场消费总量已经达到 107 亿美元，占据全球份额的 27.5%，中国已经成为全球第二大奢侈品消费国。

另外，根据世界旅游及旅行理事会发布的报告预测，2007～2016 年，中国旅游市场的年平均增长率将为 7.6%，这将使中国在旅游和旅行总需求方面的发展速度方面成为世界第二。而中国旅游市场的地域性特点鲜明，根据国家旅游局的统计，我国游客接待量居前的省（直辖市）为北京、上海、广东、江苏、浙江。上述省（直辖市）均为沿海临水地区，具有丰富的水上旅游资源，游艇消费的前景看好。

因此，人均GDP的持续提高，国内富裕阶层的扩大，旅游经济的迅猛发展，同时伴随着游艇生产企业的增加，成本的降低和价格的大众化，终将为我国游艇产业发展带来全方位的机遇，我国游艇经济的新时代已经来临。

2. 社会文化环境

文化是人类欲望和行为最基本的决定因素。文化对顾客需求的影响是潜移默化且根深蒂固的。每一种文化都包含着能为其成员提供更为具体的认同感和社会化的亚文化，如地理区域亚文化、民族亚文化、宗教亚文化等。消费文化决定了消费者对不同活动和产品的总体偏好，也决定具体产品和服务的成败。如果产品所提供的利益与文化成员某个时期的需求一致，那么这样的产品就更可能为市场所接受。

从历史上看，由于地理及其他各方面的原因，我国文化是一种大陆文化，倡导守旧、保持传统，造成我国消费者的消费观念和行为也相对保守。具体地说，我国的社会文化有如下基本特征。

从行为主体来看，中华民族是陆地民族，其活动和影响范围长期囿于有限的周边地区的少数民族，既没有越过高山，也没有通过海洋与远方的民族进行交流融合。而西方则是海洋民族，他们长期通过海洋与其他民族进行交融。

从文明属性来看，由于长期在小范围内处于文明领先，中华文化是一种保守传统的文化，不注重创新，总是在注释古典，于是，思想不能超越春秋。

从活动内容来看，中华文明不注重技术，总是在探讨生命的意义，偶尔的几项技术发明没有产生大规模的实用价值，如炸药只是成了烟花，只是为了博得一乐，今天更是成为了重要的空气污染源。

游艇文化是海洋文化的延伸，通常沿海地区比较容易接受游艇休闲这样一种新生活娱乐方式，相对于早已习惯内陆农耕文化的内陆地区，游艇文化在空间、心态、观念上均显出自己的特色，对游艇休闲的接收能力较弱。同样，富裕地区的人们出于享受生活、尝试新鲜、提高生活品位等动机，游艇休闲对其的吸引力正在逐步增强。相对贫困地区的人们，由于受到支付能力的限制，对游艇消费的追求力度明显不足。

另外，不同区域消费者对游艇消费的态度与其文化相关，很多游艇服务方式没有与不同区域的消费者之间建立起文化纽带，因而难以被接受。

案例 4-10　多元文化的美国人

拉美裔美国人：拉美裔美国人预计到 2050 年可以占到全美国人口的 1/4，拉美裔人是增长最快的群体，有望成为美国的主要民族。拉美裔群体在文化、体质、民族背景及价值取向上都有很大的不同；相同之处表现为很强的家庭观念、对于尊重的需求、品牌忠诚度和对产品质量的高度关注。

非裔美国人：非裔美国人是对流行时尚最敏感的一个群体。他们会被商品的品质和宣传所推动，而且他们更多地会在居住附近的商店去购买。在非裔美国人中最先出现的时尚、饮食、娱乐、运动、音乐方面的潮流往往都会不断成为主流。例如，说唱音乐和街舞风格的服装。

亚裔美国人：根据美国人口调查局的报告，“Asian”指的是来自远东、东南亚或是印度大陆的人们。亚裔美国人比起其他少数民族群体来说，更加关注品牌，然而，对于某个特定品牌的忠诚度却是最差的。和其他的一些群体比较，他们会更多地考虑其他人的看法，如他们的邻居是否会赞成。亚裔美国人也是最多使用计算机和通信技术的群体，他们也很可能天天上网。亚裔美国人通常拥有一个比较大的家庭，而且比较关注广告。

资料来源：菲利普·科特勒，凯文·莱恩·凯勒.2006. 营销管理. 上海：上海人民出版社

3. 自然环境

我国湖泊遍布、岛屿众多、江河纵横，拥有 1.8 万千米的海岸线，1.4 万千米岛屿海岸线，300 万平方千米经济管辖海域，6500 多座岛屿和 24 800 个湖泊，面积 1 平方千米以上的湖泊有 2700 多个，还有长江、黄河、珠江、黑龙江四大水系，内陆湖泊水库星罗棋布。从南到北，从东到西，辽阔的国土决定了各地不同的自然风光和人文，这种得天独厚的水域环境决定了中国有发展游艇经济的自然条件。

4. 行业环境

游艇及相关的一系列休闲活动的经营，主要依托于专业的游艇俱乐部展开。游艇俱乐部是游艇活动最重要的场所和组织者。所以，主导游艇休闲的是游艇俱乐部，游艇俱乐部的发展也是一个国家游艇消费走向规范、成熟的主要标志。现代游艇俱乐部，已经发展成集餐饮、娱乐、住宿、商务、停泊、维修保养、补给、驾驶训练等多功能于一体的大型场所。因此，国际上判断游艇消费是否规范和成熟的主要标志就是游艇俱乐部的发展状况。

目前全国已有 17 个省市地方政府和企业正在规划和布局景观水系开发和游艇俱乐部建设。从南方的深圳、珠海，到东部的上海、江苏，乃至北方的青岛、天津、大连，在长达数千千米的海滨、湖泊地域，涌现出了各种类型的游艇俱乐部。游艇俱乐部甚至还“涉足”了中西部的成都、重庆、青海等地区。

据统计，目前全国正式注册营业的游艇俱乐部总数 67 家左右（加上规划建设之中的，估计全国游艇俱乐部总共已接近 100 家），主要分布在珠三角、长三角和环渤海经济区。但目前已经成型，具备综合服务功能的游艇俱乐部只有十余家，如大连星海湾游艇俱乐部、青岛银海游艇俱乐部、日照水上运动基地、苏州水星俱乐部、昆山大自然游艇俱乐部、上海莱悦游艇俱乐部、浙江九龙山游艇俱乐部、无锡太湖山水俱乐部、厦门五缘湾游艇俱乐部、深圳浪骑游艇俱乐部、深圳大梅沙游艇俱乐部、深圳湾游艇会、三亚鸿洲游艇会等。

5. 技术环境

游艇消费同时也是一项技术集成消费，它需要众多的技术保障，才能使游艇消费安全、尽兴。这些技术涉及停泊、加油补给、维护维修和海事救援。

1）停泊技术

游艇的停泊可分为陆上放置和水上停泊两种，各具特色与优势，水上停泊大多位于游艇港或部分环境较好的休闲渔港内的船席泊位；陆上放置则在平地或是艇库（立体艇库）停放。

通常，帆船和大型游艇需要停泊在水边游艇港内，游艇港一般设在天然的港湾内，或者建设巨大的人工防波长堤，类似两只抄手臂，把大风大浪阻挡在防波堤外，以保护港湾里的游艇免受常年的风浪拍击。在游艇港湾内，在水面铺设有成排浮箱托承的浮码头，浮码头的两侧有深入海底的水泥钢筋桩柱固定住，潮涨潮落都不会影响到游艇的安全。游艇停靠在浮码头的两侧，水、电、油的管线都铺到每一船艇泊位（船席）旁。游艇港内通常有一到两家游艇会所来管理港内的游艇。目前中国大陆因游艇港少，船席泊位有限，费用也较高。

在美国的存量游艇当中，平均 10 艘游艇就有八九辆游艇拥有拖车配备，几乎达到每艘游艇配套一辆游艇拖车。由于我国游艇消费处于起步阶段，陆地停泊观念还没有完全被人们所接受，购买游艇拖车的消费比例较低。

2）加油补给技术

游艇一般在港内加满油料，完成例行检查后，即可出海。我国海岸沿线还没有均匀分设海岸加油站，而且目前多数的港口仅提供柴油，若是使用的是汽油引擎，就必须用到加油车。这些不完善的服务设施为我国游艇消费带来了许多不便，目前主要的解决方法是在一些渔港内设有加油船穿梭往来加油。

3）维护维修技术

游艇维护涉及清洗及护理、检查仪器仪表、正确的系泊、电池保养、游艇发动机的维护、防寒、舱底泵、船罩等。我国现存多家游艇俱乐部和船舶制造公司，具有较多的游艇维修人员和较强的游艇维修技术能力。同时，游艇俱乐部还会为会员提供全方位的气象、通信、支援和救难等海事贴身服务。我国正在规划建设多家游艇维护维修中心，但目前，我国游艇维修费用较高，游艇俱乐部入会门槛高，在一定程度不利于游艇运动的普及。

4）海事救援技术

中华人民共和国海事局下设中国海上搜救中心，即国际上称的救助协调中心（Rescue Co-ordination Center，RCC）。每个省市海事局又下设当地的省市海上搜救中心，即救助分中心（Rescue Sub-Center，RSC）。每个省市海上搜救中心都有数个下设的地区性海上搜救分中心。

海上搜救分中心主要通过全球海上遇险与安全系统、全国统一水上遇险求救电话、中国船舶报告系统、船舶自动识别系统等通信手段获得船舶遇险的信息，有关信息需要在电子海图与信息系统上显示。

中国海上搜救力量主要由专业救助力量、军队、中央有关直属部门和地方部门的力量，以及各港口、企事业单位和航行于我国水域的大量商船和渔船组成。在烟台、上海、广州成立了救助局，在上海、大连建立了交通部海上救助飞行队。

目前，我国海事救援存在的主要问题为：搜救机构尚不健全，协调能力不强，关系不顺，妨碍海事系统行使国家行政职能；海上专业救助力量薄弱。目前仅在广州、上海、烟台及周围地区设有救助站点，其覆盖范围有限，专业救助力量的装备、设施也比较落后，尚不具备快速反应能力及立体搜救能力，我国搜救的专用飞机数量较少，在发生重大海难事故时往往难以及时有效前往救助。

由于海事救援是游艇安全的主要保障，我国海事救援能力的薄弱对我国消费者选择游艇消费产生了一定程度的消极影响。

6. 政治—法律环境

在2009年12月国务院下发的《关于加快发展旅游业的意见》中，首次提出要支持有条件的地区发展游轮、游艇等新型旅游。2009年12月月底，国务院办公厅发布《国务院有关推进海南国际旅游岛建设发展的若干意见》，指出要研究完善游艇管理办法，创造条件适当扩大开发水域，并培养发展游艇等旅游装备制造业。

游艇产业作为新兴产业也受到很多地方政府的高度重视。辽宁、河北、山东、江苏、上海、浙江、福建、广东、海南等沿海和内陆水上旅游资源丰富且经济相对发达省市的游艇业已有所发展，其中深圳、上海、青岛、日照等地发展较快。海口、三亚、深圳、珠海、杭州、厦门等沿海城市纷纷将游艇业列为优先发展的产业，为游艇业的发展创造了有利的政策环境。

随着国家产业政策和各地政府对游艇经济的不断重视，游艇消费市场的法律法规的逐步完善，我国越来越多的国内景观水系、游艇码头、游艇俱乐部、游艇驾驶培训、游艇维修等相关服务产业逐渐成熟，游艇潜在市场需求具备了向实际需求转化的前提条件，我国游艇消费已经逐渐迈入快车道。

4.3 主题塑造

主题塑造涉及主题的选择、表现和传播三个层次。首先是选择主题，这是一个异质体验需求的分析过程，也就是选择符合个人心理发展需要的主题；其次是选择适当的情景来展现这一主题，这是一个选择如何刺激人类感官，进而引发思考、联想和情感的过程；最后是对主题的传播，传播包括参与者间的传播，也包括对目标消费者的传播，传播同时还起到强化主题的刺激性和关联性的作用。

4.3.1 我国游艇活动主题现状分析

1. 我国游艇活动主题现状

根据客户的不同需要或游艇俱乐部自身的特色服务，游艇活动主题及活动通常由游艇俱乐部策划承办。游艇及相关的一系列休闲活动的经营，主要依托于专业的游艇俱乐部展开。游艇俱乐部是游艇活动最重要的场所。现代游艇俱乐部，已经发展成集餐饮、住宿、娱乐、商务、停泊、驾驶训练、补给、保养维修等多功能于一体的大型场所和经营机构。

游艇俱乐部所提供的游艇综合服务包括：游艇维护、游艇租赁、泊位销售、特色服务、驾驶训练等。游艇活动主题包含于游艇俱乐部所提供的游艇特色服务中。目前，我国不同地区具有代表性的游艇俱乐部所提供的特色服务具体包括海上婚礼、商务活动、海上垂钓、旅游观光度假、赛事活动、各种游艇派对、游艇酒会、游艇驾驶、特色卖场、影视拍摄、海岛探险、海底观光、各种展会、宴会、晚会。

2. 我国游艇活动主题存在的问题

我国游艇活动主题存在的问题可以概括为创新少、移植多，缺少主题及表现手段，雷同多、特色少，内秀多、传播少，具体表现如下。

（1）主题的类型较少。游艇俱乐部所提供的特色服务主题单一，多数以休闲主题为主，其他主题如商务主题、家庭主题、公益主题涉及较少，产品线深度明显不足。

（2）每种类型的主题活动产品较少。目前我国游艇主题活动产品仅局限于游艇观光、餐饮、会议等，产品种类单一，局限于传统形式，并没有充分利用游艇的特色元素充实活动产品内容。例如，商务活动，仅局限于酒会、展会、宴会，其他涉及商务主题的活动较少。

(3) 主题不够鲜明。游艇俱乐部所提供的服务产品，只停留在产品物质属性层面，产品所具备的“精神”属性——主题性，体现较弱。现存的各种游艇活动主题具体内容总体上趋于一致，观光、餐饮为多数活动的主要内容，而能体现本活动主题的专属活动较少。同时，多数游艇活动主题并没有体现出游艇和海洋文明的特色，也就是说，很多在游艇举办的活动，在陆地也同样可以举办，而且没有太多的差异性，在游艇和海洋主题性上没有太多的涉及和体现。

(4) 游艇活动主题及内容，缺乏相关理论支持。目前多数游艇活动主题及所属具体内容，均由游艇俱乐部人员或某些活动策划机构设计与组织，在设计过程中缺乏相关专业人员的参与，相关设计内容也少有理论支持。

(5) 游艇主题活动缺乏个性服务。游艇消费属于一种高尚休闲活动，顾客消费的主要目的在于追求异质别样的体验，从而达到放松身心、缓解压力、追求自我的目的，而目前游艇俱乐部所提供的产品和服务过于程序化和死板，不能满足游艇消费者的个性需求。

(6) 游艇活动主题设计不全面，体现得海洋元素深度不够。多数能体现游艇和海洋元素的活动主题也只是简单地停留在借助大海及游艇元素层面，如乘坐游艇观光、在游艇饮食等，只是简单利用了游艇作为活动载体，与海洋文化及游艇深度结合的活动主题较少。

(7) 游艇活动主题缺乏消费者联结。游艇活动主题的设计和组织者必须非常仔细地确定游艇消费者的需要，从而设计基于顾客的游艇活动主题和服务。目前，我国游艇活动主题设计者没有充分考虑到我国消费者对于游艇异质体验的需求。游艇消费时代在我国刚刚兴起，消费者心理接受程度具有阶段性，设计者并没有根据消费者对于游艇消费的不同心理阶段设计活动主题产品。

(8) 传播创新性及宣传力度不足。我们这样一个熟悉并习惯于陆地文明的国家，对于游艇及相应的活动主题还是陌生的，需要一个过程去逐步了解与接受，因此，传播问题不在于是否要传播，而在于对谁说、说什么、怎样说。现阶段我国游艇活动主题在传播环节存在的主要问题在于组织者的传播策略不够科学和新颖，活动主题宣传力度不够。传播环节没有充分利用活动主题对于消费者的吸引力，同时，在发掘消费者需求方面的工作也不够全面和深入。

可见，主题塑造的缺失已经成为制约我国游艇消费发展的关键因素。

4.3.2　游艇活动主题的创意和选择

游艇主题活动满足的是消费者对异质体验的心理发展需求。所以，游艇活动主题的创意是指创造满足消费者心理发展需要的主题，而游艇主题活动的选择是根据影响参与者心理发展需求的因素选择符合参与者现实状态的主题创意。

1. 游艇活动主题消费心理定位

“游艇活动主题消费心理定位”是指消费者根据自己身体的物理能力、年龄、个人的职业和经济状况，综合考察自己对于游艇消费的接受程度和游艇的消费选择，然后给自己定一个适合自己的游艇消费心理愿景、方向和方式。

根据我国消费者对游艇消费的心理接受程度和游艇产业在我国的发展阶段，我国游艇消费者心理可以划分为三个阶段。

(1) 认识阶段。游艇消费刚刚起步，消费者初步接触到游艇文化，游艇活动主题较少，消费者对游艇活动主题认知程度较低，对于游艇的消费只停留在观光、旅游等参与性较低的层次。

(2) 参与阶段。游艇消费快速发展，根据消费者不同的需要，游艇活动主题得到多层次开发，主题类型多样，主题产品种类丰富，消费者对于游艇文化及游艇活动主题已经具备一定的知识和了解，并将游艇消费加入到自己的消费目录中。选择游艇商务主题和休闲主题的消费倾向明显，对于各类游艇活动主题的参与积极性和参与度大幅度提高。

(3) 归属阶段。游艇消费得到全面发展，游艇文化及游艇消费得到大众消费者的普遍认可，越来越多的消费者将游艇消费私人化，游艇已成为人们的日常休闲选择，人们驾驶游艇去探索未知的海洋，追求着自我价值的实现。

结合表 4.1 对游艇消费群体划分的结论，我国游艇活动主题消费心理定位与我国游艇消费者心理发展阶段的关系如图 4-2 所示。

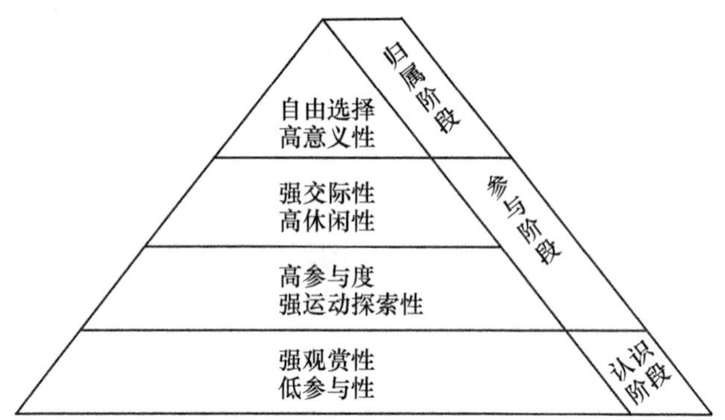

图 4-2 游艇消费心理定位与消费者心理发展阶段的关系

2. 主题及创意

游艇活动主题生成，并不是凭空创造出一些之前不存在的主题，而是根据游艇自身的属性，准确定位消费者的游艇消费心理定位，结合不同于陆地文明的海洋文明特征，对已经存在的各类活动主题进行整合和完善，以形成适合游艇及海洋的活动主题，并在此基础上，加以创新创造，最终生成各类的游艇活动主题。

游艇活动主题的生成要以陆地文明中的各种活动主题为蓝本，分析出哪些主题和活动只适合于陆地文明，哪些更适合于海洋文明，哪些具有共同性适合于两种不同的文明。在此基础上，将适合于海洋文明和游艇的主题及活动进行整合，以目标、情感、内容等不同标准和角度进行归类，并根据各种活动的层次和属性，总结生成各种游艇活动主题。

以活动目的的不同为标准，适合游艇及海洋文明的活动主题可以划分为商务主题、公益主题和休闲主题三类。

(1) 游艇商务主题。融入高贵、典雅、时尚、自由、运动等游艇属性要素，可以形成不同于陆地文明传统商务活动的新型海洋文明商务活动。

(2) 游艇公益主题。以海洋为纽带，游艇为载体，可以创新组织出具有海洋风格和游艇特色的公益活动，进而增加公益活动的效应，有效实现活动的预期目标。

(3) 游艇休闲主题。游艇休闲主题最大的特色在于该主题活动可以使参与者彻底远离陆地，为参与者提供完全属于自己的私人空间，最大限度地促进人们情感的交流和探索审美欲望的满足，创造出极具海洋文化特色的异质体验。

3. 主题深化和选择

游艇活动主题生成后，需要设计风格不同、特色不同、内容不同的具体子活动主题，以承接并丰富所对应的游艇活动主题。该设计环节要以精准把握顾客需求及心理为基础，以新颖时尚的创意为支撑。

同时，还要结合主题活动参与者的个性和具体的现实状态来选择主题。例如，对于收入状况良好、个性活泼、爱好自然、爱好社会的参与者，可以选择公益性的主题、探索性的休闲主题。而对那些短期成就需要强烈，处于事业成长阶段的参与者可以选择更多带有商务性质的主题。

4.3.3　游艇活动主题的表现

主题不仅可以通过文字和语言来表现，而且需要体现在活动情景和各个环节之中，色彩、图形和道具也都是表现主题的工具。根据海洋文化和游艇拥有的独特属性，可以从以下六个方面来表现游艇活动主题。

1) 海洋元素

海洋文明与陆地文明的本质不同，决定了游艇活动主题最大的特色就是为参与者提供了海洋异质体验，这种异质体验刺激了早已习惯陆地活动的人们的潜在需要。因此，设计者要充分利用海洋元素来表现主题，使参与者在整个活动过程中处处感受海洋的无际、力量和容纳万物的博大。

2) 私密空间

一叶孤舟，远离城市的喧嚣，片刻独处，静静反思。游艇特色之一就在于能够提供私属空间，供消费者进行私密娱乐、沟通、休闲，从而获得身心极大的愉悦和另类的感受。设计者必须在主题和活动中为消费者构建充分的私密空间。

3）自由性

海洋的博大使人们有了更大的自由驰骋空间，只有当我们拥有自由的时候，命运才有意义。提到海洋，人们很自然就会联想到驾舟搏击海浪自由航行的场景，这也是很多消费者选择游艇消费的动机。因此，在表现活动主题时，必须格外关注人们对于追求自由的需求，即使是短暂的自由体验，也是游艇消费者重要而难忘的体验经历。

4）未知神秘感

童年的我们都提出过这样一个问题："山的那边是什么?"探索的内驱力从孩提时代就一直保存在每个人的体内。陆地的表面几乎已经被人们完全开发和了解，而海洋则一直保持着自己的神秘与未知，刺激着人们探索的欲望。海面已足够我们花费一生时间去探索，而海底又是另一个世界，每个人的探索欲在这里可以得到淋漓尽致的满足。缺少了未知神秘，游艇活动主题就不可能得到充分表现。

5）文化包容性

海洋从来都是人类文明最主要的相互碰撞和交融的途径。随着全球化广度和深度的不断发展，来自不同国家和地区，有着不同文化背景的人们正在进行着越来越紧密的交往。而海洋文明始终没有被任何一个国家的文化所控制，始终是人类拥有的共同文化，也因此海洋文明可以更好地缓和调解人们间的文化差异性。多样性、文化差异及冲突、交流合作就成了游艇活动主题表现的重要手段。

6）情感易显性

西装、礼服、佳肴、美酒、侍者、招待，人们早已习惯甚至厌倦了传统的活动氛围，情感似乎必须以这些固定范式去机械地表达与交流，这已严重影响了人们之间情感的沟通。代表着海洋文化的游艇可以为人们提供随意、开放、轻松的氛围，帮助人们摘掉世故的"面具"，脱去隐藏自己的"外衣"，以平稳浩瀚的海面调节着人们情绪的波澜。游艇活动主题组织者在表现活动主题时，必须重视游艇及海洋文化在缓解压力、放松身心、表达情绪、沟通情感等方面的特殊作用。

4.3.4 游艇活动主题的传播

为使更多的人更快地了解游艇主题活动，也为了使直接参与者更好地体验游艇活动主题，活动中的主题传播和活动外的主题传播都是必不可少的。主题传播涉及多领域、多层次，其主要目的在于如何让消费者接受游艇文化及更加了解游艇活动主题，使游艇活动主题成为人们的消费选择，进而逐渐改变人们的生活方式。游艇活动主题传播模式如图 4-3 所示。

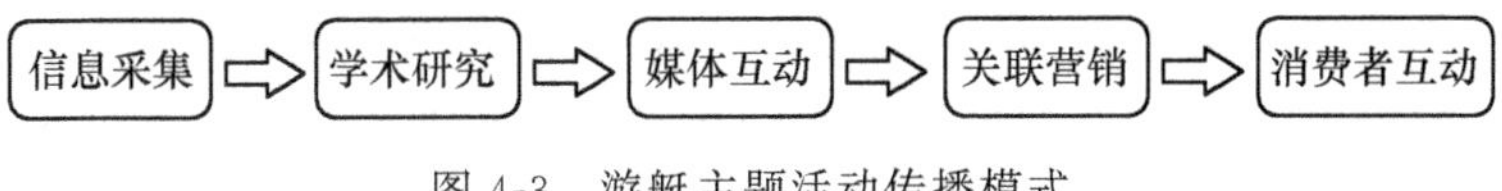

图 4-3　游艇主题活动传播模式

1. 信息采集

活动主题设计者和组织者要准确把握大众消费者对于游艇消费的心理接受程度和实际需求，根据消费者对游艇文化和消费态度的不同层次阶段，对消费人群及其心理精准把握，设计满足不同需求的游艇活动主题。

2. 学术研究

应积极开展有关游艇活动主题的各种类型学术研讨，在著作、文献方面提高研究质量；游艇俱乐部应与高校等科研机构紧密合作，利用高校等科研机构的学术研究能力，为游艇活动主题设计提供理论观点和框架，将前沿学术观点和理论用于具体的游艇活动主题实践。

3. 媒体互动

媒体在推动游艇活动主题发展方面发挥着重要的作用。除面向游艇消费者的各类休闲媒体外，许多综合性报纸、期刊应从游艇产业政策、游艇产业发展等角度给游艇予以关注，使社会各个阶层、消费者、企业、机构等全方位地了解游艇，关注游艇活动主题对其各种潜在或实际需要的刺激与满足。各类休闲网、游艇论坛等相关网站也应对游艇活动主题的宣传起到作用。游艇俱乐部要依托强势媒体，对游艇活动主题给予延续性传播，在长期的传播过程中，不断积累俱乐部游艇活动主题的品牌资产，不断赋予游艇活动主题特定的信息和概念，使人们慢慢消化并接受异质、时尚的游艇活动主题理念。

4. 关联营销

产业关联营销，是推广游艇活动主题有效的营销策略之一。游艇与旅游、摄影、体育、娱乐等行业有着密切的联系。因此，游艇活动主题的推广应与各相关行业结合，形成一种具有潜在受众面大、推广活动周期长、传播渠道广等特点的游艇活动主题传播活动。一是利用海岛、沙滩等海洋旅游资源，采用摄影手段与游艇活动主题强有力的海洋文化相结合，推出具有各种游艇活动主题特色的旅游摄影采风活动，并通过一系列措施在游客旅行中进行最优化主题传播。二是利用与传媒集团会展行业的关联，以传媒集团会展行业的客户为主要目标，集中力量将游艇活动主题的理念，借助传媒行业良好的背景、广泛的业务网络和完善的服务体系，向目标顾客进行宣传和展示，使游艇活动主题传播的受众面更为全面、精确，以达到较小的传播投资产生有效的传播效果。

5. 消费者互动

以游艇为载体，开发一些形式创新、与观众和消费者更加贴近、参与性高的游艇活动，在这一过程中，游艇与人们的接触是实际的，在此基础上引入适当的活动主题，用消费者喜欢的方式，带他们去体验游艇活动主题能够让其感受的生活，让他们用自我的生活经验去对游艇活动主题演绎，让传统广告推广在潜移默化中被淡忘，只留下难以忘却的风景和游艇为其带来的独特体验。只有参与才能最大限度地获得体验，组织者在设计异质体验活动时应以感官体验为基础，逐步展开思维、关联体验，最后提升到情感体验。以此为标准来选择体验情景、道具，从色彩、触感等感官刺激出发塑造体验环境，让参与者动手使其切身感受使用效果，让参与者思考，放飞其思维，让参与者交流，升华情感。

第5章　活动主题

人类社会发展至今，从劳动到生活，从技术到艺术，已经产生了许许多多的活动，这些活动都有其特定的主题。有些主题服务于工作，有些主题服务于生活，有些主题服务于社会。

从已有活动主题中汲取营养，在继承的基础上发展、创新是拓展和创意游艇活动主题的捷径。本章从商务、休闲和公益三个方面论述游艇活动主题，为游艇主题活动策划提供借鉴。

5.1　商务主题

商务是指一切与交换活动相关的事务，狭义的商务概念仅指贸易活动。商务活动是指企业为实现生产经营目的而从事的各类有关资源、知识、信息、生产、研发、销售等活动的总称，既包括企业内部的管理组织活动，也包括与企业外部的客户、社会团体和政府、公众之间的往来。

商务活动一般都是在利益共享的原则下达成协议，规定双方或多方的权利和义务。商务利益首先是经济利益，但也包括社会利益，不管是经济利益还是社会利益，又都同时包括组织的和决策者、执行者或谈判者个人的。也就是说，既有理性的，也有情感的，没有理性的经济利益的共享，合作是不可能的，没有情感的交融，合作是脆弱的。所以，成功的商务活动都是理性和情感的双赢。

在商务活动中，参与者会接触大量的信息，同时还得搜索、储存、加工、提取、发送各种信息。游艇商务活动特点之一即是提供了不同于传统商务活动的环境——海洋。游艇商务活动突破了密闭、有限、传统的商务活动空间，为参与者提供了开放、浩瀚、自由的异质空间。它能够更丰富地表达感情，减少了文化冲突，提供了更好的社交基础。因此，游艇主题活动可以创新商务活动的氛围，改善参与者的感受，提高参与者的信息认知能力，尤其是思维能力，增强信息的传送效果，增进双方的理解和情感，提高经济活动的效率及改变商务活动的模式，最终使商务活动得以更好地进行。

游艇商务活动既是一种经济活动，也是一种跨文化交际活动。所谓“跨文化”既指从陆地文明向海洋文明的跨越，也象征着中外文化间的相互交流。随着国际商务活动的日益频繁，跨文化交际中的中外文化冲突问题越来越受到人们的重视，一个民族的哲学观念、思维模式、文化心理等都必然会对商务活动产生作用。所以，不同的文化背景不可避免地会反映在商务活动的各个方面。当商务活动中存在着巨大的文化差异时，商务活动人员应有意识地避开双方文化中的冲突和分歧，最好借助第三方的文化作为沟通的桥梁。而游艇商务活动为解决这种中外文化的冲突提供了很好的载体和空间。在海洋文明中，国际商务活动可以摆脱各自文化传统模式的束缚，求同存异，专注于共同的游艇文化追求。以游艇和海洋为平台，促进彼此双方的了解，共同创造能够适应双方经济文化的商务环境，排除影响双方的文化障碍，使商务活动得以顺利开展。

案例 5-1　世界游艇主要风格

北欧风格：北欧游艇具有浓郁的古典贵族气息，注重人性化设计，内饰典雅，采用精细的手工艺加工。

现代风格：注重选用最新型材料，在外观设计上突出流线型和时代感，现代气息浓厚。

现代风格的主要代表国家有意大利、英国、西班牙。

意大利：设计体现浪漫风格，豪华，典雅，代表着现代游艇的潮流。

英国：时尚豪华的外形设计，内饰华丽舒适。

西班牙：外观豪华气派，内饰多采用木饰。

家庭实用风格：设计时注重考虑家庭使用的方便性，较好的分区与空间利用率，主人房有很好的私密性，装潢时也以烘托家庭氛围为重点。

家庭实用风格主要代表国家有美国和澳大利亚。

美国：体现个人品位，舒适、奢华、家居风格浓厚，注重自我个性化设计。

澳大利亚：注重个性化设计，性价比较高，售后服务好。

经济实用风格以中国台湾和中国大陆生产的游艇为代表。中国台湾生产的游艇比较随意，设计风格与美国游艇类似；中国大陆目前生产的游艇则以中小型游艇为主。

作为商务活动载体的一种，游艇商务活动具有时尚、自由、异质、高贵、典雅等特点，不仅为商务活动引入了海洋文明的气息，还以游艇本身所具有的风格和特色，为商务活动增添了许多传统商务活动所不具备的要素。

由此可见，从商务角度看，游艇商务主题活动在产品和品牌推广、客户维护、激励内部员工等方面都可以发挥其他方式不可替代的作用。

5.1.1　推广主题

推广是指企业将自己的品牌或产品介绍给目标受众，使他们了解产品的功能、品牌形象，形成品牌偏好，以最终达到产品销售的目的。

产品推广重在产品的使用功能介绍和展示，产品的展示背景和款式则是吸引目标受众的最好刺激物。使用功能的介绍和展示追求的是短期效应——产品销售，其重点一是结果，即功能——需求获得满足；二是使用方式的简便、享受；三是工作原理、质量和效率；四是动手，动手试一试，品尝一下自己的作品。展示背景和款式的设计目的是营造及提升实际的使用氛围，如温馨、浪漫或厚重的家，和谐、有序或开放的办公场所。理解产品，形成对其所代表的生活方式或工作方式的偏爱是产品推广的目标。

品牌塑造或推广则相反，其追求的是长期效应——品牌偏好和品牌忠诚，要表达的是品牌文化或品牌社会心理学含义，也就是其所代表的生活方式或工作方式，产品只是这种生活方式或工作方式中的元素之一，功能的介绍在其次。所以，品牌塑造或推广活动的重点一是品牌文化氛围的营造，情景及相应的产品群展示都是服务于此的；二是体现这种文化相应的活动；三是阐释这种文化的交流。

所以，并非所有的品牌塑造或产品推广都适合利用游艇主题活动，只有那些有海洋元素，符合游艇主题活动特征的品牌文化或产品才是适合的。

案例 5-2 豪华游艇上的神舟优雅新品发布会

2008 年 8 月 3 日，深圳大梅沙湾游艇会，在蓝天、碧海、沙滩、游艇、帆船的衬托下，神舟电脑以时尚新品 SHOW 的特别形式，举行了一场以“浪漫‘本’色，我的优雅”为主题的新产品发布会，让来自全国各地的来宾深深领略了神舟优雅系列迅驰 2 笔记本时尚新品的优雅魅力。

资料来源：http://coolshow.pconline.com.cn/new/notebook/0808/1375050.html

5.1.2 答谢主题

答谢，顾名思义就是报答、酬谢。随着举办答谢会习惯的形成，这一活动已经发展成为一种非常成熟和普遍的活动类型。在大多数人看来，游艇答谢会在内容、流程方面似乎和其他答谢会差不多，但从专业公关活动和会议策划的角度分析，游艇答谢会有着自己的特色和优势。游艇答谢会改变了传统答谢会的基础氛围，从主视觉、环节、流程的设计规划，以及场地选择等每个环节都体现着海洋文明和游艇文化。相对于其他答谢会议，游艇答谢会的对外公关性质更加明显，同时，又具有时间性、地域性和特色化的特征。

游艇答谢会的优势在于，可以达到特定的目的：突破传统会议模式，以游艇为举办地点，以海洋为纽带，增进企业与客户之间的交流和沟通；创造时尚环境，增强会议目的和效果；以游艇答谢会提高企业的知名度和认知度，让来宾感受丰富多彩的企业文化。

答谢会可以分为：客户答谢会、合作伙伴答谢会和机构答谢会。

客户答谢会：属于外部答谢会的范畴，参与主体一般情况下都是企业的客户，对于规模和影响力比较大的企业，特别是国企和央企，往往会有地方政府、行业和上级主管机构领导参加。其举办时机一般会选择在每年的年终，在现场氛围上的要求欢乐热闹、其乐融融。

合作伙伴答谢会（经销商答谢会）：属于合作方范畴的答谢会形式，一般由企业举办，主要目的是稳固本企业与经销商或合作方之间的关系并促进彼此的进一步合作，主要参与者为主办企业的领导和业务部门，来宾为企业产品代理和销售方。此类答谢会要求现场氛围热烈和融洽，举办时间一般为年终或年初。

机构答谢会：此类答谢会有半商业半公益的色彩，主要目的是为了促进行业的共同发展，在答谢会中常常会有涉及所在行业各个方面的论坛，以此为平台促进企业间对共同关心的问题进行讨论，一般情况下行业答谢会都由行业协会作为主办方，会议的举办时间依惯例为准。

案例 5-3　威斯汀环球商务中心起航答谢酒会

2011 年 10 月 21 日，威斯汀项目方在申基索菲特游艇举行“威斯汀环球商务中心起航答谢酒会”，其 5A 甲级写字楼威斯汀写字楼也将全新亮相。据悉，此次活动主办旨在纪念重庆开埠 120 周年，同时也标志着申基旗下重庆解放碑威斯汀写字楼正式起航销售。来自渝中区招商办主任、渝中区金融办主任及多个企业的代表们将齐聚申基会游艇俱乐部，共度一个难忘的威斯汀起航之夜。威斯汀酒店项目还将持续举办游艇盛会，以游轮会友，游艇盛会必将成为 2011 重庆地产业内一大盛事。

资料来源：http://www.google.com.hk

5.1.3　交流主题

交流，也称“沟通”、“人际沟通”，是指人与人之间的信息交流过程。往往是直接的、面对面的信息交流。在社会心理学中一般把人际沟通区分为两类：言语沟通和非言语沟通。言语沟通是利用言语交流信息，对人来说这是沟通的主要形式。非言语沟通包括目光接触、面部表情、身体运动和姿势、人际距离、接触等。言语沟通和非言语沟通各有其重要性，在不同场合分别起着主导作用。

沟通是企业日常运作所必需的，无论多么伟大的思想，如果不传递给其他人并被其他人理解，都是无意义的。尤其是面对全球化的竞争趋势，企业的经营是跨地域、跨国家、跨文化的，组织成员在文化背景、语言习惯、思维方式、道德准则等方面存在很大的差异，企业间的沟通变得更为困难。

借助游艇的商务沟通，以海洋文明和游艇载体，为企业或组织提供了突破传统的沟通渠道，为沟通创造了新的环境。目前，商务游艇沟通对于我国任何组织都是新颖的、时尚的，你可以选择游艇的典雅、奢华和高贵，也可以选择游艇的时尚、激情和活力，还可以选择游艇的自由、休闲和开放。不同的环境为不同的思想、目标传递创造了更为适宜的平台，使思想或目标更易传递给接受者，接受者所感知到的心理图像与发送者发出的更为一致，减少解码的误差。这能更好地、更有效地实现组织之间的协调，增进彼此的了解，提高沟通的有效性。

案例 5-4　商务活动新选择——游艇会所

游艇会所通常设有高档红酒屋、雪茄房、钢琴吧、棋牌室、会客室，可供高端客户在享受游艇的同时，享受俱乐部配套的各项服务，是成功商务人士另外一个崭新的商务平台，可开展高端产品的发布会、酒会等活动。

除室内设施外，游艇会所还拥有超大室外场地，包括露天广场、草坪和游艇展览销售区。其独特的绿地和水岸环境，是举办大型赛事活动的庆功会、酒会、社团宴请、商务晚宴及商业推广活动的最佳场所。

资料来源：http://www.chinaboating.com.cn

5.1.4　激励主题

激励就是激发人的动机的心理过程，即通常所说的调动人的积极性。有效的激励手段必须符合人的心理和行为的客观规律。认知心理学认为，激励是一个复杂过程，要充分考虑人的内在因素，如思想意识、需要、兴趣、价值等。

企业可以借助游艇商务激励，通过海洋文明与陆地文明的鲜明对比，可以开阔员工的视野，放松员工的身心，进而有效地点燃员工的激情，促使他们的工作动机更加强烈，让他们产生超越自我和他人的欲望，并将潜在的巨大的内驱力释放出来，为企业的远景目标奉献自己的热情。

游艇商务激励，主要以精神激励为主，与企业物质激励相结合，可以对员工产生更加有效的激励作用；游艇商务激励，可以有效促进外激励措施转化为被激励者的自觉意愿，取得激励效果；作为公司激励手段的游艇商务激励，可以帮助公司逐步建立良性的激励文化，帮助公司吸引优秀的人才，开发员工的潜在能力，促进在职员工充分的发挥其才能和智慧，留住优秀人才，造就良性的竞争环境。

案例 5-5　美国公司 CEO 的激励体系

在美国，以首席执行官（chief executive officer，CEO）为首的高级经理的全部收入由五部分组成：一是底薪，也就是基本工资；二是职工福利，如医疗保险、退休金等；三是津贴，如公司免费提供的高级轿车、飞机、游艇、俱乐部会员卡等；四是短期激励收入，是根据一年期业绩指标的完成情况加以确定的收入；五是长期激励收入，是按更长的时期，如3～10年业绩指标的完成情况确定的收入。

在美国，对高级经理全部收入方案设计的基本目标就是为实现公司的发展战略而吸引、保持、激励以 CEO 为代表的企业家队伍。而最能体现这一目标的就是激励收入，它们占经理全部收入的比例最大。

资料来源：http://www.foxitsoftware.com

5.2　休闲主题

休闲是指在非劳动及非工作时间内以各种“玩”的方式求得身心调节与放松，达到生命保健、体能恢复、身心愉悦的目的的一种业余生活。可以说，休闲是与生活满意度联系在一起，能促进人们身心健康、增强幸福感和提高生活质量的一种生活方式。一个人的生活方式在很大程度上影响生活满意度。理想的生活方式就是人在身体、心理、情感、智力、社交和精神层面达到完美的平衡。休闲能增加人们达到这种平衡的可能性，科学文明的休闲方式，可以有效地促进能量的储蓄和释放，它包括对智能、体能的调节和生理、心理机能的锻炼。

一般意义上的休闲是指两个方面：一是解除体力上的疲劳，恢复生理的平衡；二是获得精神上的慰藉，成为心灵的驿站。它是完成社会必要劳动之后的时间，是人生命状态的一种形式。而对于生命的意义来说，它是一种精神的态度，并在人类社会进步的历史进程中始终扮演着重要的角色。

游艇休闲是指人们在可自由支配时间里，或商务活动中，自主选择的以游艇为主要载体或媒介物的一系列活动，从这些活动中人们希望获得惯常生活事务所不能给予的身心愉悦、精神满足和自我实现与发展。它具有亲水、私密、专业性强等特征，并且对消费者的身心具有极大的帮助与提升作用，对消费环境也具有较高的要求。游艇休闲的主题内容往往从游艇休闲娱乐的本质属性出发，紧密联系游艇特色和游艇休闲娱乐活动，精心策划、宣传和组织，满足参加者对游艇休闲体验、游艇娱乐的要求，实现组织者商业性或者公益性的目标。

案例 5-6 休闲水上运动

在世界游艇业300多年的发展过程中，逐步在世界范围内形成了较为完整的、丰富的水文化和水上休闲娱乐活动。在西方发达国家称为休闲的水上活动大致包含以下两大部分。

一是12项船艇活动，包括小帆船比赛、小帆船活动、游艇比赛、游艇航行、动力艇、机动艇、PWC、划船、独木舟、运河航行、划水、帆板运动在内的所有划船活动。

二是9项关联水上活动，包括冲浪运动、岸边垂钓、水上拖垂钓、户外游泳、休闲潜水、攀岩、海岸漫步、海滩度假和风筝冲浪。

游艇休闲的具体形式分为以下五类活动。

（1）海上游览，包括观光赏景、巡航游弋。

（2）亲水体验，包括垂钓、潜水、冲浪、驶帆、游泳、水上跳伞。

（3）海滩休憩，包括聚餐烧烤、社交联谊、家庭聚会、居住。

（4）海岛体验，包括海岛探险、海岛狩猎。

（5）游艇会展参观，包括国际游艇文化展、国际游艇展示展销平台。

游艇休闲主题活动的意义体现在以下五个方面。

（1）体验游艇、体验大海。游艇休闲活动是以海洋特有的自然人文环境为依托，以增进身心健康为目的，具有观赏、娱乐、体验等特点，是一种生活实践、生命体验，是人生的智慧。游艇休闲活动让人们远离陆地，抛开熟悉的大陆文明，探索未知的大海，在感受海洋文明的过程中，体验游艇、体验休闲、体验人生。

（2）放松身心。作为一种休闲智慧，中国的文化传统倡导我们要活得自然，尤其心性要悠然散淡。一个人的生活方式在很大程度上影响生活满意度。理想的生活方式是指人在生理、心理、情感、社交及精神层面能够达到完美的平衡。游艇休闲能帮助人们达到这种平衡的可能性。游艇休闲可以使人达到别样的体验境界。它使人们系统性地从事这一活动，投入如事业般的专注、兴趣，并借此获得及展现特殊技巧、知识及经验，使参加者从中获取乐趣、成就感和归属感，最终达到放松身心的目的。

（3）释放情感。人们为名累、为利累，忘记了珍惜、忘记了感恩、忘记了友爱、忘记了相亲相爱、忘记了太多美好的情感。拥有休闲是人类最古老的理想，也是最美好的愿景——因为，在休闲状态中，人们能把时间用在沉思中。在这种沉思中，人们能认识和体验到在生活中什么是最神圣的、什么是最重要的、什么是值得用生命去追求的。美好的情感引导着我们选择符合道德的行为，而这些行为反过来又引导出人生真正的目的。

（4）提高生活品质、丰富人生。游艇休闲活动可以建构健康、合理的人性，提高生活品质，构建高品位的生活。通过游艇休闲的审美方式，在海洋文化中慰藉、修复受羁押、压抑的人性，改善枯燥的人生，提升平淡的人生，丰富单调的人生，建构人生的美学意境，追求生活的自由空间，让生命更加丰盈和精彩。

（5）建立与发展人与人之间和谐、健康的社会空间。建立和谐、健康的人际关系需要一个允许并且鼓励人们流露、分享感情的媒介环境。游艇休闲活动的异质性及海洋文化的自由性就提供了这样的完美空间。在浩瀚的蓝色海洋中，在落日余晖的海滩上，人们在如此安逸舒适的环境中从世俗摆脱出来，真情地流露内心的情感，真实地与人沟通，消除彼此的误会，增进彼此的情感，使我们能够寻求生活的目的、生命的意义、心灵的宁静及与他人和睦相处，使自己在更高层次的需求中得到满足。

游艇休闲主题按照休闲的目的可分为：探索、审美、怀旧、爱情和感恩等。

5.2.1　探索主题

对未知世界的好奇是人类进步的原动力，达尔文踏遍万水千山发现了优胜劣汰的生物进化论，牛顿从一个落下的苹果发现了万有引力定律，人类文明发展的每一步都是艰难探索的结果。UFO、喀纳斯湖水怪、百慕大三角之谜总是吸引着无数人的目光，我们每个人其实都有一份好奇，都期待破解未知之谜。探索能让我们在求索、收获中得到极大的身心释放和满足感。

人类起源于海洋，发展于大陆。相较于大陆，无论是海洋五彩缤纷的可视性，还是探索手段，都更适合于非专业人士。世界很大，到处都有新鲜事物，这辈子不能只满足生活在当地，而应把握年轻的时间、体力和财力，去探访未知的海洋。

用心观察，记住独特的生物，他们的颜色、气味和温度，大到蓝鲸，小到海马、星罗棋布的岛屿、美丽的珊瑚等。探索，让我们从自己的内在中找到真正需要的东西，帮助我们发现自我。

中国文明属于大陆文化，而游艇所代表的是海洋文化，前者是黄土地的厚实，后者是蓝色海洋的自由，两者之间存在巨大的差异。越来越多的人从陆地文明走向海洋文明，探索海洋的奥秘，感受游艇的舒适、奢华，感受海洋文化在空间、心态、观念方面与陆地文化的不同，享受生命和大自然，追求属于自己的空间、自由。

案例 5-7 探索时代的历史

欧洲历史的地理大发现，又名探索时代或大航海时代，发生在15～17世纪。该时期内，欧洲的船队出现在世界各处的海洋上，寻找着新的贸易路线和贸易伙伴，以发展欧洲新生的资本主义。

在这些远洋探索中，欧洲人发现了许多当时在欧洲不为人知的国家与地区。与此同时，欧洲涌现出了许多著名的航海家，其中有克里斯托弗·哥伦布、瓦斯科·达伽马、佩德罗·阿尔瓦雷斯·卡布拉尔、胡安·德拉科萨、巴尔托洛梅乌·迪亚士、乔瓦尼·卡波托、胡安·庞塞·德莱昂、斐迪南·麦哲伦与胡安·塞瓦斯蒂安·埃尔卡诺等。

在当时，远洋航行意味着冒险：他们无法准确测量经度，木制船壳无法抵抗船蛆的侵蚀，储备的食物不适于长期航行，船上的卫生与生活条件也十分糟糕。然而，受经济利益与政治利益的双重驱使，这些人所进行的探索极大地扩展了已知世界的范围。

伴随着新航路的开辟，东西方之间的文化、贸易交流开始大量增加，殖民主义与自由贸易主义也开始出现。欧洲这个时期的快速发展奠定了其超过亚洲的基础。新航路的发现，对世界各大洲在数百年后的发展也产生了久远的影响。对除欧洲以外的国家和民族而言，地理大发现带来的影响则是复杂而矛盾的。

资料来源：http://zh. wikipedia. org

案例 5-8 海岛探索游 加勒比海盗传奇系列（藤桥河—椰子岛）

一个源于古老的传说，在神秘岛内埋藏着沉睡千年的宝藏，一群好奇的热血青年，为挑战自我和对团队精神的探索踏上了寻宝之路。

为了得到宝图他们需要穿越热情奔放的幸运大道区、惊险刺激的冒险丛林区、神秘诡异的海盗城堡区、激情四溢的神秘岛区，在每个区域他们要完成相应的挑战，才能获得宝图！胜利后，他们在加勒比海滩尽情狂欢。

独木舟探险活动，尽情地享受明媚阳光下的大海与蓝天，神秘岛屿和海底世界会为你带来足够的快乐！神秘的孤岛会让你向往，你可以划着独木舟到无人的孤岛探秘，在人迹罕至的海滩快乐地浮潜，尽情地与美丽的珊瑚零距离接触。

资料来源：http://www. peid. net/holidays/Onedaytrip/1041/

5.2.2 审美主题

审美是感知、欣赏、评判和创造美的活动，是构成人对现实的审美关系，满足人的精神需要的实践、心理活动。它直接诉诸感性的形象，具有直觉性，没有直接的实用功能，同时既是理性的、逻辑的，又伴随着感性的想象、联想、判断、情感和意志活动。它是人从精神上把握世界的方式之一，服从认识的一般规律，但审美主要是形象思维过程，并同其他意识活动相互制约。审美具有创造性和鲜明的个性色彩，又受审美对象的制约和社会历史条件的影响，具有社会性。

游艇审美活动的主题内容往往从游艇及其相关事物的美感的本质属性出发，紧密联系沿海风景和游艇特色，以展现海洋风景的多重美感，让参与者通过游艇体验典雅和自由，引导人们发现、欣赏、体验海洋，最终得到心灵的升华。

游艇审美体验，是一种生命的活动过程，体现为人的主动、自觉的能动意识。在体验的过程中，主客体融为一体，人的外在现实主体化，人的内在精神客体化。在人类的多种体验当中，游艇审美体验以海洋文明为依托，能够充分展示人自身自由、自觉的意识，以及对于理想境界的追寻。相对于早已习惯的陆地文明，人在海洋审美体验中将感受到生命的全新一面，获得的不仅是生命的高扬、生活的充实，而且还有对于自身价值的肯定，还有对于客体世界的重新认知和把握。游艇审美体验不仅应视为人的一种基本的生命活动，而且还应该将其视为一种意识活动。

游艇审美体验，除了愉悦自己的目的之外，在很大程度上也是为了完善自己。通过对周遭世界的评判，不断进化，形成了更为完善的对事物的看法，剔除人性中一些丑陋的东西，发扬真、善、美。在当今社会中，通过对海洋文明的欣赏，不断为生活在钢筋水泥的城市森林中的人们提供心灵的慰藉，满足他们因为物质过于丰富而带来的心灵空虚。

以游艇为审美窗口的 20 个借口包括：47 366 390 人是为了寻找蓝色；174 945人是为了梦回摇篮中；374 人是因为缺少一个呐喊的空间；96 730 人是为了避暑，65 896 人是为了避寒；685 505 人是为了换情人；96 594 人是为了要离开没有想象力的环境；75 039 453 人是因为厌倦了楼房、马路的几何线条；866 758人是为了掠夺纯色阳光无暇海风；2 656 828 人是想要增加人生的花样年华；183 505人是为了追溯人类的起源；55 838 人是为了寻找灵感；5956 人是为了体验刷暴信用卡的快感；86 947 819 人是为了在本国体验异国元素；6 472 689 人是为了数数海上星空；256 946 人是为了品尝游艇美食；16 494 人是为了与海鸥、海鱼组成乐队；614 639 人是为了“烧烤”自己的皮肤；5 896 720 人是为了寻找另一个世界；9 473 692 人是以海洋见证彼此的爱情、亲情、友情；86 977 353人是为了属于自己的自由。

案例 5-9 格陵兰之美

对于许多迷恋海洋的人来说，不管是田园般的加勒比海湾，还是迷人的地中海海港，海洋的多样化有着无尽之美。

如果你在冰岛旅行时就以敬畏的心去仰望瓦特纳冰川，去感受其逼人的寒气与无边无际，那你看到格陵兰后，就会发现瓦特纳冰川这个欧洲的巨物与覆盖的格陵兰冰原相比，渺小得几乎可以忽略。

格陵兰岛极夜的景色十分美丽，星光闪烁，一轮明月高高挂在空中，沉沉夜色笼罩下的格陵兰成为晶莹剔透的银色世界。凝视着茫茫夜空，经常可以看到各式各样的极光：它们有时像五颜六色的蝴蝶翩翩起舞；有时像孔雀开屏展示羽翼；有时如成群动物受到惊吓而狂奔；有时如滚滚红潮在翻滚；有的极光细如游丝；轻盈素淡；有的状如彩带，在舞蹈者的手中上下飘飞……令人炫目的极光使观者心醉神驰，深深感觉到自然创造的难以用人工超越的美。

如果欣赏极光和体验狗拉雪橇对你来说已经不够有吸引力，那你也可以乘一艘破冰船，驶入北冰洋的腹地，去欣赏海中的巨大冰山，开启你的巡航破冰之旅；或者乘坐格陵兰岛的传统木船观赏沿途冰川美景，岸边那一座座彩色的木屋在视线中渐渐缩小，最终变成如儿童玩具积木般大小。海面如同镶了许多小块水晶的镜子，而周围是一座座巨大的冰山，在海中投出深蓝色和蓝绿色阴影，在午夜的阳光下发出晶莹的蓝光。

格陵兰岛著名的野生动植物、宝石、冰川吸引着大批游客来这里观光。每年的七八月份，你可以在周边的乡野间做一天的徒步旅行，黄春菊、蒲公英、蓝铃、北极罂粟、野草莓铺遍原野，麝牛、旅鼠、北极狐出没其间。

资料来源：http://www.trends.com.cn/travel/overseas/2011-12/359534.shtml

5.2.3 怀旧主题

怀旧，顾名思义，就是缅怀过去。旧物、故人、老家和逝去的岁月都是怀旧最通用的题材。怀旧是一种情绪，它或许可以成为一种哲学，但它确实成了一种时尚、一种休闲。每个人都会怀旧，不同年龄段的每个人都会怀旧，不同生活阶层的每个人都会怀旧。只是所怀不同，所悟不同。

怀旧是一种甜蜜的情结。当你端详着发黄的幼儿园毕业时的合影；当你轻哼起当时的流行曲；当你来到和同学一起踢球的操场；当你偶遇初恋的情人……你一定会不自觉地微笑，一丝甜蜜涌上来。

怀旧也是一种苦涩的情结。当你看到小学门口那排成长龙的轿车，你想起当年背着书包翻山越岭步行 5 千米去上学；当你路过肯德基门口，你想起儿时妈妈如何剥鸡蛋并看着你吃；当你看到少年们拿着 iPad 切水果，你想到一个苹果也会是当年你和同学的赌注……你一定会不自觉地微笑，一丝苦涩涌上来。

案例 5-10　乘绿皮火车“慢游”体验怀旧之旅

扬子晚报 2011 年 10 月 11 日 A6 版《2.5 元，50 分钟坐绿皮车中华门到南京西》见报后，许多市民、网友等纷纷开展相关活动体验绿皮火车的慢生活，7102 次绿皮车在网络论坛和微博上传得沸沸扬扬，一度成为南京人出游休闲的新选择。

随着选择此种出行方式的人群逐渐壮大，在时隔半个月之后，记者又一次登上绿皮火车，感受到了众人眼中所指的南京最“廉价”且有意义的秋游方式，同时也发现了不同的故事。80 后妈妈杨丽带着儿子出来游玩，靠在座椅上，儿子感觉很兴奋，跳上跳下，东摸摸西看看，显得尤为好奇。玩了一会儿，他静静地欣赏着窗外初秋的美景。“绿皮火车勾起了我对童年的记忆，儿时我随爸妈坐着它旅行，现在，我一方面是来怀旧，同时，也是给儿子制作一些回忆。”杨丽对记者说，“或许等小孩长大后，绿皮火车会消失不见，不如趁着现在给孩子留下一种记忆、一种印象，也是一种体验。”

资料来源：http://edu.gmw.cn/2011-10/24/content_2835932.htm

时装的怀旧体现在曾经流行过的时装款式或风格又重新流行。以前的款式差不多原封不动地被今天袭用是怀旧，如喇叭裤、旗袍等；从过去着装风格中萃取那么一点意思也是怀旧，如中式领、新嬉皮士风貌等。怀旧有时与时间距离很近，如曾洗口处理过的新牛仔裤看上去就像穿过几年那么熟悉亲切；怀旧有时又距离很远，如崇尚自然的、手工的衣物便是存心去除现代工业文明的痕迹，象征性地重返人类共有的最早家园——完全天然的自然。

案例 5-11　来佬餐馆 唤醒美好旧时光

来佬餐馆英文名称中“Loyal”一字，与广东话的“来路”（谐音：来佬）读音相近，意指 20 世纪六七十年代于香港深受欢迎的西方事物。20 世纪六七十年代可谓香港的黄金时期，因受到英国统治的影响，当时纷纷前来香港定居的外籍人士不断增加。

中西文化随即迅速融合，外来文化对社会开始发挥重大影响。香港居民也渐渐爱上西方的精致货品，并称之为“来佬货”。西式的餐厅也开始冒起，但均保持独特的香港风格。来佬餐馆的概念一如其名，致力重新展现正宗港式餐饮体验，让宾客重温中西文化荟萃的殖民时代。

餐单备有一系列经典怀旧美食，必定能令人重拾昔日情怀。星级菜式包括威灵顿 66 铁板套餐、来佬汁乳鸽及鸳鸯汁焗龙虾海鲜饭等。来佬餐馆是中环首创及唯一于晚间提供新鲜点心的餐厅，供应时间为晚上 10 时至凌晨 2 时，此乃其另一吸引之处。

来佬餐馆的室内设计洋溢怀旧氛围，设计上选用暖色调进行装潢，反映出香港 20 世纪六七十年代的旧日情怀。而墙壁上则挂满记录这城市早期繁荣热闹的面貌的褪色及彩色照片，令宾客不禁回想起本地的经典港式西餐厅。

资料来源：http://taste.chinaluxus.com/Fod/20110816/36691.html

5.2.4 爱情主题

爱情是人类最弥久珍贵的一种情感，是人类社会活动的核心和灵魂，是人们最为向往的追求，也是人类最为久远、广泛的话题。

爱情缱绻几分甜美，几丝梦幻。过往中经历的点点滴滴、举手投足，一个回眸、一个微笑，都永远驻留于心。爱情主题，永远值得我们重视，永远值得我们用心去阐述、回忆、珍惜。

罗马竞技场上，有恋人相依；西班牙 Ronda 斗牛场上，有情侣相吻。每一对在异国街头的恋人，都是令人目不转睛的热情风景。因为他们的拥抱，巴黎凯旋门不再是纪念拿破仑在奥斯特里茨战役中的英勇军队，而是张臂欢迎盛情的恋人在此留影；因为他们的拥抱，美洲新大陆不再是哥伦布的新发现，而是恋人难分难舍、魂牵梦系的所在；因为他们的拥抱，威尼斯的贡多拉船不再是运蔬果的交通工具，而是浪漫出航的起点与终点；因为他们的拥抱，整个希腊的爱琴海，都是这对恋人不费一兵一卒赢来海誓山盟的版图；全世界的各大古迹都复苏过来，因为这些在街上不畏众人目光，眼中只有彼此的恋人。

在异国街头有看不完的感动、热吻、拥抱、牵手、依偎……如果都看不到街头的恋人，那么再美的风景都成了无情荒地、无情天，所有的城堡与宫殿，就少了生死相许的恋爱温度——上帝为恋人创世纪，建筑师为恋人建堡盖城，威尔第为恋人谱曲，莎士比亚为恋人写诗，罗丹为恋人雕刻，波提切利为恋人作画。所有的尘街事物都因恋人而生，所有恋人都为彼此而活——就让我们在下一趟旅程中相识、相爱，让我们也成为别的观光客镜头下，令整条街行注目礼的神仙眷侣吧（李欣频，2009）。

案例 5-12　爱情湖畔别样浪漫　太极湖举办盛大水上游艇婚礼

2011 年 10 月 22 日，太极湖的武当山码头上，铺满了喜庆的红地毯，道路两旁摆放着各色玫瑰，宽敞明亮的接待大厅装饰着蓝色纱幔和白色玫瑰花。焕然一新的码头处处弥漫着温馨浪漫的气息。小雨霏霏中，武当山码头犹如爱的港湾，静待新郎与新娘入怀。又如爱情远航的起点，新人们在此携手开启一生的美满生活。10 时 10 分，十对新人从玄岳门码头乘游艇抵达武当山码头。伴随着庄严的婚礼进行曲和满天飘落的玫瑰花瓣，新人们在亲朋好友的祝福声中，沿着铺着长长红地毯的幸福大道款款登台。

本次盛大集体婚礼便选取了蓝色，以“蓝色环保”为主题。这在国内尚属首例，也切合了注重生态保护的时代心声。围绕“十全十美十分爱、一山一湖一生情”的温馨爱情内核，更将西方流行的“蓝色婚礼”理念融于活动之中。积极倡导蓝色环保，呼吁公众珍爱生命之水，保护地球血脉，促进人与自然的和谐相处。

蓝色婚礼起源于夏威夷海洋婚礼，盛行于西方，源于人类对“水”的渴望，与水相亲相融，并引发人们对生命、爱和自然的思考。蓝色婚礼有几项基本要求：首先，婚礼要在海边或湖边举行；其次，仪式中必须有亲水环节，象征新人灵魂交换，互相忠诚；再次，源自《圣经》传统，在婚礼布置及新娘婚纱中均要有“蓝色元素”；最后，遵循西式神圣婚礼仪式，由牧师或酋长证婚。

蓝色代表高贵、典雅、纯爱、浪漫，但蓝色婚礼不单指蓝色系的运用。据相关人士介绍，现代环保潮流已由绿色环保时代向蓝色环保时代过渡，对湖泊、海洋水资源的保护意识亟待提升，以蓝色的婚礼形式，积极倡导蓝色环保的概念，越来越受到人们的追捧。

资料来源：http://chinvan.cctv.com/20111024/109402.shtml

5.2.5　感恩主题

感恩是一种处世哲学，也是生活中的大智慧。一个智慧的人，不应该为自己没有拥有的而斤斤计较，也不应该一味索取使自己的私欲膨胀。学会感恩，为自己拥有的而感恩，感谢生活给予你的一切。这样你才会有一个积极的人生观，才会有一种健康的心态。无论你是何等的尊贵，或是怎样的卑微；无论你生活在何地何处，或是你有着怎样特别的生活经历，只要你胸中常常怀着一颗感恩的心，随之而来的，就必然会不断地涌动着诸如温暖、自信、坚定、善良等美好的处世品格。自然而然，你的生活中便有了一处处动人的风景。

感恩自然，我们在它的羽翼下生活和成长，它是丰富的、美丽的、变幻的，我们的一切源于自然。

感恩祖国，没有祖国的强大，就没有我们的幸福，她是我们健康成长的摇篮，是我们自如挥洒的空间。

感恩亲友，是他们给了我们爱和关怀，他们和我们一起努力、一同欢乐，共享我们的成果，使我们的快乐倍增。

感恩对手，是他们给了我重新认识自己的机会和再次拼搏的勇气，在不断地较量中汲取能量，走向成功。

感恩伙伴，是他们与我们一起创造财富，与我们一同攻克难关，与我们一同走出困境，与我们一起带给这个世界更多的精彩。

感恩生活，让我们在漫长岁月的季节里拈起生命的美丽，不断诠释着新的含义。

感恩是一种积极向上的思考和谦卑的态度，它是一种自发性的行为。当一个人懂得感恩时，便会将感恩化为一种充满爱意的实际行动。感恩不是简单的报恩，它是一种自立、自尊、责任、合作，是对社会相互依赖、相互作用的发自内心的理解和信仰，是一种阳光人生的精神境界！

案例 5-13 游艇新体验

东海祈福之旅：秉一颗虔诚之心，架一座海上游艇，赴一趟福如东海，祈一世福寿安康。鸿洲东海祈福之旅携您莅赏东海龙王庙，畅览第一福海妙景英姿，撒播一世福寿情缘。

海上求婚仪式：为您树一株浪漫的奇葩，孕育一生的回味。一座游艇，一片蔚蓝，为您酿造一生的甜蜜。以海为名，以船为媒。鸿洲国际游艇会为您专业铸造奢华游艇婚礼。

游艇鸡尾酒会：奢华碰撞，圈层际会。大海之上，觥筹交错问人生；游艇派对，舞乐人生快意享。

帆船挑战赛：帆影点点荡漾团队智慧，乘风破浪跨越艰难使命；高贵典雅乐享大海景致，竞技娱乐快意人生情怀。

游艇婚纱摄影：缕一袭甜蜜的装扮，缔造属于爱恋的海世情缘；海市蜃景为您聚光，见证海枯石烂的爱情传奇。海阔天地间，拥享属于二人的海上私邸，定格一世永恒的浪漫回忆。

游艇SPA：大海之上，为您铺设奢华体验场，炼造灵魂升华的六感悦境，呈上臻美水疗的至尊服务，悦享海洋净化的肌肤蜕变。

游艇生日派对：逢生辰吉日，携一座顶级游艇，觅一处海上佳境；邀一圈亲朋佳友，设一席佳肴美酒；来一曲海味民谣，享一回艇派人生。

资料来源：http://www.visun-yacht.com

5.3　公益主题

公益是指有关社会公众的福祉和利益。现代的公益，是人人参与的公益，不管是个人还是集体，人们通过各种公益活动、公益基金或公益网站等途径，通过直接参与、捐赠、公益广告、公益歌曲等方式参与到公益中来。在中国古代，倡导日行一善，就是每天做一些我们力所能及的事情，帮助更多的人，让社会更加美好和谐。

公益活动是指一定的组织或个人向社会捐赠财物、劳务和知识等活动。公益活动的内容包括社区服务、环境保护、知识传播、公共保障、帮助他人、社会援助、社会治安、紧急援助、慈善、社团活动、专业服务、文化艺术活动等。

根据《中华人民共和国公益事业捐赠法》第三条规定，公益事业是指非营利的下列事项：①救助灾害、救济贫困、扶助残疾人等困难的社会群体和个人的活动；②教育、科学、文化、卫生、体育事业；③环境保护、社会公共设施建设；④促进社会发展和进步的其他社会公共和福利事业。

参与社会公益活动是中国优良传统的延续，是构建和谐社会的内在要求。随着社会经济的发展，全民素质的不断提高，越来越多的人以各种形式参与到公益活动中来，不以善小而不为。

今天，高度发展的生产力改写了人类和自然的关系，自然不再是取之不尽的资源源泉；高度发展的企业组织改写了人类的社会关系，企业替代了家庭成为社会经济生活的单元。企业将主导人和自然的关系，主导人类社会的结构的运行，企业的社会责任由此变得尤其重要，只有正确地承担社会责任的企业才能在竞争中立于不败之地，赢得成功。

案例 5-14　梦想起航　星客特环球之旅

星客特环球之旅活动的主题为：迹忆 · 地球。迹，意为足迹、纪录；忆，意为回忆、思考。星客特以车环球，坚持“守护地球，关爱人类家园”的活动宗旨，探索时光在地球留下的印迹，也在地球最美的地方留下自己的足迹，更重要的是，在旅程中回忆地球曾经的美好与创伤，记录有可能将成为回忆的人类家园印记。星客特也希望能为国人开启一个冒险探索之门，追寻全球人类文明发展的脚步，唤醒人们共同关爱和守护唯一的人类地球家园。

此次环球活动于2012年5月出发，由星客特旗下的15辆豪华车组成车队，历时138天，穿越亚洲、欧洲和非洲，途经75个国家，共计约8.5万千米，并在途中停靠莫斯科、巴黎、休达、好望角、马萨比特、开罗六大站点，分别象征着活动的六大篇章：森林、城市、海峡、海角、火山、文明。

资料来源：http://www.auto.163.com/11/1228107/7MBIIC.730084IKA.html

积极参与公益事业、参加公益活动，对于企业而言，有着重要意义。

（1）赢得良好声誉、提升企业品牌形象。组织开展公益活动，体现了组织助人为乐的高贵品质和关心公益事业，勇于承担社会责任，为社会无私奉献的精神风貌，能够给公众留下可以信任的美好印象，从而赢得公众的赞美和良好的声誉。这是一个品牌制胜的时代，企业维持竞争优势更多的是依赖难以复制的品牌形象，而企业参加公益事业“首先的得益就是提高公司或品牌形象”，改变消费者认知，促进消费者与企业沟通，并通过整合营销传播企业品牌形象，形成品牌信任，进而提升企业品牌形象。

（2）融洽社会关系。组织开展公益活动，多数是对社区公益事业、福利和慈善事业的赞助，能够密切与社区有关公众的联系，赢得社区的支持与信任，融洽社会关系，这是企业发展的立足点之一。

（3）扩大社会影响。组织开展公益活动，可以配合公共关系广告攻势，通过新闻媒介，扩大组织影响。在参加公益事业的过程中，要求企业对外部公共关系进行分析，制定外部公共关系策略，处理好外部公共关系，从而赢得外部支持与信任。

从社会和谐本身来看，公益事业的意义在于能够在弘扬社会道德风尚的基础上，缓和社会矛盾，促进和谐社会建设。同时，社会公益事业还可以弥补市场机制和政府机制的不足，缩小贫富差距、维护社会公平。

案例5-15 华资收购“海洋女神号”帆船 公益航游宣传海洋生态环保

华资企业“龙的船人国际航海俱乐部”在收购“海洋女神号”帆船后，将这艘在北美主流社会具有相当知名度的动力帆船，用于航海系列公益活动，宣传海洋生态环保理念。在2011年6月南加利福尼亚州主流社区

"世界海洋日"宣传活动中，"海洋女神号"帆船在当天举办的首航活动，成为华人社区唯一参与的大型团队。

"海洋女神号"系出名门，她是由美国最顶尖的帆船设计大师 Olin Stephens 的 S&S Yacht Drsign Inc. 设计；由美国的第一对父子总统 John Adams 和 Quincy Adams 所拥有的造船厂 Quincy Adams Yacht Yard Inc. 所制造的。

"海洋女神号"早年曾有过跨越太平洋的壮举，沿途游历了众多岛屿和多个国家，历时 8 个多月航期，历经 8000 余英里海上探险生涯，是"海洋女神号"航海史上的光辉篇章。它也曾参与过众多航海赛事，并多次以绝对领先的优势夺冠。

"龙的船人国际航海俱乐部"表示将以"海洋女神号"为主题继续其航海系列公益活动，目前正在主办 2011 年度"让梦想飞"主题摄影大赛，其拍摄目标即是美丽的"海洋女神"帆船。希望通过大赛用影像形成影响力，呼吁更多的人关注海洋生态环保。

资料来源：http://www.chinanews.com/hv/2011/07-26/3209418.shtml

5.3.1 道德主题

道德主题是指弘扬积极的，有利于社会和谐的社会观念，也包括一些正面的传统文化主题。每一个民族都有其长期历史发展所形成的道德观念，如中华民族的"成由节俭败由奢""三省吾身"的修身之道，"苟利国家生死以，岂因祸福避趋之"的爱国情操，"先天下之忧而忧，后天下之乐而乐"的崇高志向，"富贵不能淫，贫贱不能移，威武不能屈"的浩然正气，"己所不欲，勿施于人"的处世风尚，"厚德载物，达济天下"的广阔胸襟等。

随着社会的进步，社会道德也在发展变化，与环境和谐相处，可持续发展等道德观念也逐步得到广泛的认可。

案例 5-16 我国的海洋文化活动

我国执行海洋文化政策，是以一系列的海洋文化活动为基础的，并以此与国际潮流相衔接。

世界海洋和平大会

1996 年在北京召开世界海洋和平大会。与会者就全球海洋面临的法律、资源、环境和管理等问题进行了全面讨论，通过了《北京海洋宣言》。世界海洋和平大会是联合国体系外最负盛名、最具影响力的探讨有关全球海洋问题的国际会议。

1998 国际海洋年

在1998国际海洋年期间，我国开展了“爱我蓝色国土”海洋宣传活动、“飞跃海岸线——蓝色国土行”宣传采访活动、“走向海洋”全国青少年教育活动等一系列大型全国性活动，利用大众传播媒介、专业教育和对青少年教育等多种手段，在全社会普及海洋知识，提高海洋意识。

郑和下西洋600周年纪念活动

21世纪以来，我国举办的最盛大的海洋文化活动，莫过于郑和下西洋600周年纪念活动，活动主题被命名为“热爱祖国、睦邻友好、科学航海”。活动期间举办了多项纪念活动，更重要的事，国务院批准自2005年起，每年7月11日为“航海日”，同时也作为“世界海事日”在我国内地的实施日期，这也意味着，纪念郑和将成为我国每年例行性的重要海洋文化活动。

资料来源：张晓明，胡惠林，章建刚，等.2011.2011年中国文化产业发展报告.北京：社会科学文献出版社

5.3.2 教育主题

中国的教育水平目前还比较低且发展不平衡。这也是目前在我国比较受欢迎的公益项目。但是纵观这几年的发展，其中做得好的并不多。许多企业的公益营销活动或者没有连续性，或者仅仅是捐款、捐书或者建立希望学校。该主题可以组织的活动包括：游艇主题活动义卖会、竞技类募捐或海上学术研讨会等。

案例 5-17 为了孩子 扬帆起航

2011年4月16日，上海淀山湖畔，由第十六届中国国际船艇及其技术设备展览会暨2011中国（上海）国际游艇展举办的2011年第四届上海船展慈善帆船赛再度拉开战幕！本次慈善帆船赛吸引了多位中外帆船爱好者和慈善界人士齐聚淀山湖，通过帆船比赛这一载体，推动我国慈善事业健康发展和宣传国内帆船运动。

本届慈善帆船赛以帆船比赛的形式募集善款，赛事主办方拉响其充满关怀的号角，携手“牵手上海”组织，为上海外来务工子弟学校摄影俱乐部（Shutterbug Club）的孩子们募捐善款。本次比赛所有报名参赛费用以及所有在船体、帆或桅杆上展示的广告费用除成本外余款将一并捐赠。募捐的主要目的是让这些对摄影有兴趣的孩子们有机会可以拿起相机，学会用相机观察生活，捕捉精彩，用他们的镜头诠释另一个角度的世界！

上海国际船展慈善帆船赛自 2008 年首次扬帆，现已成功举办了六届。活动的宗旨在于呼唤更多社会意识关爱和帮助残疾儿童的康复治疗与贫困儿童。

资料来源：http://www. qingdaosailing. com/news/view. aspx? id=597

5.3.3 慈善主题

慈善事业在中外发展史上源远流长，慈善是人类共有传统，其共性不因时空、地域、民族和国界而产生异质，慈善事业是一个社会文明程度的标志。随着我国市场经济体制的不断发展成熟，政府职能的科学转变以及“小政府、大社会”格局的日渐形成，慈善事业除了具有弘扬人道主义、传播精神文明、引领公益事业发展等文化功能，还有填补市场失灵、政府失灵、衔接政府社会保障、救助困难群体等保障功能。该主题可以组织的活动包括：特殊群体体验游艇活动和募捐活动等。

案例 5-18　让慈善爱心起航

“谁在最需要的时候轻轻拍着我肩膀，谁在最快乐的时候愿意和我分享。笑容在脸上，和你一样，大声唱，为自己鼓掌。”如同歌词中所写，面对人生的经历，我们都一样。遇到精彩，我们向周围分享快乐；面对挫折，我们共同携手走出阴霾。而这一切，需要的只是一份来自心底的爱。

2011 年 9 月 4 日，上海美帆游艇俱乐部携手上海朝阳永续信息技术有限公司在淀山湖风景区举办“儿童慈善帆船体验日”爱心活动。活动以数十名唐氏综合征儿童作为主角，希望他们在一个欢快的氛围中能充分感受到来自外界的关爱和鼓励。

活动当天上午，主办方为孩子们准备了 BBQ，让孩子们在游戏过后享用了一份美味的午餐；下午，这群可爱的孩子在上海朝阳永续员工自发组织的志愿者服务小组的陪伴下一起亲身体验帆船运动的乐趣。通过此次儿童慈善帆船体验日爱心活动，呼吁社会各界更多的爱心人士来关心、关注唐氏综合征儿童，帮助他们早日康复，学会认知，学会共处，学会生存，为折翼的天使们支起康复的希望。

资料来源：http://cjb. newssc. org/html/2011-09/11/content _ 1373549. htm

5.3.4 环保主题

当今，全球生态环境急剧恶化，人类面临着严峻的生态困境。生态的失衡严重影响社会的发展，甚至威胁着人类子孙后代的生存。我们应该树立现代文明的生态意识，努力发展经济的同时注重保护生态环境，加强人们环境保护意识和行为的教育与引导，与自然保持协调、和谐的关系，给子孙后代留下美好的绿色世界。该主题可以组织的活动包括：环保理念环球航行和环保理念竞技比赛等。

案例 5-19　2011 世界环境日（厦门）帆船环岛公益宣传巡游

6 月 5 日是一年一度的世界环境日。2011 年 6 月 5 日，以“再创国家环保模范城市，共建生态文明美好家园”为主题的厦门帆船环岛巡游活动在厦门五缘湾帆船港扬帆起航。

帆船是一项健康积极的水上集体项目。帆船以风为燃料，以风为引擎，完美地展现了人与自然的和谐，诠释了无碳排放的环保概念。

本次巡游集结了 14 艘第 16 届亚运会制定的国际级龙骨赛船 J/80 帆船，它们将顺时针环厦门岛而行。在 14 艘帆船上，无论是七彩球帆还是三角主前帆，都用绿色的大字醒目的展示了“爱环保，爱鹭岛”的环保主题。

资料来源：http://www.xinhuanet.com/chinanews/2011-06/06/content-22942577.htm

第6章 艇体活动

顾名思义，所谓艇体活动就是在游艇甲板、船舱或艇体上其他适合空间举办的主题活动。显而易见，艇体活动是最基本的游艇主题活动，其他活动都离不开艇体活动。同时，它也是最具游艇文化特征的游艇主体活动，离开游艇，其他的水域活动、滩岛活动等也就很难说和游艇有什么关系，如果认为游艇只是交通工具而已，那么也就太奢华了。

可以说，在游艇休闲产业发展过程中，艇体活动是入门性的。在游艇主题活动中，艇体活动则既是基础，也是主体。

6.1 试乘试驾

当游艇不再仅仅是城市财富精英的标签，而是作为一种体验元素被社会大众认同以后，亲身驾驶游艇，感受驾驶乐趣，享受游艇生活的需求也就呈现出快速增长的态势。在众多游艇体验项目中，游艇试乘试驾是开展最早，也是开展最为普及的项目，越来越多的人透过游艇试乘试驾活动，走近游艇、接触游艇，喜欢上了游艇。

6.1.1 活动介绍

尽管试乘试驾是体验游艇最为直接的、最为普及的项目，但试乘与试驾所面向的对象及要求是截然不同的。

游艇试乘是指在专业操作人员驾驶游艇的前提下，个人乘坐游艇的一种体验行为。碧海蓝天，徜徉于浩瀚的大海上是每个人心中的梦想，选择游艇就是选择一种全新的生活方式。坐在游艇上，仿佛是乘上迎面而来的海风，就此深入海洋。在海洋上，你眼前看到的是更广袤的空间，并且这空间和你是融为一体的，偶尔飞过的海鸥，跃起的鱼儿，让你瞬间脱离尘世的烦恼，尽享遨游的乐趣。

游艇试乘面向社会大众各阶层人员。一方面，对游客来说，在试乘过程中可以真切地感受游艇带来的与众不同的海上生活体验。疲倦时，可以去甲板上吹吹海风或者享受日光浴；饥饿时，可以品尝大厨精心制作的海鲜大餐；无聊时，也可和三五好友坐在游艇内谈天说地。另一方面，对有游艇购买意向的人来说，游艇试乘为其全方位了解游艇的外观与性能、内部布局与装饰和乘坐舒适性等提供了最直接最有效的方式。

游艇试驾则是指持有《中华人民共和国游艇操作人员适任证书》（即俗称的游艇驾照）的个人在专业人员的陪同下，在特定水域范围内驾驶指定游艇的行为。在生活多元化的今天，游艇生活方式作为海洋文化的延伸而风靡全球，已不单纯只是富豪的一种昂贵享受，而更多的是代表全新的上游生活理念。对于城市财富精英来说，驾驶游艇驰骋在浩瀚无际的水面上，能够亲身去体验自由驾驭的快感，享受阳光与海的宁静时光，真正与大海进行最亲密的接触，感受自我价值的完美实现，成就追求生活品质的至高境界。

案例 6-1　东疆游艇码头　游艇试驾吸引各地游客竞相体验

滨海新区网 2010 年 10 月 15 日讯，由国家旅游局和市政府主办的中国旅游产业节 2010 年 10 月 14 日在梅江会展中心隆重开幕。东疆游艇码头作为本届展会的海上体验分会场，其举行的试驾活动吸引了来自全国各地游客竞相体验。

“作为一种新兴的休闲运动方式，游艇正在受到高端人群的竞相追逐，日益成为社会各界名流、富裕阶层和企业家们休闲的乐园。”东疆港区亚洲顶级游艇俱乐部负责人苗则洵告诉记者。此次试乘试驾的诺瓦帝游艇身价 88 万美元，可容纳 15～18 人，兼具海钓和休闲游艇多功能设计，50 英尺长，1200 匹马力①，最高时速可达到 350 海里②。“我们正是看重了北方广阔的市场前景和购买欲望的持续增长。”巨星造船股份有限公司董事长助理陶亚帆表示，目前已有多家企业精英进行购买意向洽谈。

资料来源：http://www.tianjinwe.com/tianjin/tbbd/201010/t20101015_2091127.html

游艇试驾必须以拥有《中华人民共和国游艇操作人员适任证书》为前提。一方面相较于营运船舶的船员适任证，游艇适任证的申请门槛较低，《海员培训、发证和值班标准国际公约》等国际海事公约大多不对游艇的驾驶形成约束，对游艇驾驶员的要求相对宽松，各地海事局可自行通过考试来发放游艇适任证，只需报备国家海事局即可。另一方面，国内游艇驾驶培训市场也在不断发展壮大，广东、上海、海南、江苏等沿海地区不断掀起游艇驾照的考取热潮。特别是 2011 年 5 月国家海事局正式实施新的《游艇操作人员培训、考试和发证办法》，游艇适任证由全省通行升级为全国通行，打破了以往游艇驾驶的地域限制，更是直接推动了游艇试驾活动的蓬勃开展。

---

① 1 马力＝735.498 75 瓦

② 1 海里＝1852 米

案例 6-2 海南掀起游艇驾驶证培训热 获游艇驾驶证人数成倍增长

记者从海南海事局 2011 年 1 月 13 日举行的《海南省游艇安全管理暂行办法》新闻发布会上获悉，随着海南游艇产业的快速发展，该省掀起了游艇驾驶员申请培训考试热，获得游艇驾驶证的人数较前两年成倍增长。

海南海事局船舶监督处处长张炜说，2008 年，海南海事局颁布了海南省游艇驾驶员考试发证规则，当年共发出 23 本证书，2009 年增加到 65 本。而 2010 年，海南海事局共举办了 12 期游艇驾驶员考试，共有 203 人取得游艇驾驶员证书，比前两年总数的两倍还多，目前还有 2 期正在培训之中。

资料来源：http://www.chinanews.com/life/2011/01-13/2786741.shtml

按照试驾的主要目的，游艇试驾者主要包括以下群体。

（1）拟购买者。拟购买者是指那些已准备购买但还在购买阶段的消费者。由于游艇种类繁多、尺度不一、品牌林立、售价不菲，消费者游艇购买的风险很高，仅仅通过广告、展示、讲解甚至口碑的传播方式，消费者通常难以直接做出价值评估与购买决策。通过游艇试驾，消费者可以直观感受游艇的操控与行驶属性，加深对游艇的了解，有助于独立判断游艇性价比，降低游艇购买的潜在风险。

（2）体验者。体验者可以是对游艇、航海、驾驶有浓厚兴趣，但缺乏购买力的时尚玩家，也可以是国内第一批私家游艇拥有者。与拟购买者不同，体验者的试驾行为缺乏直接的购买指向，更多追求驾驶所带来的体验。通过游艇试驾，这些体验者一方面可以感受不同型号、不同品牌游艇的技术性能、优点特色，增进对游艇市场及产品的了解。另一方面，通过试驾，可以亲身体验游艇驰骋于碧海之上的那份自由感，挑战速度与技巧的结合，追逐年少时心中那个“船长梦”，同时也能与大自然零距离接触，放松疲惫的身心，这也不失为工作之余有效缓解压力的一种良好途径。

案例 6-3 在珠江飙游艇，把风与尖叫甩在身后

玩家 Joe 是广州最早的一批游艇玩家，2008 年就考取了游艇驾驶执照。Joe 谈起最初开游艇的动机时，说：“每个人小时候都会有当船长的梦想，特别是男孩，而开游艇则能满足这种愿望”。

Joe 用“永生难忘”来形容他第一次踏上游艇扬帆起航的经历。那是一艘大型商务艇，他负责拉最小的帆，根据风向变换不断调整船帆，以保证游艇向正确的方向行驶。“刚开始我很害怕，而且海上风浪很大，颠簸厉害。”但航海带来的刺激感远远超过害怕，“只有在大风大浪里锻炼过，才知道人生的意义”，Joe感慨道。

Joe说：“即使拿到驾驶执照，也不能立马就出海，还需要有个陪驾在旁边，毕竟水上情况比较特殊，要经过半年多的磨合期才会慢慢有自信”。从理论上来说，有了驾照，20～80尺①的游艇都可以开，但大船最好请那些有10年以上驾龄的船长来开，出海时一定要有船长、轮机手、水手，大家互相合作，才能保证不出意外。

资料来源：http://news.sina.com.cn/o/2011-03-11/081022093365.shtml

（3）测试者。测试者是指专门对游艇特定技能进行相关技术指标测试的专业人员。例如，测试者通过急速行驶、快速过弯、水上漂移等特技动作，就可以明确游艇的引擎动力，最高航速（半载）等数据化的指标。测试者所采集的试驾数据既可以成为游艇制造者今后产品的改良与研发的有效依据，也可以用于第三方机构比较评估不同型号、不同品牌游艇性能的专业资料。

游艇试乘试驾活动通常由游艇俱乐部、游艇制造或销售企业举办。对于游艇俱乐部而言，面向会员的试乘试驾活动一方面丰富了俱乐部的项目内容，促进了俱乐部成员之间的沟通交流，维系了成员与俱乐部之间的关系；另一方面，借助试乘试驾活动及相关宣传，也有效提升了俱乐部的社会影响力。而游艇制造或销售企业面向潜在市场的试乘试驾活动一方面已被作为一种必要的购前服务被要求常规性提供；另一方面，借助试乘试驾活动也有助于全方位展示产品的性能优势与服务理念，促进产品销售与品牌价值的有效传递。

案例6-4　Selene巡航艇和Artemis游艇试驾会

深圳浪奇游艇会地处南澳镇东山村，美丽的七娘山下。这里棕风绿树，水质清澈，长达500多米的桔钓沙海滩，滩平浪静，腹地宽阔。由浪骑游艇俱乐部组织的会员VIP试驾活动就在这里开展。

会员对此次试驾活动的反应热烈，由珠海杰腾建造的Artemis 48尺豪华型游艇深得会员们青睐。Artemis 48尺豪华型游艇采用流线型设计，其新颖的外观及精致的内装深受客人好评。折叠式的沙龙桌，使这艘游艇沙龙空间的处理显得灵活，既怀旧又富有现代感的设计给参观者留下了深

① 1尺≈0.33米

刻的印象。会员们和家人及朋友们参加了出海试驾，试航归来后会员们欢聚一堂参加了俱乐部晚宴。

在浪奇游艇俱乐部大力配合下，杰腾销售团队成功出击，已有数位会员纷纷表示了购买意向。本次活动取得了圆满成功。

资料来源：http://www.jtyachts.com/2011/25/26

6.1.2 活动内容

不管是成功人士也好，还是普通消费者，都有机会参与到试乘试驾活动中来，体验游艇带来的高品质休闲生活。一般来说，游艇试乘试驾是密不可分的，试驾之前都会有试乘的过程，试乘试驾主要从近身接触、试乘体验、学习与操作、试驾体验这四个方面进行安排。

1. 近身接触

近身接触强调通过专业人员的讲解、介绍及互动交流，使试乘试驾者能够具体熟悉了解试乘试驾游艇的空间分布与配套设施。

概括起来，游艇的配套设施通常包括三个部分：生活配套、商务配套与技术配套。

生活配套包括：主人房、客房、卫生间、厨房、客厅、驾驶舱、甲板平台、露天望台、驾驶台和软篷等，一般中型以上的游艇均设有这些生活配套设施。游艇既可以作家庭休闲之用，也可以作办公之用。因此，一些大型豪华游艇除了具有豪华的生活配套功能外，还会具备一些现代的商务设施，如会议设备、通信设备、办公设备等。技术配套则要求配置发动机、发电机、雷达、专业的仪器仪表、电话通信设备和卫星导航系统等。

游艇的配套设施一般都是以游艇的功能来进行配套设计。游艇种类与功能不同，里面的配套设施也存在较大差别。特别是中小型游艇，通常根据游艇拥有者的需求对配套设施进行定制设计。运动型游艇一般配套大功率的发动机，而生活配套相对要简单；休闲型游艇则会更加关注家庭氛围，会有电子游戏房、卡拉OK设备、加长的钓鱼船尾等相关配套；大型游艇则强调室内装潢高档豪华，注重通信设备、会议设备及办公设备上的配套安装。

除了这些基本的空间分布与配套设施以外，专业人员也会就游艇的制造材质、甲板材料、灯光照明等具体内容进行特别讲解，以强调游艇的品质格调与性能质量。

案例6-5　游艇内室的照明

如何让游艇在黑夜也散发出最柔和宜人的光线是提高游艇生活质量的一个重要因素。游艇内室照明方案基本由三部分组成：普通照明、气氛照明和任务照明。

普通照明：在阴郁的午后或晚间，一盏简单的12伏白炽灯就能为各个船舱提供基本照明所需。如果因为白炽灯光是暖光源，其中有较大的红光部分，你也可以用不同的荧光灯和塑料灯罩。暖色荧光灯可突出室内装潢或陈设中的黄、橘红、红紫等颜色，而冷色荧光灯则强调蓝紫、蓝色、蓝绿以及黄绿色。更多的时候最成功的照明方案是混合使用白炽灯与荧光灯。

气氛照明：气氛照明是为了营造出一种温馨浪漫的室内情调，这类灯光包括非直接照射的，用来柔和地照亮楼梯与家具的底座脚灯，梳妆台边缘微明的串灯和凹陷处或帷幔后的荧光灯等非主照明灯光。当然，也有人认为游艇上最确切的气氛照明不是室内的任何光源，而是许多游艇船体底部的那圈灯光。当夜间打开这圈灯，极佳地勾勒出船体线条，再加上灯火通明的上层建筑，以及船体两侧舷窗透出的幽幽光线，更可流露出一种有别于白日的妩媚。

任务照明：任务照明是指用于专门活动时的聚光灯。例如，可拉长并能调整灯罩的灯，悬于海图桌上方，使船长可以不受他人干扰地阅览航海图。厨师需要的是可以照亮船上厨房的每个死角，并且使炉子和料理台等重要区域更明亮的照明器材。当然，还有照亮食物、餐具等储物柜的照明灯。

资料来源：http://www.yachtingchina.com.cn/InforService/GMdetailTwo.aspx?id=2261&class_id=197&title=141

2. 试乘体验

游艇的试乘体验不仅在于微闭双眼，感受一波一浪带来的神秘幸福，抑或是欣赏风景，任由海风阳光的余温亲吻脸庞，而是真正融入游艇，体验游艇的亲近感与存在感。

试乘体验大多是试乘者在没有任何专业人士的陪同下，自由无拘束地通过对游艇的游览、抚摸以及试乘者之间的互动交流下完成的。具体试乘体验的内容通常包括空间体验、视听体验、安全体验等。

试乘者对游艇的空间体验主要来自于甲板与室内。试乘者对甲板多关注尺寸面积、安全配套、区域规划、装载能力、视野的开阔性等。对于试乘者而言，行走自如是甲板活动的首要前提，而轻松、安全也是必要的。因此，甲板应该是完全开阔的区域，干净整洁，而不应该杂乱堆积油箱、舢板、缆绳等配套部件，缺乏合理规划，从而影响户外享受。试乘者对游艇室内空间则更加关注于室内的功能布局、硬件配套、存储空间、宜居舒适等。对于试乘者而言，室内空间的第一印象尤为重要，干净整洁是关键所在。因此，室内各个区域的相关配套设施应该摆放整齐，生活用品、杂物等应储藏在相应的柜子中，地面、台面、窗户等要及时清理打扫。这些都是确保试乘者获得舒适体验的前提条件。

试乘者的视听体验既包括对水面风景的感官享受，也包括游艇外观与配套所形成的视听冲击。白天，大海在蓝天白云下，碧波浩渺，银白色的海鸥在海面上自由翱翔，跃起条条鱼影，阵阵海风夹带着大海特有的清新和湿润，迎面扑来，把旅途的疲劳全都吹走。傍晚，大海在彩霞的映衬下，绚丽多彩。晚潮哗哗，好像是在奏一曲华丽的乐章。夜晚，在月光、星光的交相辉映下，暗蓝色的海面上幽光粼粼，神秘莫测。游艇造型、游艇及甲板的颜色、室内的装潢风格、材料质地等直接冲击试乘者的视觉神经，艇载音响设备则影响试乘者的听觉享受。

案例 6-6　把耳朵叫醒

尽管游艇制造商都宣称自己的产品设计有多么的现代化，又是多么的舒适，但检验游艇生活理念是否真正被实施执行的一个判断依据就是：进入游艇内室，关上门窗，打开音响放上一张试音碟，亲自感受那些音效是否让您的耳朵满意。

传统的音响设计通常都被局限在音乐工作室或者剧院设计之中，这些都是很大的空间，而且设计目的性很单一。但对于更小的空间而言，音响设计就要考虑到更多的复杂性，家具、装饰物甚至是人都无时无刻地在不同程度上吸收和扰乱着声场，影响最终的音响效果。游艇的内装设计通常都是借助电脑完成的。通过一套设计复杂的程序可以帮助设计师们选择颜色和灯光，以达到他们想要的视觉效果，毕竟光的散射和吸收是很好理解和测算的。但由于声音的声波波长通常都大于家具等物件的大小，室内声场变得复杂无比，这就给游艇内室的音效设计带来极大困难。另外，由于其所处环境的特殊性，艇载音响设备必须能够经受咸湿的海水和毒辣的阳光的考验，要具备比陆上设备要求更高的一些特殊性能。

防水，能够经受住浪花和小雨环境的考验，或者具备短时完全浸入水中，而不受损坏的超高防水性能；抗紫外线，必须能经受住阳光暴晒，主要需要保护区域有播放器面板、扬声器锥形物和纸盆等裸露部件；抗腐蚀，专门针对由海水引起的生锈和腐蚀问题。在具体设计方面体现在镀膜电路板、防水控制面板和抗锈底盘等。

显然，只有能够真正营造一个适宜的声场，确保提供完美的听觉享受，能够把耳朵叫醒的游艇才是真正游艇生活精粹的载体。

资料来源：http://www.yachtingchina.com.cn/InforService/GMdetailTwo.aspx?id=1881&class_id=197&title=x

试乘者固然可以尽情享受游艇停泊在岸边或静静漂流时的那份宁静与安逸，但更多的试乘者也期望感受游艇的乘风破浪与惊险刺激。无论试乘者追求游艇哪一种行进状态，都要以安全保障为前提。尽管游艇的试乘试驾都在指定的水面区域进行，各类安全保障也都到位齐备，不会存在太高的风险，但试乘者大多追求当游艇倾斜摇晃时的那份淡定与自在。因此，试乘者从游艇微小的细节部分寻求安全体验，如扶手、羊角的设置、软垫的保护、五金配件的质感等。

3. 学习与操作

尽管游艇的真正操纵较为简单，但由于游艇配备的设施及系统不为社会大众所熟悉，具有一定的神秘色彩，而游艇的驾驶又不单纯依赖纯粹的驾驶技术，更需要具备海图读解、船舶机械等方面的技能，拥有天文、地理、海洋方面的知识。试乘试驾者会专注聆听专业人员对游艇设施及系统讲解，更会对某些游艇设施及操作环节跃跃欲试，想亲自操作感受一下。

相较于游艇的操纵部件（方向盘、档位等）及系统，试乘试驾者对艇载的安全设备及器材的兴趣最为浓厚，如雷达、海图仪和GPS、声呐、自动驾驶仪等。

雷达是利用无线电电磁波探测目标，并测定目标位置、距离、速度等参数的电子设备。其发出的无线电波可穿透黑夜、雨雪和大雾，可用于肉眼观察不到的航面上物体的定位、追踪，也可用于航线确定和碰撞规避。

海图仪是显示海图的仪器，海图就是海上的电子“地”图。GPS就是利用卫星系统将游艇位置等实时数据显示在海图仪上的全球卫星定位系统，其工作原理和车载GPS地图相同。

声呐是应用回声测距原理测量水深和海底状况的仪器，对于规避触礁和搁浅等险情至关重要。

自动驾驶仪是通过船首传感器、舵角传感器、GPS、风向风速仪等传感器，掌握游艇的基本状态，达到控制航行方向，修正风向、潮流等对游艇影响，使得游艇按照最佳的航线航行，不会偏离航向，以赢得宝贵的休息时间。

除了对这些游艇设施及系统进行详细学习以外，专业人员还会结合当天自然条件，教导试乘试驾者如何识别天气、掌握气象资料等，这些是专业人员常规的讲解内容。具体讲解内容包括气压计的使用及预报、风向及云层观察、潮汐涨落、日出和日落的颜色等。

学习完毕后，在获得允许的情况下，试乘试驾者既可以就感兴趣的游艇设施及系统亲自体验，也可以参与到游艇的一些实际操作环节，如绘航线、拉帆、坐弦、打绳结等。

培训人员在实践操作部分需要重点学习航行（加速、变向、高速定向航行）、机械推进动力装置的启动与关闭、靠离码头、驶近和系离浮筒、锚泊作业、救助落水人员、基本急救、驶帆、帆缆索具的使用等内容。

驾驶游艇的技能不是单纯的驾驶技术，还要通晓水上、水下情况，具备海图读解、船舶稳定性、船舶工艺和机械等基本知识，拥有天文、地理、海洋等方面的理论知识。这些问题都需要在培训人员的实践操作学习中掌握解决。

案例 6-7　感受不一样的帆船体验

在海上乘风破浪，激情扬帆，似乎是许多人的一个航海梦。如今，参加三亚站青少年帆船训练营的 18 名小朋友们，在没有任何帆船经验的情况下，得到专业帆船教练的指导，驾驶着 Ludic 小帆船在海面上迎风斗浪，亲身体验水上运动的激情与魅力。

上午 11 时，小朋友备齐装备，穿好救生衣，带上小蓝帽，兴高采烈地朝训练基地走来，看到停泊在帆船港内的 Ludic 帆船，孩子们都发出惊叹的声音。这次，沃尔沃环球帆船赛组委会给孩子们提供的是 3 艘单体小帆船，长 5.6 米，船帆上还印有大大的信天翁图案，每艘帆船可以容纳至少 6 个孩子和 1 个教练。

在教练的指导下，18 名小朋友分成 3 组登上帆船，开始了与帆船和大海的近距离接触。帆船结构、怎样转弯、迎风转向、识别风向……在船上，教练一边操控着帆船，一边仔细给孩子们讲解，短短一个多小时，孩子们初步学到了帆船驾驶技巧和帆船知识。

在这些体验者中，来自深圳的于沛华兄妹非常积极，不仅在入水前再次认真听了教练的讲解，登上帆船后，兴奋地一下摸摸缭绳、一会儿动动帆柄，还将双手放到水中拨动。在教练的悉心指导下，于沛华很快掌握了帆船的基本操作技巧。她一边比划着操控帆船一边说：“以后如果还有机会，我还要参加帆船训练营。”

资料来源：http://www.sycb.com.cn/content/2012-02/12/content_18428.htm

4. 试驾体验

水上行驶不同于陆地的道路驾驶。汽车行驶道路的情况比较明朗，游艇航行的水路就复杂多了。有时航道虽宽，但水下的河床、海床会有礁石、浅滩等问题，凭人们的肉眼是难以发现的。陆地道路有路牌、有标线，交叉路口还有红绿灯指引，汽车驾驶者凭肉眼就可以看清道路情况。水上交通没有路牌、没有标线、没有红绿灯，更看不到深浅，船艇驾驶者经常不能依靠人眼来判断前路，必须借助罗盘、探深仪、GPS、雷达以及自动驾驶系统等电子仪器来航行，往往是一个疏忽，或者是一个低级的错误就会导致发生海难事故。

在掌握基本理论和操作知识的前提下，试驾要求试驾者将理论学习应用于实践，准确识别游艇速度、方向等表盘上的各项指标，并且熟悉天气、潮汐等气象情况的变化。潮汐、水流、风向、风速等都是影响游艇操纵的因素，试驾者必须对游艇的速度和方向有稳定的把握，随时对这些不同的实际航行条件做出判断，并对游艇操作技巧（前进、后退、避让等）的变化做出回应。同时，试驾也对航行标志、信号指示和避碰规则等有个实际的应用与体会，有助于游艇实际操作、规章运用等综合能力的提高。

案例 6-8 试驾山东最豪华游艇

设定好经纬度，游艇可以自动驾驶；游泳平台可以上下升降1米左右；侧推系统可以让游艇像螃蟹一样“横行”，这就是在2011青岛“海陆空”顶级生活展上亮相首航的，迄今为止落户山东的最大、最豪华的阿兹慕82尺飞桥系列游艇。2011年9月18日，记者登上这艘山东最豪华的游艇出海体验在海上畅游的感觉，并在船长的指导下当了半个多小时的游艇驾驶员。

跑快了能在海上飞起来：伴随着汽笛与海浪声，阿兹慕游艇缓缓驶离奥帆中心。当游艇行驶到栈桥附近，在船长的指导下，记者当起了游艇驾驶员。

刚接过船舵，行驶到距离“海上皇宫”300米时，记者驾驶游艇想要再靠近一些，这时船长就提示赶紧看仪表盘，原来仪表盘上显示这里的水深仅有 6 米多一点，由于游艇太大，再往前靠就有危险了。

记者只好转动船舵转向返程，由于海上船少，经过船长的同意，记者将马力推到了最大。游艇的速度马上提升起来，一阵阵清爽的海风呼啸而来，时速提到 30 节时，甚至感觉船都在海上飞了起来，让记者胆战心惊。“放心开，这艘游艇能抗 8 级大风。”船长鼓励说，“游艇开快了，在浪大的地方确实能飞起来”。

设好经纬度可自动航行：看船长驾驶时觉得很轻松，自己切身体验了才发现，开游艇比开汽车难多了。游艇在海上航行时，明明已经摆正了方向盘，可海风一吹就偏离了很多。这时，就得靠经验来调整方向了，而如果游艇跑得太快，船头就会翘起来，这时就需要使用压浪板，将船头往下压一压。驾驶游艇最难的是靠泊和离泊，游艇在海上是没有刹车的，它的倒车就相当于刹车。而要准确地靠泊到码头上，需要很好的眼力和丰富的经验。

由于技术难度太高，游艇靠泊时，记者只好把船舵交还给了船长。“这艘游艇的设施也非常先进，举个例子说，如果开累了，只要设定好经纬度，它就可以自动驾驶。”船长介绍说，这艘游艇的先进之处还体现在它的发动机和侧推系统上。游艇上配有两台世界最著名品牌的发动机，马力非常强劲，最高时速达到 30 节。游艇的侧推系统是目前世界上最先进的，它可以让游艇像螃蟹一样“横行”，也就是左右平移，这在靠港和出港时非常方便。

资料来源：http://www.qingdaonews.com/gb/content/2011-09/19/content_8945534.html

绕桩、直行、转弯及靠岸等是游艇驾驶中所必须掌握的最基本的技术。

所谓绕桩是指将几根竹竿在水中排成一个阵，被称为桩头，船要从中以 8 字形穿过，且不能碰到竹竿。这个 8 字形打起来很有讲究，船体离竹竿 1.5 倍的距离就要打方向，还要掌握好前进的速度，要有耐心更要细心。

游艇直行就是保持游艇朝一个方向行驶。螺旋桨控制着游艇的前进和后退，若要保持相同的方向行驶，则需要游艇克服来自流水、海风等各个方向的力量，在实际操作中，必须经过多次训练方能很好掌握。

游艇转弯需要靠船舵来控制游艇行驶的方向。舵是利用船舶航行时作用于舵叶上的流体动力，用以对船施加回转力矩，从而控制和调整船舶航向的装置。转舵速度快慢、幅度大小等都影响游艇的转弯情况。

开游艇和开车的最大区别在于，游艇没有“刹车”可踩。因此，每当游艇要靠岸的时候，要把船头顶着流水，慢慢地向码头斜渡，然后再平稳地靠岸。使游艇逆水靠近码头，就可以利用水流对船身的阻力，从而起一部分“刹车”作用。

另外，当游艇靠码头或运行途中发生紧急情况，急需要停止前进时，就可以抛锚，同时游艇的主机还可以利用开倒车来起“刹车”作用。

6.1.3 活动要求

不管是游艇机构开展的驾驶培训还是试驾活动，均需要在满足一定条件的情况下方可开展实施，以确保活动的顺利进行、船舶与人员的安全。

1. 水域要求

从自然地理角度看，休闲游艇的活动水域范围只要水域够宽阔，无论是河流、湖泊、水库、沿岸或是近海，都是适合游艇活动的水域。除了部分军事用途的海域、受保护的水库和水源、核电站以及油码头，其余水域皆可充分享受游艇活动所带来的乐趣。

游艇的活动区域除了受自然地理和政治地理的环境因素影响外，还受游艇自身的内在因素影响：一般来讲游艇的尺码越长，活动范围区域越大。小快艇的活动区域是离岸半径约 10 海里的范围；豪华游艇的活动区域一般是离岸 8 小时以内的范围；超豪华游艇的活动区域则是离岸 3 昼夜以内的范围；帆船的活动区域则是以百海里为单位的洋际海域范围。在西方海洋运动普及化的国家里，沿岸的补给站（供油、供水、供电和供食物）的网点分布合理，还有许多靠泊船艇的游艇湾和游艇港，更有完善强大的海岸舰船巡逻机构和空中服务机构。这些因素大大延长了游艇的续航能力和活动半径范围。

2. 码头要求

码头适宜选择在地质条件好、岸坡稳定的河段、滨江或滨海地带；陆域有足够的岸线长度与纵深，留有足够空间以布置前方作业区域，包括干仓（游艇陆上停放仓库）道路、会所功能区、维修和保养场地等。码头一般不宜选在桥头或河岸最下游易发淤积的区域。

3. 风速要求

根据游艇的设计类型和抗风浪等级，对于“C”型，即中小型游艇，其属于近岸游艇，可以航行于风速不大于 6 级，有效浪高不超过 2 米的水域；设计类型为“B”，即大型及豪华型游艇，其可以航行于风速不大于 8 级，有效浪高不超过 4 米的水域。

4. 区位限制

目前，中国的香港、澳门地区制定的游艇海事法规较为完善，较适合当地船只的航行。但碍于国家的游艇海事法规欠缺，香港、澳门地区的游艇只能“游”世界，不能“游”中国大陆沿海。中国目前由于台海问题长期不能解决，中国沿海的私人游艇航行海域还是受制于暂时分割的地方海域。超出各地方海域航行，船东们还要办理复杂耗时的申报手续。

5. 驾照要求

根据国家法律规定："游艇操作人员在中华人民共和国管辖水域内驾驶游艇，应持有各级海事管理机构签发的《中华人民共和国游艇操作人员适任证书》。"因此，试驾活动的一个重要前提是试驾者必须持有《中华人民共和国游艇操作人员适任证书》，未持有此证书的个人严禁驾驶游艇。

参加游艇驾驶培训人员只有经过专门的培训、考试，具备与驾驶的游艇、航行的水域相适应的专业知识和技能，能够掌握水上消防、救生和应急反应的基本要求之后，才能获得《中华人民共和国游艇操作人员适任证书》，并在签注的适用范围内操作游艇。

游艇适任证可以分为两个类别：海上游艇适任证和内河游艇适任证。

按照游艇的长度，海上游艇适任证分为两个等级：一等游艇操作人员可以驾驶所有长度的海上游艇；二等游艇操作人员仅限于驾驶20米及以下长度的海上游艇。按照航行水域是否封闭，内河游艇适任证也分为两个等级：一等游艇操作人员可以驾驶内河任何适航水域游艇；二等游艇操作人员仅限于驾驶内河封闭水域的游艇。

无论最终获得的游艇适任证类别与等级如何，游艇的驾驶培训内容通常包括三个部分：理论学习、模拟器操作和实践操作。

理论学习的具体内容包括港口情况和有关港章、游艇常识、航行基本知识、基本安全知识、游艇维护保养与故障处理等，可简单分为两部分：游艇构造与机械运作原理、航海知识与专业术语。海上游艇与内河游艇适任证在理论学习内容上的差别是：获得海上游艇适任证，需要学习《中华人民共和国海上海事行政处罚规定》《国际海上避碰规则》，以及海区水上助航标志等与海上相关的理论知识。获取内河游艇适任证，则需要学习《中华人民共和国内河海事行政处罚规定》《内河避碰规则》，以及内河助航标志等与内河相关的理论知识。

为了降低游艇实际操作过程中的风险与成本，游艇模拟器被引入到培训操作环节。通过模拟器对水上驾驶环境的真实模拟，培训人员可以真切感受到在不同风速、水流情况下，操作游艇前进、后退、避让等实际情况，从而极大提升操作游艇、信号识别、规章运用等综合能力。

案例 6-9　游艇驾驶模拟器

凡是用来"驾驶"的模拟设备，都可以称之为驾驶模拟器。驾驶模拟器是一种驾驶训练的教学设备。它利用虚拟现实仿真技术营造一个虚拟的驾驶训练环境，人们通过模拟器的操作部件与虚拟的环境进行交互，从而进行驾驶训练。使用游艇驾驶模拟器进行训练可以减少1/3的实训时间，减少海上交通事故，减少环境污染，减少游艇的油耗、磨损及教练的指导时间。另外驾驶模拟器可以在室内进行，不受天气、时间等的影响，便于管理和维护，因而维护费用也可以降低许多。

资料来源：http://baike.baidu.com/view/2479586.htm

培训人员在实践操作部分需要重点学习航行（加速、变向、高速定向航行）、机械推进动力装置的启动与关闭、靠离码头、驶近和系离浮筒、锚泊作业、救助落水人员、基本急救、驶帆及帆缆索具的使用等内容。

6.2 会议

会议是指在一定时间和空间范围内，为达到一定目的所进行的有组织、有主题的议事活动。作为一种相互沟通的基本方式，会议深刻影响着人们的生活。由于会议往往伴随着一定规模的人员流动与消费，会议产业已经成为近年来成长最为快速的服务业之一，并与会展、旅游等活动紧密联系共同推动了区域消费经济的增长。

6.2.1 活动介绍

传统模式下，会议往往在组织机构内部或宾馆召开，对会议场所的要求较低，选择也较为局限。伴随着社会的快速发展，信息技术日新月异，会议承担的功能也日趋多元化，特别是在旅游、餐饮、娱乐、交通产业的极大推动下，对会议场所的选择与要求也越来越高。对于与会人员而言，可以遮风避雨、交通便利的室内会场固然不错，但千篇一律的室内会议室确实也容易降低与会人员的参会兴趣。如何给会议注入更多的新鲜与活力，既能提高与会人员的参与积极性，也能促进会议目的的圆满实现，是目前会议策划、组织者首要面临的问题。

案例 6-10　游艇会议：惬意会议随心娱乐

在会议室那种端庄严肃的场合开会，常常会让人产生一种压抑。开会对于单位企业骨干来说又是频繁的，一个星期至少要开 1 次会议，多的时候，甚至 1 天开 4 次会议。对于快节奏工作的上班族来说，有时想换下工作环境，给自己带来全新感觉。

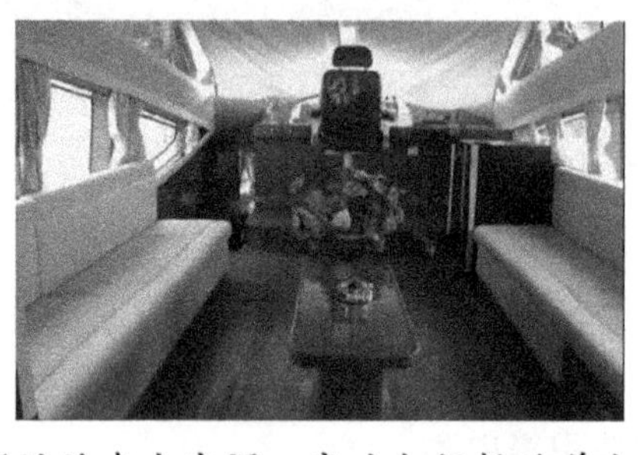

东江游公司推出的旅游新品牌——游艇会议，将为你提供商务会议服务，给你全新的会议场所，让你在工作中拥有全新感觉。

在核载 48 名客人的“东江 1 号”的装修高雅时尚的船舱里，一排排洁白的真皮沙发整齐摆放着，舒适的中央空调，音响电视播放着电话会议的内容，与会人员就会议内容讨论着。两小时左右的会议结束后，与会人员可以品尝到东江风味小吃，观赏如梦似画的江景，还可学学姜太公垂钓，很是惬意。如果你觉得如此消遣，太恬静了，那你也可以随心所欲，在船上的迷你酒吧喝两杯小酒，斟酌议事，放点轻音乐，放松身心。还可以暂时抛开工作的烦琐和刚布置的工作任务，尽情欣赏江边美景，和同事聊聊生活话题，拉近同事间的感情。

资料来源：http://e.hznews.com/paper/hzrb/20090421/B8/6/

随着沿海城市旅游业的蓬勃发展，游艇服务行业的日趋完善，游艇会议作为融合水域旅游资源与游艇服务资源为一体的新型会议模式，越来越被社会大众所认可、接受。相较于一般的会议场所，游艇会议具有以下特点。

1. 与会体验好

在游艇上举办会议，场地新颖独特，摆脱了常规会议只能在室内举办的约束，在枯燥的会议活动中可以融入新鲜元素。与会人员可以在会议过程中欣赏优美的海景，呼吸新鲜的空气，享受自然阳光，在海天之间尽情遨游，与大海亲密接触，少了一份束缚，多了一份惬意。会议结束后，还可以安排垂钓、摩托艇、冲浪、城市旅游线路观光等娱乐活动，帮助与会人员缓解会议疲劳，尽享海上会议的乐趣，留下非同一般的深刻印象。在这种轻松和谐的氛围下，会议的紧张感得到有效消除，与会人员之间的亲近关系得到加强，有助于与会人员放松身心，尽情畅谈，从而易于达成会议目标。

2. 杜绝干扰强

相比室内会议场所的固定性与可窥性，游艇可以在海上自由航行，不受固定区域场所的限制，具有较强的私密性，艇上与会人员一目了然，可以有效杜绝干扰，摆脱媒体及竞争同行的窥探，会议信息相对不容易被泄露。因此，一些小型、机密性会议尤为适合在游艇上举办。特别是豪华游艇会拥有独立高档的 VIP 包厢，私密性更强，更容易营造出专属的独立空间。

3. 形象价值高

无论在内部装潢还是外在认知上，游艇代表了一种高品质、高品位的生活方式，因此游艇很容易赋予活动额外的形象价值。在游艇上举办会议不仅传达出企业的资源、实力及形象，也容易展示出会议的规格及组织者的诚意。兼之游艇本身就是一道流动的风景，游艇上所悬挂、布置的有关会议的信息也易于被有效传递与接收。

目前，最常在游艇上召开会议的机构分为三类。

（1）机构经营的产品在象征性价值方面与游艇具有高度契合性，如房地产、高级时装、高尔夫、名车名表、摩托艇、潜水装备等厂商企业。这些企业所诉求的生活方式、所呈现的产品品牌价值往往与游艇的象征性价值指向一致，因此产品发布/推介会、客户答谢联谊会等会议往往选择在游艇上召开，既可符合目标客户的身份标签，又能体现自身的服务品质与品牌形象。

（2）机构经营的产品在体验性价值方面与游艇具有高度契合性，如从事观光旅游、水上娱乐、休闲运动的企业。这些企业所经营的产品，在购买消费的情境上、依托的资源平台与游艇具有高度的密切性，通过与游艇的联结，产品的体验性尤为增强，因此这些机构在游艇举办会议更多从产品特性或会议目的出发。

（3）机构经营的产品在功能性价值方面与游艇具有高度契合性，如游艇俱乐部、帆船协会等。这些机构本身就拥有某些游艇资源，在游艇举办会议也可充分利用资源，也可提升与会人员的与会体验。

案例 6-11　移动公司中秋客户答谢会在游艇上成功举办

中国移动于上海亚廷游艇会举办“倚江邀月，天幕传情——上海移动·中秋客户答谢会”，众多嘉宾应邀出席，活动取得良好效果并且圆满成功。

活动中，来宾可以品尝精致茶歇小点，欣赏美妙的小提琴合奏、女生独唱，更有应景的中秋猜灯谜活动和亚廷游艇会独具特色的“豪华游艇浦江游览”，来宾们乘上游艇，在月光的映衬下，体会浦江独有的魅力。

晚宴还进行了各种形式的文艺表演及抽奖活动，在这样的气氛里，企业与其客户在一起共度了美好时光，最后的舞台魔术和抽奖更把气氛推向了高潮，整场活动在欢乐的氛围中圆满落幕。

资料来源：http://blog.sina.com.cn/s/blog_6256fda80100f0a9.html

当然，不同的会议主题及规格对游艇的要求也不一样。通常，机构内部的高层管理会议、战略研讨会多以小型游艇为主，私密性好、自由度高；而以答谢、激励、展销为主的会议则需在中大型游艇上举行，空间大、娱乐性好。

6.2.2 活动内容

游艇会议并不是乏味地在游艇上简简单单地开个会，其内容远不止一场会议这么单一，其时间也不止几个小时这么短。为了显示游艇会议的新颖及独特性，并且充分挖掘游艇的可利用资源，游艇会议可以安排各种适合与会者参加的活动，或休闲、或放松、或热情。将会议的场所安排在了游艇上，因此应安排一些适合在游艇上开展的活动，一方面给与会者在参加会议前提供了一个放松身心的机会，为全面投入会议做准备；另一方面缓解了与会者会后的紧张与疲劳感。

与会者登上游艇后，便可以开始享受美好的游艇之旅。提前过来的与会者可以选择观光、品茗等轻松的活动，并借此熟悉彼此，加强交流，为会议的顺利进行提供了保障。

1. 展览

在游艇上举办一个小型的展览，不仅可以让提前到来的与会者消磨时光，还可以让他们互相认识、熟悉、了解并且找到共同话题，增进彼此之间交流。

在游艇上可以展览和游艇高档次的形象相符的奢侈品，如名表、红酒、珠宝等；也可以展览一些与游艇的高品质相符的高雅艺术品，如书法、名画、古玩等；还可以展览和海洋有关的一些展品，如船模、水上运动品等；最后，也可以针对会议内容展示一些与会议相关的物品，为会议的开始做准备。这些都是符合游艇的形象与气质的比较适合在游艇上展出的物品。

展览的形式主要有两类。

1）实物展览

实物展览是指将需要展览的物品摆放在游艇上供人参观。实物展览展示的是真实的产品，可以让观众切身感受到展品的大小、形状、质感等。因受船体空间限制，展览的规模大小及展示物品的体积大小都将受到限制，体积较小的展品的展示将比较容易在游艇上开展起来。

2）虚拟展览

虚拟展览则通过海报、电子屏幕、投影仪等多媒体设备展示物品。虚拟展览展示的是虚拟物品，并通过相关的文字、图片、声音、动画等对展品加以介绍。展览物的体积不必受到船体空间的约束，一些大件物品，如豪车、私人飞机等的展示便可通过虚拟展览在游艇上进行，同时，一些不方便运输或容易损坏的物品也将更方便地在游艇上展出。

会议组织者可以根据自身的需求选择不同的展览形式。

2. 谈判

考虑到游艇的空间尺寸及室内规模，游艇会议通常规模并不大，其中，以谈判为核心议题的会议是最为常见的一种形式。在游艇上进行谈判活动，常用于比较重大的事项，既可以是为双方谈判的开场制造良好的沟通气氛，也可以是谈判的最后签约阶段，为谈判的成功和今后的合作庆贺，也可用于谈判陷入困境时打破僵局。

3. 论坛

论坛的特点是反复深入的讨论，一般由小组组长或演讲者来主持。它可以有许多的听众参与，并可由专门小组成员与听众就问题的各方面发表意见和看法，两个或更多的演讲者可能持相反的立场，对听众发表讲演而不是互相讲给对方听。听众和发言人之间、发言人与发言人之间都可以自由交流。主持人主持讨论会并总结双方观点，允许听众提问。

论坛一般有双边论坛和多边论坛。双边论坛是指两个组织或者机构就某一问题进行的一对一的讨论。多边论坛是指是由冲突各方以及有利益关系的多个组织或机构参加的论坛，其目的是在更大范围内探讨需要解决的问题，为冲突双方之间的双边和谈创造条件。

4. 座谈

座谈是指在训练有素的主持人的引导下围绕着一个既定的话题展开讨论，每位与会者轮流就议题发表自己的见解，发言者之间不一定有交流。座谈通常以茶会的方式进行，气氛轻松，也备有茶水点心招待与会者，在座谈会上可以发表自己的意见和看法，不求对与错的结论。

座谈是一种定性的、具有指导性的方式。如果要获取定量的信息，通常需要在座谈之后结合大样本调查。通过座谈找到一个问题的相关影响因素，而通过大样本调查找到一个影响因素定量的影响程度。

要开好一个座谈，首先要明确它的主题、目的，事前进行大量的调查研究，多调查一些数据性的资料，分析研究，得出最后的结论。

5. 讲座

讲座通常是指由一位或几位专家进行个别讲演，与会者在座位上听讲的一种会议形式。听众在讲座后可以提问，有时主办方也可以不安排听众提问。

讲座内容的选择，一般考虑三个因素：目的、对象、时间。首先，需要考虑为什么举办讲座，目的是什么，要解决什么问题；其次，讲座的听众是何种行业、何种层次的人，需要接受什么的内容；最后讲座的时间决定了信息容量的大小，讲座需要根据时间适时调整内容。

在游艇上举办讲座，其内容可以是和游艇相关的，如游艇的保养与维护，游艇产业的发展等；也可以举办保健养生和美容类的讲座；还可以举办艺术类的讲座，如艺术品的鉴赏等。主办方要根据活动内容或者与会者的兴趣爱好安排合适主题的讲座。

6.2.3 活动要求

1. 基本要求

游艇会议取决于当天水面、风力情况等，如因风力过大，游艇摇摆不定，将影响会议的顺利开展，故游艇会议存在因天气等不可抗力因素而无法成行的可能性。在举行会议前，最好先根据天气预报确定会议举行的具体日期。

游艇会议活动要考虑到参会嘉宾的身体状况，若有晕船的嘉宾需要提前提示，以便安排近海进行晕船测试，有强烈晕船反应者不宜出海。

举行游艇会议应了解游艇的正常运行状况，出海前应做好游艇的检查与维修，检查救生设施是否齐全，以确保参会者的生命安全，做好安全措施措施。

2. 会场布置

根据会议的具体情况，应提前设计并安排游艇的布置，细致周到地设计好所有的细节，提供会议所需要的设备，并提前安放在指定位置。根据客户的需要，提前调试好设备，并进行演练，确保会议的顺利进行，会场布置主要从以下三个方面进行。

1）基础物料

首先，举办一场成功的会议需要事前准备以下物品：名牌、茶水、签到簿、名册、会议议程、黑板、白板、笔等，这些是保证会议顺利进行的基本物料。其次，如果会议属于业务汇报或者产品介绍，那么有关的资料和样品是必不可少的。例如，在介绍一种新产品时，单凭口头泛泛而谈是不能给人留下深刻印象的，如果给大家展示一个具体的样品，结合样品一一介绍它的特点和优点，那么给大家留下的印象就会深刻得多。

2）视听器材

现代科技的发展带来了投影仪、幻灯机、录像机、激光指示笔或指示棒等视听设备，给人们提供了极大的方便。在召开会议前，必须先检查各种设备是否能正常使用，如果要用幻灯机，则需要提前做好幻灯片。录音机和摄像机能够把会议的过程和内容完整记录下来，有时需要立即把会议的结论或建议打印出来，这时就需要准备一台小型的影印机或打印机。

案例 6-12 会议室的照度与音响

灯光照度是会议室的基本必要条件。一方面摄像机均有自动彩色均衡电路，能够提供真正自然的色彩，从窗户射入的光比日光灯或三基色灯偏高，如室内有这两种光源（自然及人工光源），就会产生有蓝色投射和红色阴影区域的视频图像；另一方面是召开会议的时间是随机的，上午、下午的自然光源照度与色温均不一样。因此会议室应避免采用自然光源，而采用人工光源，所有窗户都应用深色窗帘遮挡。在使用人工光源时，应选择冷光源，诸如“三基色灯”（R，G，B）效果最佳。避免使用热光源，如高照度的碘钨灯等。会议室的照度，对于摄像区，诸如人的脸部应为500勒克斯，为防止脸部光线不均匀（眼部鼻子和全面下阴影）三基色灯应旋转适当的位置，这在会议电视安装时调试确定。对于监视器及投影电视机，它们周围的照度不能高于80勒克斯，在50～80勒克斯，否则将影响观看效果。为了确保文件、图表的字迹清晰，对文件图表区域的照度应不大于700勒克斯，而主席区应控制在800勒克斯左右。

为保证声绝缘与吸声效果，室内铺有地毯，天花板、四周墙壁内都装有隔音毯，窗户应采用双层玻璃，进出门应考虑隔音装置。根据声学技术要求，一定容积的会议室有一定混响时间的要求。一般来说，混响的时间过短，则声音枯燥发干；混音时间过长，声音又混淆不清。因此，不同的会议室都有其最佳的混响时间，如混响时间合适则能美化发言人的声音，掩盖噪声，增加会议的效果。

资料来源：http://www.meetingschina.com/c1021/1.htm

3）座次排列

排列座次，是指按照一定的规律和比较科学的原则给与会人员安排座位。通常，排列座次可以按照以下几种规则进行。

凡要正式公布名单的，按照名单先后顺序排列座次；按照选举得票多少排列座次，得票数一样的，以姓氏笔画为序排列先后；按照姓氏汉语拼音字母字头为序排列先后；按照姓氏笔画为序排列座次。

具体排列座次的方法包括横排法、竖排法与左右排列法。

横排法按照公布名单或以姓氏笔画为序从左至右依次排列座次，先排出席会议的正式委员（代表），后排候补委员（代表）。竖排法按照各代表团成员的即定次序或姓氏笔画沿一条直线从前至后依次排列座次，正式代表在前，候补代表在后。每个代表团的排列次序按固有顺序从左至右排列，或以会场中心座位为基点，向两边交错扩展。左右排列法按照公布名单或以姓氏笔画为序，以会场或主席台中心为基点，向左右两边交错扩展排列座次。中国传统习惯以左为上，排在第一位的居中而坐。以此为基点，其余的以居中者的左手方为第一顺序，一左一右，依次排列。

案例 6-13 会议席位摆放方式

一个会议室到底能坐多少听众，这由会议室的大小和形状、座位的摆放方式、出人口的位置、会议室内是否有柱子等因素来决定。会议座位数量的确定非常重要，只要不是固定座位，会议室是可以随客户的要求调节座位的摆放的，因此同一个会议室可以组合成千变万化的会议模式。

一般的会议室功能区包括主席台、听众区和发言区。部分会议室则不进行明确区分，如圆桌会议室和会见式会议室。会场的布置类型可以是标准化的，也可以是个性化的。不管采用何种形式，会议室布置的目的都是为会议服务的，或方便进出、或增强沟通、或传递信息，在布置前一定要与会议策划者详细探讨。会议席位的标准拜访方式有以下六种。

(1) 剧院式。在会场内面向舞台或讲台方向摆放成排座椅，中间留有过道。此种摆台形式是在有限场地内使容纳人数达到最多的摆台形式，像电影院一样，参会者每人一把座椅。

(2) 课桌式。在会场面向舞台或讲台的方向，像教室一样摆放成排的桌椅。桌椅间距可根据会场实际情况调整，参会者可在课桌上放置资料或记录笔记。

(3) 圆桌式。桌子使用中式圆桌，围绕圆桌摆放座椅，常用于宴会的摆台。桌与桌之间留有过道。用于宴会摆台时除了主桌之外，其他圆桌没有摆台方向的区分，若为分组讨论则采用背对舞台方向不放置座椅。

(4) U 形。将桌子连接着摆放成长方形（中空），在长方形的一端不摆放桌（开口），椅子摆在桌子外围，通常开口处会摆放放置投影仪的桌子，中间通常会放置绿色植物以做装饰。此种会议台形比较适合小规模的会议，可以增强与会人员之间的互动和交谈沟通，营造良好的会议气氛。

(5) 回字形。将会议室里的桌子摆成方形中空，前后不留缺口，椅子摆在桌子外围。中间一般会放置绿植以增加装饰效果。此种类型的摆桌常用于学术研讨会一类型的会议，前方设置主持人的位置，可分别在各个位置上摆放上麦克风，以方便不同位置的参会者发言；此种台形容纳人数较少，对会议室空间有一定的要求。

(6) 鱼骨形。将会议室的桌子按照鱼骨架即八字形依次摆开，在桌子的周围摆放座椅，组与组之间留出走路的间隔，使整体样式显现出一种鱼骨的形状。此类会议摆台较适合研讨和小组讨论结合的会议内容，增加小组间交流的同时还可以聆听会议主持的发言。

资料来源：http://xintuonline.net/contents/34/2113.html

3. 会中工作

会议接待需要组织者掌握接待的礼仪，有组织会议的专业知识，同时还需要在实际工作中发挥统筹全局的调度能力、良好的沟通能力和高度灵活的应变能力，只有这样，才能把充满了变数的会间组织服务工作做好。

1) 接站工作

接站是会议活动服务工作的第一个环节。对于奔赴异地开会的与会者而言，人生地不熟，要找到会议地点往往很不容易。因此，会议工作人员应尽可能安排专人、专车接站，让与会者能轻松、顺利地到达游艇参加会议，这也利于保证会议的按时召开。

2) 报到与签到

报到是指与会者在到达游艇时办理的登记注册手续。报到工作的主要内容包括：设置报到处和路标、查验有效证件、登记与会人员的个人信息、接收和发放材料和预收费用等。与会人员正式登上游艇后要做的第一件事就是签到，会议签到是会场工作的重要项目。按照不断完善的会议制度的要求，正式的会议要求实际到会人数达到应到会人数的2/3才能召开，否则会议产生的一切结论和决策都无效。会场签到就是为了能及时、准确掌握到会人数，如实反应会议实际缺席情况，以便确定会议能否顺利召开。

3) 会场服务

会场服务直接作用在每一位与会代表的身上，会直接影响会议的每一个具体流程，最终影响到整个会议的进程和会议的质量，因此会议组织者要高度重视会场服务工作，协同主持人、会场服务员、保安等工作人员共同搞好会场服务。

会场服务的具体工作一般包括：引导座位和维持会场秩序、保持会场内外联络、保持会议上下沟通、会议值班和电话接听工作、操作与维护会议设备、会场保卫工作、会场的卫生清洁工作、会间茶水点心等的供应工作。

6.3 派对

派对源自英文“party”，通常指人们聚集在某个场所以庆祝和休闲为目的的而进行的一种社交活动。随着经济生活水平的提高，生活与工作压力日趋增大，越来越多的年轻人开始热衷于通过派对来放松身心、结交朋友、休闲娱乐，派对已经不再是停留在欧美影视剧上的影像，已经深切渗透到时下都市年轻人的日常生活之中。

6.3.1　活动介绍

目前，派对主要分为以下类型。

（1）以娱乐放松为主的休闲派对。该类派对的参加者一般都是关系较亲密的友人，以狂欢为主题，参加者可以完全放松自己的身心，尽情地娱乐，在派对中释放自己，感受快乐，为工作、生活注入活力，如化装舞会、制服派对等。

（2）以沟通交流为主的社交派对。该类派对的参加者通常是互不认识的，以社会交往为主题进行派对内容设置。这类派对为参加者提供了更多的交友机会，扩大了社交面，以增进对不同工作圈、生活圈的认知与了解，如单身派对、同乡派对、婚恋交友派对等。

（3）特殊日子的纪念派对。因某些特殊时间点，由派对发起者发起组织的，参加者大多为发起者的亲朋好友、同事、同学，以纪念为主题，但同样强调娱乐，如生日派对、圣诞派对、新年派对、婚礼派对等。

（4）针对内部员工或外部客户的商务派对。这类派对通常由企业发起，有明确的商务目的，如激励员工、答谢客户、促进交流等。

派对重在主题与内容，对场地没有太多的要求，根据派对的规模既可以在家中举办，也可以在隆重场合进行，甚至公园、酒吧都是派对的适合场所。随着游艇产业的兴起，游艇作为派对的场所自然也受到更多的青睐。

与其他固定场所相比，游艇的流动性使得派对过程平添了多变的景色及气氛。参加者在派对过程中，可以欣赏优美的风景，感受自然的气息，放松身心，尽享游艇派对带来的不同感受与体验。

游艇派对的内容更加丰富、时尚，也为派对赋予了一种新的质感与价值。在游艇上举办派对有助提升派对的规格、档次，既充分显示组织者的品位与诚意，也能提高参加者的兴趣，有助于派对氛围的营造与目的的实现。依托水域资源及游艇服务资源，垂钓、潜水、帆船等时尚水上运动，晒晒日光、吹吹海风、试乘试驾等游艇特色服务都可以成为派对的重要组成部分，这些内容给派对带来新奇、时尚的元素，从而避免了派对内容的简单重复与枯燥。

6.3.2　活动内容

游艇派对不仅是人们聚集在游艇上聊聊天，持续时间也不仅是一两个小时。通常为了充分利用游艇资源，游艇派对通常会安排各种丰富的活动，整个派对过程会持续半天甚至一天。由于游艇是个开放的空间，多种派对活动的任意选择，既丰富了派对的内容，令派对不再单一乏味，又充分调动了参与者的积极性，使其能够积极尽情地参与到派对中。

派对参加者从登上游艇的那一刻，游艇派对的欢乐时光就可以尽情尽享。早到的参加者可以自由选择观光、日光浴和垂钓等轻松活动作为派对前的热身，拉近参加者彼此之间的距离，找到彼此感兴趣的话题，慢慢进入派对状态。

1. 观光

与固定的室内场所相比，将会议的场所选择在游艇上，其最大优势就在于可以欣赏到流动的、变换的海上美景。在会议之前，看看海景，让视觉审美不再疲劳；吹吹海风，让清新的海风带走生活的烦恼；听听涛声，让浪涛把心中的杂念带走。

与会者可以随意地倚靠在栏杆边，可以坐在甲板的椅子上，也可以在室内的房间欣赏美景，这一切都很自由，可以让与会者自行选择。作为会议的策划者，可以在游艇上的这几个地方摆上几张桌椅供人小坐，最主要的是将这些地方腾空并收拾干净，给与会者一个欣赏美景的良好空间。让参与者视觉、嗅觉、触觉可以全方位地得以满足。当然，为了更好地呈现自然风景，派对组织者需要注意以下事项。

（1）在游艇航线的选择上，要提前确定好，这需要游艇提供者和派对组织者之间商量协调，宜选取风景秀丽多变的地方；也可事先征求其他派对参加者的意见，选取他们喜欢的地方。

（2）最好选择天气晴朗的日子，这样更能看清风景。派对组织者也可为派对参加者提供摄影、摄像服务，不仅把美好景色留在脑海里，更可以把景色永远留在电脑中随时翻阅，还可以提供望远镜，让参与者欣赏到更远处更清晰的景色。

2. 摄影

来到游艇上，欣赏优美秀丽的风景同时，人们不仅希望能把这美丽的景色留在脑海中，更希望能将回忆永恒地留在相片中。与会者可以带着相机，随时记录看到的美景，可以把身边发生的有趣的事情一一记录，也可以留下和同伴们的合影，这未尝不是一件快乐而有意义的事情。

作为会议策划者，可以提供照相留念服务，这对那些一个人来参加会议却又想和游艇、美景留下合影的人提供了帮助，同时也为那些需要拍全体合照的人群提供了便利。策划者也可以提供摄影设备租赁服务，免去与会者自行携带相机的麻烦，特别需要注意的是，由于在游艇上，因风浪可能会有一些晃动，此时要注意人员与设备的安全，并做好摄影设备的防水保护措施。

3. 日光浴

在游艇甲板上，享受一场天然日光浴，不仅能健身治病，更能使人心情舒畅。一般人们都会选择在沙滩或者室内人工日光浴，但在游艇上享受日光浴，随着游艇在海上的一起一伏，仿佛婴儿睡在摇篮里，别有一番滋味。游艇日光浴需要派对组织者进行如下准备。

（1）如果想在派对之余在游艇上享受日光浴，应在游艇甲板上合适位置摆放好躺椅供派对参与者休息；提供遮阳伞为其遮挡头部，以免引起头晕、头痛；提供替换泳衣的空间也是必不可少的，还可为需要日光浴的派对参与者提供防晒乳、墨镜等防晒物品，以免强烈的阳光晒伤皮肤与眼睛等。

（2）日光浴不适宜在气温太低的时候进行，一般适合在天气晴朗的夏季。上午 8～10 时、下午 2～4 时进行日光浴较好，此时紫外线较充足且气温也较适宜。因此，派对组织者可以将日光浴的时间安排在这两个时段。

（3）有严重的心脏病、肺结核、发烧及出血性体质的人员是禁止日光浴的，因此派对组织者应事先告知相关派对参与者。照射中如遇有恶心、眩晕、烦热等反应的人员，应立即中止其日光浴并带其至阴凉处休息。因此，派对组织者需要做好发生意外的应急防护措施，准备好中暑药等常用药品，保证参加者的人身安全。

4. 垂钓

若派对参加者喜欢安静，享受个人空间，游艇垂钓是个不错的选择，拾起一根鱼竿，独自一人静静地享受钓鱼之乐。

相比岸钓，乘坐游艇在海上垂钓具有独特魅力。首先，可以把携带的物品搭载在游艇上，免去了频繁移动钓位时所付出的行走和负重的劳累之苦；其次，寻找钓位机动灵活，不受涨落潮和抛程距离的影响，保证了垂钓质量；最后，深入深水区垂钓，无论是垂钓成果的数量、种类还是体型都要远远优于岸钓。当然垂钓成果也依赖于渔具、季节及水区。

派对组织者需事先把垂钓所需各类器具备齐。垂钓的基本装备有：钓竿、绕线轮、鱼捞网、主线、子线、浮漂、鱼钩、诱饵袋和投饵匙等。需要特别注意的是，由于在游艇上垂钓所占活动空间较小，在艇上抛竿及回线提鱼时动作受到局限而施展不开，为避免和背向的钓友互相招挂，船钓不宜使用长竿。一般以 1.9～2.7米超硬短竿为好，最长不宜超过 3 米。

案例 6-14　出海船钓的装备选择

钓组的选择：船钓的标点常常是水深流急，沉底钓时为保证钓组沉到底，需要选择重量为 100～500 克的铅坠，这要根据水流和水深等情况进行调整选用。船钓竿一般是按照号数来分级，也有使用克数来分级。船钓竿上所标称的这个指标代表着这根船钓竿需匹配的铅坠重量。船钓竿号数和克数的换算关系为1号=3.75克。例如，一只80号的船竿，本竿匹配铅坠重量=80×3.75=300克。

船钓轮的选择：一般来说，船钓轮都要比岸钓的轮子号要大。大号轮子的结构体和传动强度以及刹车力都会略大于号数小的轮子，但选择大号鱼线轮作为船钓轮主要并不是从强度方向来考虑的，大号轮子的大线杯能容纳更多的钓线，或者说可以容纳足够多的大号数的强力钓线。在选择适合作为船钓的鱼线轮时，应该以是否能容纳足够多的钓线来决定。船钓轮的大摇柄和大握柄也与岸钓轮有所区别，这是为了钓手更舒适的大力摇轮。船钓轮也分为纺车轮和鼓形轮两种，所配备的船竿也有所不同，在选择使用的时候应予注意。

钓线的选择：船钓的装备普遍都大于岸钓所用，钓线也是如此。目前船钓多选用PE线作为主线，前端接驳碳素线作为前导。PE线的极低延展性可以很好地传达水下的鱼讯，而碳素前导线所具备的延展性又可以起到缓冲中钩鱼的挣扎冲击，碳素线良好的耐磨性也起到避免钓组挂礁断线跑鱼的情况发生。PE线通常按照拉力值来标注强度，目前以英制单位磅数标称为多，换算方法为1磅=0.454千克。也有按照号数来标注的，则以1号=10磅换算号数和磅数。

资料来源：http://fishing.abang.com/od/basic/a/chuandiao.--8z.htm

从全年看，初春和晚秋是出海垂钓的最佳季节，春季在惊蛰以后至小满前(阳历3月月初至5月中旬)，特别是3月15日至4月10日是垂钓的黄金季节。晚秋也是一年中难得的垂钓良机，特别是中秋前后最佳。因此，如果派对组织者想在派对之前安排垂钓互动，最好选择以上几个时间段。

选择合适水域。尽管游艇垂钓较为方便，但海鱼活动范围极为宽广，并不是驶到哪里，哪里都有鱼钓，因此需要寻找和选准合适的水域及钓位。选择海钓时可以首先考虑以下三类地方：一是大面积暗礁密布的地方，二是海产养殖区，三是矶钓过的较好钓位的对面海域。

5. 烧烤

游艇上大家聚在一起进行美食烧烤，是既享受又有趣的一件事情。对于每天奔波于城市之中的年轻人来说，这是一次逃离城市喧嚣，远离空气污染，放松身心，排解压力的好机会。对于派对组织者来说，在烧烤前应做好如下准备。

(1) 烧烤用具、烧烤食物等应准备周全，也可将垂钓与烧烤两项活动结合起来，钓上来的可食用鱼可直接用于烧烤，更增添了一份乐趣。

(2) 在游艇上烧烤最重要的是安全，主要做好防火与防烫伤两方面准备。烧烤区域要远离游艇上的易燃物，注意不能在风力过大的情况下进行烧烤，以免吹起的火星引发火灾。最好用水桶等容器备好水，放在烤炉旁，预防万一，一旦有任何隐患，可及时用水扑灭。烤炉本身温度很高，如果不小心触碰到，很容易发生事故，因此备一些防烫伤的药品是一种很好的预防措施。

(3) 垃圾桶与垃圾袋也应准备好，烧烤完要及时处理垃圾，不得随意丢入海里污染环境。

案例 6-15 创意新颖的水上 BBQ

在 2011 年 4 月举行的上海游艇展上，来自德国的专业 BBQ 烧烤船无疑是其中最吸引人的亮点之一。

这艘直径 3.7 米，自重 1500 千克，可乘坐 10 个人，最多载重 1000 千克的圆形烧烤船是来自德国的创意设计，而且由德国工厂原装制造进口。圆形的船体中间配有多功能可拆卸的餐桌，可以安装烧烤架，也可以安装简易冷柜，是一个标准的水上餐桌，用餐者能够感受到与一般的饭店餐桌上用餐完全不一样的感觉。四周座椅下分布有 6 个 48 升的储物箱，提供了足够的空间方便游客携带自己喜爱的食物和饮料。同时考虑到水面的天气情况 BBQ 还特别配置了一个电动遥控的遮阳伞，可以随意收缩与展开并配有吊灯，无论是白天黑夜都可以放心地在 BBQ 中与家人朋友享受快乐的聚餐。另外 BBQ 烧烤船还配置了音响系统，只要插上 MP3 就可以在享受用餐的同时享受音乐。

BBQ 也配有专业的拖车，为您和 BBQ 提供了提供了更便捷的运输和更强的机动性。

BBQ 烧烤船的一经推出立刻受到了来自各方游艇行业人士的关注，颇受好评。现在上海泛兴游艇已经引进了 BBQ 烧烤船的制造技术，可以完全自行制造，这样大大降低了制造成本和交货周期，现在 BBQ 烧烤船正在成为一股旋风，在即将到来的这个夏天为你带来阵阵的清凉。

资料来源：http://www.ytzz.ibicn.com/news/d153834.html

当派对参加者借助上述活动彼此相识熟悉后，正式的派对内容即可进行。通常，在游艇派对上，组织者会安排一些助兴表演、互动游戏、自助餐等环节，不断将游艇派对推上高潮。

6. 表演和游戏

表演是指派对组织者邀请专门的表演人员进行节目表演，以营造派对欢乐的气氛。助兴节目一般有音乐、舞蹈、魔术等。

音乐是派对中的重要元素。可以根据派对参加者的爱好，通过现场演奏或播放的形式，营造派对气氛，可以高雅浪漫，也可以欢快愉悦。通常，派对场地会有专门的演奏区域，供演奏团队、歌手、打碟者表演助兴。但无论是现场演奏还是播放，音乐音量通常要控制，以免妨碍派对参加者之间的沟通交流。

根据派对现场场地的大小，安排适当规模的舞蹈表演，也很容易带动现场气氛，给整个派对增添许多姿色。另外，在派对中安排一些精彩的小型近景魔术，更能让派对参加者倍感惊奇的同时，对派对兴奋难忘。

在派对上，还可以举行一些互动游戏及抽奖等活动，进一步烘托派对的气氛。其前提是派对组织者应根据派对人数准备足够的、不同类型的游戏道具，并设计多样、有趣的游戏节目。

派对组织者还可以在游艇的影音室为大家播放电影、组织 KTV 等，在游艇上高歌一曲，吼几嗓子，缓解大家一天的疲劳，跟朋友一起可以增加感情，跟同事一起可以融洽同事关系，跟客户一起可以拉近距离。让大家在一片欢乐中结束一天的旅程。需要注意的是，此时应考虑到个人的生活习惯与作息，如果有人想提前离开的话不必强行挽留，愿意继续留下来的人可继续参加这些派对后的节目。

7. 酒会和自助餐

一趟快乐的旅行，肯定少不了美食的陪伴，而要想举办一场轻松愉快的会议，也必定少不了美食的准备。无论是在会议前还是会议后，与会者都可以在甲板上或房间内，或躺或坐，吹着海风，手捧绿茶、咖啡或美酒，惬意而自在。

酒会是一种经济简便与轻松活泼的会议形式，在人们社交活动方式中占有重要地位。在酒会上，一般不设正餐，只是略备酒水、点心、菜肴等，而且多以冷味为主。在布置会议室时，一般只摆放供应酒水、饮料及餐点的桌子（以摆放吧桌居多），不摆设椅子，因为自由的活动空间可以让参会者自由交流，构筑轻松自由的氛围，这是一种以交流为主的一种会议形式。

会议组织者也可以提供一些甜品、海鲜，这不仅能避免与会者饥饿，放松会议的紧张感，更能使与会者体验到一场与众不同的美食会议。在准备这些食物时，要注意食品垃圾的清理，切不可随意丢弃，污染海洋、污染环境。

受场地大小限制，游艇派对通常以自助形式安排餐饮。派对参加者在整个派对过程中，可自由地自行选择食物、饮料，或立或坐，或与他人或独自享用美食。

招待好客人，是自助餐主办者的责任和义务，要做到这一点，必须特别注意下列环节：一是要照顾好主宾。主人可以陪同其就餐，与其进行适当的交谈，为其引见其他客人等。另外还要注意给主宾留下一点供其自由活动的时间，不要始终伴随其左右。二是要充当引见者。作为一种社交活动的具体形式，自助餐自然要求其参与者主动进行适度的交际，主人一定要尽可能地为彼此互不相识的客人多创造一些相识的机会，并且积极为其牵线搭桥，充当引见者。应当注意的是，介绍他人相识，必须了解彼此双方是否有此心愿，而切勿一厢情愿。

派对组织者在筹办自助餐时，要注意以下四个方面的问题。

(1) 用餐时间。自助餐的用餐时间不必进行正式的限定，也无需有人出面正式宣告其结束。

(2) 就餐布置。在派对的场地分布上，除了摆放餐饮的固定区域之外，需要明确划分出来用餐区域。考虑到实际用餐人数具有一定的弹性，因此用餐区域面积要稍微大一些。尽管自助餐提倡自由走动，立而不坐，但实际上，很多用餐者期望有一个暂时的歇脚之处。

(3) 餐饮准备。自助餐所提供的餐饮应既有共性，又有个性。共性在于为了便于就餐，应以提供冷食为主；为了满足就餐者的不同口味，应当尽可能地使餐饮在品种上丰富多彩；同一类型的餐饮应被集中在一处摆放。餐饮准备的个性体现在不同时间段应体现出餐饮品种上的侧重。

(4) 侍者服务。根据常规，自助餐上的侍者一般由健康而敏捷的男性担任，他们的主要职责是，为了不使来宾因频繁取食而妨碍了同他人所进行的交谈，而主动向其提供一些辅助性的服务。例如，推着装有各类食物的餐车，或是托着装有多种酒水的托盘，在来宾之间巡回走动，宾客可各取所需。再者，他还可以负责补充供不应求的食物、饮料、餐具等。

8. 高尔夫

游艇贡献给人们的是最自由亲近大海的休闲方式，而高尔夫运动则把持着陆上高端健康休闲方式的绝对地位。在游艇上打高尔夫，将游艇和高尔夫结合起来，可谓是鱼与熊掌兼得。

案例 6-16　体验心跳的感觉——游艇上打高尔夫

面对蔚蓝色的大海，在豪华游艇上，如何打高尔夫？那是一种什么感觉？“小白球打出去，飘在海面上，游艇再开过去，用网捡上来。”游艇上服务员还没介绍完，有6年打球经验的高尔夫球手陈先生就抢着说：“那就是一个字——爽！”陈先生昨日作为贵宾试乘时，第一次在游艇上打高尔夫，“环境特殊，感觉也好极了，海上视野宽阔，球在海上落水和在岸上落地感觉也是完全不同的！”

陈先生还说，游艇上打高球，距离感远，打起来流畅，它还不同于陆地上的是，艇有微型摇动，这就要求球手找到人和球之间的综合平衡，“才能找到球，才能打出去，也会打出超体验的美感来！”

球台在游艇的顶层展开，玻璃护栏移开，白帆布如瀑，似乎就在脚下。也是通过试乘，初次在游艇上打高尔夫球的李先生说，人需要先站稳，打球的架势和姿势就有点非同凡响，“真打时，一杆挥出去，刺激强，非常过瘾！”因为球路出口，风会稍大，加上重心不稳，会有种站在悬崖边打球的快感，鉴于此，李先生笑着对记者说：“所以希望在岸上打惯了的所有球手，都能到游艇上去体验一把！”

资料来源：http://szb.hkwb.net/szb/html/2010-03/20/content_3725.htm

9. 桌游

桌游是桌上游戏的简称，是指一切可以在桌面上或者某个多人面对面的平台上玩的游戏，与运动或者电子游戏相区别，桌上游戏更注重对多种思维方式的锻炼、语言表达能力锻炼及情商锻炼，并且不依赖电子设备及电子技术。以下这些常见的游戏都属于桌上游戏的范畴，如麻将、象棋、扑克、杀人游戏、三国杀等。

当今大多数时候，人们说的桌上游戏特指桌上游戏中的版图游戏，这类游戏通常是用特制的地图板，运用大量道具虚拟多种资源的生产、交易等流动过程，并紧密结合在一个统一的文化背景之下。通过这种游戏，可以训练人的思考力、记忆力、联想力、判断力，可以学习如何与别人相处、沟通。桌上游戏对玩家年龄要求不高，因此这非常适合来自四面八方不同年龄、不同阶层的与会者在一起玩乐，从而增进彼此间的感情。

相对于其他活动，桌游就比较安静，更多的是一种思维，也能更好地消磨时间。随着游艇的摇曳，几个人促对桌游，又是另一番味道。

10. 夜游

当会议结束后，有些与会者可能还不急于回去，希望能在游艇上多享受一会儿，此时，可以安排他们来个海上夜游。徜徉水际间，流转华艇上，游艇夜游既实现了富豪们对奢华生活的极致想象，也满足了普通人们对这种生活的短暂享受和绵延品味。

案例 6-17　游艇看烟花，闽江夜游，浪漫如此简单

在游艇上，欣赏烟花的感觉很难用言语表达。自由呼吸俱乐部将推出豪华游艇夜游闽江活动，邀大家一起共赏福州两岸夜色风光。

活动介绍：

我们的母亲河闽江两岸有着丰富的人文和自然景观，上游的南北江滨，下游的罗星塔、金刚腿、青芝山等景点和闽江构成一幅如诗如画的美景。

“闽江之韵”豪华游轮内部设施齐全，配备吧台、音响、卡拉 OK 等娱乐设施，让您真正享受遨游在天水之间的乐趣！

具体行程安排：

傍晚 19：00（台江第三码头）上游艇，19：30 准时开船，看江滨两岸秀色，感受闽江风情。途经台江金外滩（市政府出资 2000 万建造江滨夜景灯光，现已全面启用）途经中州岛、解放大桥、三县洲大桥、闽江公园、尤溪洲大桥、融侨水乡酒店、洪山桥，折返至陈靖姑祈雨处、仓山西洋建筑群、台江金外滩、鳌峰洲大桥，行程约 2 小时（受潮汐影响可临时调整线路），到马尾罗星塔后返回台江码头，结束愉快的闽江之旅！

资料来源：http://www.yododo.com/event/012D1CC4BEA12822FF8080812D19FD20

6.3.3　活动要求

一场游艇派对的成功举办，必须保证派对各环节有条不紊地进行，这需要组织者事先做好一切准备并协调好各方面工作人员的任务。

1. 场地要求

1）游艇

小型游艇适合 10 人左右的派对，中型游艇适合 50 人左右的派对，大型游艇适合百人左右规模的派对。为避免游艇上过于拥挤给派对参加者造成不便，应根据派对的实际参加人数，选择合适大小的游艇，当然尺寸也不宜过大，以免造成过重的经济负担。

2）区域

游艇一般设置了以下各层活动区域，下层通常是室内空间，有主人房、客房、卫生间等，派对时累了可以在房间休息一下；中层有客厅、驾驶舱、厨房、尾门路甲板平台等，这是派对中主要的活动场所，主题节目、自助餐等可以在这里举行；上层有露天望台和驾驶台，为了可防晒和防雨，一般还设置了软篷，观光、日光浴、BBQ 等活动可以在此处开展。

案例 6-18　不同功能的游艇

根据功能的不同，游艇大致有以下几种分类。

一是运动型游艇，此类游艇都为小型游艇也可说是快艇，一般都配套大功率的发动机，此类游艇一般设计时以速度作为亮点，而里面的设施可能要简单一些；二是休闲型游艇，一般以 30～45 英尺左右的游艇为主，此类游艇一般作为家庭度假所用，设计时要考虑到家庭使用的方便性，装潢时也以烘托家庭氛围为卖点，更加注重家庭味，如安装厨房、客房、卡拉 OK 设备、电子游戏房、加长的钓鱼船尾等以满足休闲时的家庭氛围，市场上游艇的种类也是以此类为主；三是商务游艇，这类游艇一般都是大尺寸的游艇，里面装潢豪华，也可以说是豪华游艇，更注重在通信设备、会议设备、办公设备上的配套安装，充分体现出现代企业办公的需要。

举办派对选取休闲型游艇是性价比较高的选择。

资料来源：http://cn.engadget.com/2009/02/03/c-stream-yacht-concept/

有的游艇还专门配备了专业的滑水、垂钓设备，根据派对活动的具体内容与派对组织者的要求，可以选择具有相应配套设施的游艇，以满足派对参加者的需要。

2. 人员配备

一场成功的派对必须由各个部门的人员齐心协力、共同合作方能顺利高效地开展起来。概括起来，按照派对的总体要求，游艇派对需要配备的人员可以分为七组。

1）指挥组

负责全面工作，人员调配和安排，包括各组长、组员的任命，负责各组工作的指导、监督、协调和沟通，听取各组人员的意见并能及时调整、安排和处理突发事件。

2）节目组

包括歌舞等节目的演出人员与主持人，演出人员应做好演出准备，主持人负责串联节目，掌握节目进行的具体步骤，挑起节目的气氛，推动节目的节奏。

3）厨师组

根据当天派对的人数对所需要的菜和食物及用餐工具等一切东西做出较准确的估计和计量，在派对前要提前将洗菜、切菜工作准备就绪，根据客人要求烹制相应的菜品，所上菜品要干净卫生新鲜。

4）服务组

主要人员包括：①礼仪人员。负责派对开始前参加者的接待工作，在宾客到来时，带宾客到签到台登记，将宾客引入游艇。②派对进行时的服务人员。待派对参加者上游艇后负责冲茶倒酒，用餐时负责端菜上菜，对客人提出的服务要求要尽量满足等。③摄影录像人员。主要负责记录派对的美好时光以及派对结束后的留影纪念。

5）保洁组

负责所有用餐位置及派对现场等各个地方的卫生工作，主要任务是打扫地面、清洁台面和垃圾处理等。干净整洁的游艇才能给派对参加者一个良好的环境与印象。

6）船员组

游艇上应该配备一名驾驶经验丰富的船长并配备一或两名维修人员，保证在游艇出现机械故障时能迅速准确排除故障，维修游艇，保证派对顺利进行。

7）安保组

负责游艇上派对参加者的人身财产安全，落水者的救助与维持秩序。尤其要注意醉酒者寻衅滋事以及制止小孩单独在游艇上嬉戏、打斗和玩耍，以防发生意外落水。协助总指挥处理一切突发事件。

3. 现场布置

对游艇的现场布置主要从以下三个方面着手考虑。

首先，是游艇内舞台的搭建。在派对开始前，对游艇内舞台进行组装搭建，灯光、音响、摄像等设备的位置需摆放合理，并在派对前进行调试，以保证在派对中正常运行。在搭建过程中，要保证施工期间的用电安全，舞台所需用料摆放要合理且需进行最大负荷电量测试以免派对过程中断电，施工完毕后应清理一切施工痕迹，确保用电线路安全隐秘等。特别需要注意的是，舞台布置的设备不能遮挡现场摄影、摄像的视线等。

其次，是对游艇内部的布置与装饰。在派对开始前，应该做好一切准备工作，桌椅、食品等应摆放在相应位置。根据不同的派对类型与主人的要求，要搭配设计不同风格的装饰。例如，儿童的生日派对现场可以选用色彩鲜艳的彩带气球等，以体现儿童的天真活泼；老年人的寿宴适宜装扮为朴实大方的风格，以体现寿宴的庄重。在派对中往往会有一些小游戏来活跃现场气氛，因此这些游戏所需要的道具等也要提前摆放在方便拿取的地方。

最后，是对游艇外部的布置与装饰。可以在游艇外部挂上印制有派对主题的红色横幅，凸显派对内容，也可在游艇入口处摆放活动介绍的海报等，使来宾一目了然，还可以在通往游艇的道路上铺上红地毯，给派对参与者带来非同一般的尊贵享受。

在对游艇进行布置时应考虑周全，更要注重细节之处，给派对参与者留下一个美好的回忆。

6.4 秀

秀源自英文“show”，通常是指为了销售、竞选、扩大知名度等而进行的展示、宣传等活动，如新品发布会、时装秀、开业庆典等。

6.4.1 活动介绍

作为一种展示产品、表达自我的方式，秀在无形之中深深地融入了人们的生活，电视上、广播里、报纸中，我们时时刻刻都能看到各种各样大大小小秀的报道。这些五彩缤纷的秀大致上有两个作用：一是商家通过产品秀，将产品的功能、外形等信息第一时间传达给消费者，消费者通过切身实地地观察接触产品，增加了对产品的了解，为企业产品进入市场打头阵，与此同时也向大众传播了企业的文化内涵，树立了良好的企业形象，也给企业和消费者带来了更多沟通的机会，为企业健康持续发展提供了后盾。二是一些秀也为人们提供了一次展示自我的机会，人们从中获得了更多自信与社会认同感，给日常生活增添许多乐趣，同时也传达了自己的一种生活方式与态度。

随着各种秀越来越多，举办一场与众不同，让人记忆深刻的秀成为许多活动组织者一直追求的目标。除了在每场秀的内容上尽可能多样性外，还可以在秀场的选择上突出其独特性，一般情况下，秀场的选择多在室内，如酒店、大会堂、专门的演艺场所等，当然也有室外场所，如公园、露天街区等。然而，随着游艇产业的迅猛发展，越来越多的机构将目光投向游艇，在游艇上举办一场别开生面的秀，一定会让大家回味无穷。

与一般常见场所相比，在游艇上举办秀有如下优势或特点。

首先，特色性强。游艇摆脱了固定场所的束缚和局限性，人们参加秀的同时还能欣赏到优美海景，呼吸新鲜空气，接触大自然，一举多得。在秀的活动过程中，可以融入各种水上娱乐环节等，丰富了秀的活动内容，也制造了轻松愉快的现场气氛，给人带来全新感受。

其次，结合度佳。某些秀，如钓鱼设备的新品发布、泳装秀等，这些产品的属性或者活动的内容都是与水之间紧密结合的，如果能将这些秀的举办场所设置在游艇上，能更方便地向大众展示产品，介绍产品的用途，甚至使用产品获得直接体验，可以更好地体现活动的主旨。

最后，形象价值高。游艇本身就是一件高档用品，选择游艇作为秀场体现了秀的正规、隆重与高档次，地点的精心安排体现了主办方的诚意，也给参与者带来贵宾般的享受。

目前在游艇上举办秀的机构还不是很多，若能在游艇上举办一场与众不同的秀，一定能给主办方带来意想不到的效果，观众也将眼前一亮，获得全新的感受与体验。

案例 6-19　杭州首次游艇 M SHOW 活动

一、背景说明

杭州，这个美丽又极富时尚感的城市，有着美丽的西湖，被赋予爱情之都的称号，正被全世界的目光所聚焦。我们的这次活动将爱情和时尚完美地融合在一起，在钱塘江上用杭州第一艘豪华游艇，以 M SHOW 的形式来演绎这场杭城时尚的风暴。

本次 M SHOW 活动之所以采用游艇来展示，是考虑到杭城特有的美丽、时尚气息等因素。M SHOW 是一个展示美丽，宣扬时尚的绝佳平台，是企业文化的最佳传播者，是品牌推广的宣传者。

二、活动主题

主题：流动的风景 永恒的时尚

M SHOW是杭城第一场游艇秀，杭城第一场以新婚为主题的秀，杭城第一次把咖啡剧和秀联系在一起的秀，创造了一个全新的M SHOW概念。

三、关键词

M SHOW是一个前所未有的概念，更是一种前所未有的展示。

首先，M为：modern（时尚）、mix（整合）、marry（结婚）。M SHOW是杭城最前卫最新潮的观念，据介绍，M剧有两重含义，一是杂剧概念，从形式上集百家之所长，内容上来自社会热点、老百姓关心的话题，二是M剧面向的是大众市场，目的是娱乐大众。M剧可以嬉皮、另类、风格化，同样M剧也遵循“艺术、商业、市场、竞争”的规则。

其次，M更是mix（整合）的首个字母，兼容并序地用各种耳目一新但又恰如其分的表现形式传播时尚的理念。他们相互独立却又各有关联。本次游艇M SHOW混合的表现形式为咖啡剧、婚纱秀、礼服秀、男女内衣秀和珠宝秀等，从不同角度来传达杭城恋爱和婚姻的时尚理念。

本次M SHOW举行的地点选择在“新宇玉皇”号游艇上，把秀场的时空范围无限拓展，钱塘江边不断变化的美丽景色也是本次M SHOW混合的时尚元素之一，对商家更为重要的是另一个M——money的首个字母，M SHOW本身就是一个新闻事件，具有新闻敏感的各大媒体，定会用大幅的版面来宣扬报道。在新闻版面或专刊版面出现商家的信息，所达到的宣传效果比刊登硬性广告好得多，并且所支付的宣传费也优惠得多。

最后，本次《新娘》杂志浙江版举办的游艇M SHOW展现的是marry的秀场，而M为marry的首个字母，也是正是M SHOW的精髓所在。

四、活动内容

杭州自古以来就被誉为“爱情之都”，上演了一幕幕缠绵悱恻的爱情故事。生活在这片土地上的人们也有自己与众不同的恋爱、婚姻理念，但一直没有适宜的机会表达出来，此次游艇M SHOW正是给予代表杭城时尚界人士大声SHOW出自己理念的平台，让世界听到一个具有杭城浪漫色彩的恋爱观和婚姻观。

本次游艇 M SHOW 将携杭城各界时尚人士进行 4 小时左右的“尊贵游艇之旅”，驶达富春江畔。M SHOW 宣扬新兴的“婚姻理念”，让来宾在畅游美丽的钱塘江的同时品味杭城恋爱、婚姻时尚，同时参与其中讲述自己的恋爱观、婚姻观，成为杭城新一轮时尚的发起者、号召者。M SHOW 包括一场小型咖啡剧，表现时下年轻人对恋爱婚姻的态度，穿插 4～5场单场商家产品展示会发布会、船长答谢晚宴（自主冷餐会）贯穿本次 M SHOW。

资料来源：http://www.doc88.com/p-23745281961.html

基于上述优点，有下列行业适合选择游艇作为秀场。

(1) 时尚奢侈品行业，如时装设计或珠宝行业，可在游艇上开展时装发布会、珠宝秀等。一般这些秀都代表着一种时尚前卫的生活，在游艇上举办这类秀在属性上与游艇的时尚品质有着一致性，游艇的高品质既能给秀增添一分气质，又能突出秀的主旨。

(2) 水上运动品行业，如销售帆船、赛艇、皮划艇等产品的企业。这类企业的新品发布会可以更好地体现产品与水结合的特性。

(3) 游艇相关行业，如游艇经销商或游艇俱乐部等。这些企业可以利用自身具备的相关游艇资源，合理利用自身的优势，节约人力、物力与财力，办一场有自己特色的秀，如游艇秀等。

(4) 媒体行业，如电视台或时尚杂志等。这些媒体机构可以在游艇上给大众提供一个自我展示的平台，如真人秀、模特比赛等。这类机构举办秀时可以充分发挥游艇的优势，在活动中多多加入与游艇相关的活动环节。

6.4.2　活动内容

根据秀展示的内容，可以将在游艇上举办的秀分为两种类型。

第一种是以企业展示产品为主的产品秀，如新品发布会、时装秀、珠宝秀等。企业通过对产品的展示，将产品的外观、规格、性能等直接陈列给消费者，消费者也可实地体验产品，对产品有一个更好的了解。在游艇上举办产品秀，有利于塑造企业与产品的良好形象，彰显产品品质，提升品牌形象，吸引消费者的目光，增加品牌在消费者中的认知度，积聚人气，在消费之中获得良好的口碑，从另一方面带动了企业产品的销售。对于一些新品秀，也为产品打入市场奠定了基础。需要强调的是，作为游艇自身的一种展示，游艇秀也包含在产品秀中。

案例 6-20　苏州园区游艇秀：顶级游船缤纷登场

2011年5月，一场华丽的游艇秀在苏州金鸡湖畔拉开了帷幕。36艘来自全国各地顶级的游艇俱乐部和游艇制造企业参展商的游艇集结于此，让苏州市民大呼“过瘾”。

十多艘豪华的游艇在月光码头广场上一字排开，这些只有在电视中才能看到的游艇一登场就让苏州的市民饱足了眼福。他们争相涌向了展台边的豪华游艇、帆船、快艇、摩托艇进行合照。

据了解，本次游艇秀分为陆上游艇展和水上游艇秀两大环节。陆上游艇秀展出了全新豪华游艇、帆船、快艇、摩托艇共16艘。水上游艇秀则集结了各类游艇、观光艇、冲锋艇组成的20艘，还有来自金鸡湖游艇驾驶员“精锐部队”组成的摩托艇编队进行精彩的特技表演，可谓是动静兼顾，给市民和游客带来的饕餮盛宴。

资料来源：http://www.netsuzhou.com/news.asp? xwid=37951

第二种是以展示个人才艺、表现自我为主的真人秀，如模特秀、才艺秀等。越来越多的秀不仅丰富了人们的娱乐生活，更为大家提供一个互相沟通交流、展示自我的良好平台。

案例 6-21　2011年国际游艇模特大赛中国总决赛惊艳落幕

中广网海口2011年11月23日消息（记者许云）：碧海金沙，游艇美女，必定是最受瞩目的视觉盛宴。11月23日晚，“S. D. Spontini 2011国际游艇模特大赛中国总决赛”在海南海口惊艳落幕。

参加当晚中国总决赛的30名佳丽是从300多名报名选手中经过层层筛选，最终脱颖而出的，她们带着梦想齐聚海口，经过水手服、泳装、晚装展示，以及才艺表演、即兴问答等环节的比拼后，来自河北的张田宇夺得冠军，亚军和季军则分别由戚乐、吴阿楠摘得。

主办方表示，2011国际游艇模特大赛以“活力、健康、性感”为主题，力图展示人、艇、海最美丽生动的故事。“活力”是一种大赛的特

有风貌，“健康”是一种崇尚自然的生活态度，“性感”是一种浑然一体的气质。碧海蓝天、游艇美女是人与自然最贴切的结合，两种截然不同的美相互辉映，不仅宣示着一场视觉盛宴，更传播着一种新型生活理念：时尚、美丽、健康。

资料来源：http：//auto.chinadaily.com.cn/2011-11/28/content_14176672.htm

在游艇上组织秀一般包括以下流程和内容。

1. 宾客接待

宾客到来，不需要签到的，可直接引导入休息室。贵宾到来，由东道主亲自迎接，并陪贵宾交谈、休息，等待秀开始，需要签到的应有专人领他们签到。签到簿以红色封面为宜，内部纸张以装饰美观的宣纸为宜。

签到的同时，可以将本企业或组织的宣传说明资料发给来宾，以扩大企业或组织的知名度，还可以准备两个盒子或者碟子，一个装单位领导或公关部经理的名片，另一个装来宾的名片，便于今后联系或制作通讯录。来宾签到后，再由接待人员引导至备有茶水、饮料的接待室，让他们休息并互相认识。

2. 资料分发

工作人员将事先准备好的资料及时发放给有关与会人士，最好为每人准备一个资料袋，内装活动说明、活动流程等。

提供给与会者的资料，一般以广告手提袋或文件袋的形式，整理妥当，按顺序摆放，再在秀开始前发放给与会者，顺序依次为：活动介绍、演讲发言稿、发言人的背景资料介绍（应包括头衔、主要经历、取得成就等）、公司宣传册、产品说明资料（如果是关于新产品的秀的话）、有关图片、纪念品（或纪念品领用券）、企业负责人名片、空白信笺、笔（方便记录者记录）。

在典礼临近开始前，要检查一下各方面工作是否完备，重要的宾客是否到齐，发现问题要及时处理。

3. 剪彩仪式

剪彩仪式是指商界的有关单位，为了庆祝公司的成立、公司的周年庆典、企业的开工、宾馆的落成、商店的开张、银行的开业、大型建筑物的启用、道路或航道的开通、展销会或展览会的开幕等而举行的一项隆重性的礼仪性程序。

安排剪彩事宜主要包括以下三个方面的工作。

（1）剪彩者的确定。剪彩者一般由上级领导、合作伙伴或社会知名人士担任。根据惯例，剪彩者可以是一个人，也可以是几个人，但是不应当多于五个人。剪彩者名单一经确定，应当尽早告知对方，让其早有准备。一般情况下，确定剪彩者必须尊重对方个人的意见，需要由几个人同时剪彩时，应当分别告知每位剪彩者届时他将与何人同担此任。

（2）助剪者的挑选。助剪者指在剪彩过程中为剪彩者提供帮助的人员，即礼仪小姐。礼仪小姐常由举办方挑选年轻、精干、身材和相貌姣好的年轻女职员担任，也可以到专业组织聘请。礼仪小姐确定并做好分工后，要进行必要的培训和演练，让她们熟悉程序，保证剪彩仪式的顺利进行。

（3）剪彩用品的准备。剪彩用品主要有红色缎带、新剪刀、白色薄纱手套、托盘及红地毯等。

4. 开幕式

开幕式是各种活动正式开始前的礼仪和庆祝活动。通过开幕式，可以起到扩大影响、提高社会知名度、树立主办单位良好社会形象的作用。

开幕式现场可以摆放花卉，悬挂彩旗和标语，也可以根据内容需要播放音乐表演舞蹈、敲锣打鼓，以体现热烈浓重的气氛。时间较长或规模较大的开幕式，可设主席台并摆放座位；时间较短和规模较小的，一般站立举行，但事先应划分好场地以便维持现场秩序。主持人、致辞人和主要贵宾应面向群众代表，若场面较大，应安置扩音设备。涉外的重要开幕式，还应悬挂有关国家的国旗。

5. 闭幕式

闭幕式是各种活动结束时的礼仪和庆祝活动。闭幕式的内容、形式和开幕式基本相同，但开幕式突出的是庄严、隆重，而闭幕式则多一些欢乐的气氛。

6. 直播

直播是指在现场随着事件的发生、发展进程同时制作和播出节目的一种播出方式。按播放内容的形式来分，直播可分为现场直播、演播室访谈式直播、文字图片直播、视音频直播等。按传播的媒介来分，直播可以分为电视直播、网络直播和广播直播等。活动组织者可以根据实际情况选择播出的内容和形式。

在游艇上直播秀，可以塑造本企业或组织的良好形象，吸引社会各界更多的关注，争取公众更多的认可和接受。

7. 秀后活动

游艇秀结束后，可以根据实际情况引导客人参观产品陈列或企业宣传，以融洽关系，宣传自己；也可以举行短时间的座谈或请来宾在留言簿上留言，广泛征求意见；还可以安排其他游艇活动、舞会、宴会等答谢来宾。

6.4.3　活动要求

1. 基本要求

游艇出海受天气影响较大，因此在游艇上办秀要提前几天关注天气预报，若当天风力过大，不仅影响游艇出海，而且即使能够出海，游艇也会摇摆不定，影响游艇秀的正常举行。下雨天也不适合在游艇上办秀，因为游艇不是完全密闭的空间，有相当一部分活动需要在外部甲板上进行，雨天将为秀造成诸多不便。

游艇秀活动要考虑到在场人员的身体状况，若有晕船的嘉宾需要提前提示，以便安排近海进行晕船测试，有强烈晕船反应者不宜出海。在游艇上还要做好晕船人员的保护措施，如准备好晕船药、枕头垫等。

在游艇上举行秀之前应了解游艇的正常运行状况，出海前做好游艇的检查与维修，以免游艇行驶到海中发生故障，给秀的正常举行带来麻烦。同时，还要检查救生设施是否齐全，一旦发生危急情况，可以及时采取正确有效的保护措施，以确保游艇上人员的生命安全，将安全措施做到最好。

2. 物料准备

1）秀前准备材料

首先是邀请资料，如请柬、来宾名册、签到簿等。请柬的使用，既可以表示秀组织者对被邀请者的尊重，又可以表示组织者对此次秀的郑重态度。签到簿可以帮助了解有多少人到场，分别是谁，使秀组织者一方面能够查明是否有人缺席，另一方面能够根据签到簿安排下一步的工作，如就餐、住宿等。

其次是说明材料，如秀活动流程单、活动介绍等，如果是关于新产品发布会的话还应有产品说明资料等。这些说明材料的准备可以更好地帮助参加秀的人大致了解整个活动的流程、内容等，做到心中有数。

最后是宣传材料，如海报、横幅、活动宣传单、公司宣传册等。这些宣传材料的准备能够更好地宣传企业形象，非常有效地把企业形象提升到一个新的层次，还能够更好地把这次秀的内涵展示给大众，很好地诠释秀所包含的理念。因此，宣传材料的制作与准备是一场秀中必不可少的环节。

2）秀中配备设施

成功组织一场秀，以下这些基础配备是必需的。

首先是桌椅、席卡、茶水等。参加秀的人员到场后应该及时安排其在指定位置就座，保证现场秩序稳定，为秀顺利开展提供保障。茶水饮料等最好是提供矿泉水，因为每个人的口味不一样，有的人喜欢喝茶，有的人喜欢喝饮料，还有的人喜欢喝咖啡，所以如果没有特别的要求，矿泉水是最能让每个人都接受的选择。

其次是笔、空白信笺等。不一定每个人都会随身带着一支笔或者一个小本子，这些文具用品的准备给秀的参加人员提供了方便，他们可以随时记录下观看秀的过程中的一些心得体会或者一些意见。

最后是舞美设备，如幕布、灯光、音响、麦克风等。这些设备的准备是整个秀的重要部分，只有这些舞美设备真正地合理配合使用起来，才能给一场秀带来最精彩的亮点，给观众留下美好回忆。这些相关设备在发布会前要反复调试，保证不出故障。

3）秀后纪念用品

在秀结束后，一些与秀相关的纪念品、小礼品的准备与发放，不仅能给参与者留下更为深刻的印象，还能展现秀举办方友好的公共礼节，这在一场秀的举办中也是一个很重要的细节之处。

3. 秀场布置与装饰

1）背景布置

一场秀的主题背景布，内容应当大致包括秀的主题内容、日期，有的会写上举办城市，颜色、字体注意美观大方，要与周围环境相协调。背景布主要是衬托出秀的主题，所以在设计及选材上一定要慎重考虑，目前背景布主要采用高清晰写真布，这种材料因为无异味，不反光和高清晰的特点，对秀的现场气氛营造和摄影摄像都大有好处。

2）装饰美化

场地环境要精心布置，为了烘托热烈、隆重、喜庆的气氛，用彩带、气球、红地毯、标语、祝贺单位条幅、花篮、牌匾等烘托喜庆热烈气氛，有时甚至还需要安排锣鼓、鞭炮和乐队，以渲染氛围。

游艇内部应该根据秀的主题选择适合秀的装饰设计风格，要体现秀的主题以及与周围环境甚至游艇的协调性。游艇外部的布置，如游艇外横幅、竖幅、漂浮气球、游艇入口处拱形门的布置等，也应根据实际需要安置妥当，需要注意的是这些的装饰不能妨碍游艇正常运作与行驶。

第7章 水上运动

水上活动是人类最远古的活动之一，人类依水而居，不管是农耕文化还是海洋文化，人们都必须掌握一定的水上活动技巧。从无装备的游泳到有装备的舟楫、搏浪、击风、观星，人们遨游大江大海，从中获得生存资源。今天，人类生存虽然不再依赖自身的水上活动技巧，但其作为一种运动技巧、生活乐趣却很好地保留了下来，并发扬光大，更为精彩纷呈。

7.1 摩托艇运动

摩托艇运动是驾驶以汽油机、柴油机或涡轮喷气发动机等为动力的机动艇在水上竞速的一种体育活动。摩托艇运动集观赏、竞技和刺激于一体，既是一种极富刺激性的体育竞技项目，又是一种广受欢迎的休闲娱乐项目。

7.1.1 运动介绍

摩托艇运动最初作为一种体育竞技项目起源于19世纪末。1922年国际摩托艇联盟在比利时成立，为了大力促进摩托艇运动爱好者之间的交流互动，国际摩托艇联盟积极举办各级别的摩托艇运动赛事。因比赛场面壮观激烈、精彩纷呈、惊心动魄，摩托艇运动日渐成为世界公认的具有较大影响力的竞技体育项目之一。其中，体现摩托艇运动最高水平的世界一级方程式（F1）摩托艇锦标赛，与奥运会、世界杯足球赛、F1汽车赛成为世界公认的四大收视率最高的国际体育赛事。

我国从1956年正式开展摩托艇运动，此后每年都举办全国锦标赛、冠军赛、国际明星对抗赛等一系列赛事，并于1995年、1996年和1997年三次成功地承办了F1摩托艇锦标赛，极大地推动了摩托艇运动在我国的开展与普及。越来越多的年轻、时尚、个性化人群开始大力推崇、喜爱并热衷于摩托艇运动，充分满足了其竞技、观赏、休闲的需求。

1） 竞技

以竞技为目的的摩托艇运动主要体现在竞速与花式两种形式上，强调驾驶者之间的竞争较量，追求比赛的过程与结果。这类参与者直接进行摩托艇驾驶，大多为专业运动员或摩托艇爱好者，拥有一定的驾驶技术与经验，持有摩托艇驾驶执照并符合竞赛规程要求。竞速运动多是在闭合场地进行环圈驾驶或跨越障碍的一种计时赛，而花式运动则是一种利用摩托艇展示空翻、潜水、跳跃等动作的表演赛。

2）观赏

无论是竞技运动还是花式运动，摩托艇运动都表现出较高的观赏性，这种观赏性体现在驾驶的速度与技巧，动作的编排与难度，以及“人—艇—自然”的和谐等方面。摩托艇运动爱好者并不一定是赛事的参与者，更多是赛事的观赏者。

案例 7-1 天天上演“水上功夫”——2009 年中国青岛国际海洋节

这是一个由数名全国摩托艇冠军得主组成的摩托艇表演队，代表着目前我国摩托艇表演的最高水准。只见这些摩托艇排成一字形正向颁奖台的观众们快速驶来，待到近距离时，七名表演者同时向前方翻转筋斗，引得现场观众掌声连连。接下来，他们或斜向翻转掀起半月形水花，或加大引擎用技巧向空中射出十几米高的柱形喷泉，精湛的表演技巧引得现场叫好声不绝于耳。当运动员以“金字塔”造型在水面或屹立滑行，或多人叠罗汉，或单人特技空翻、高速穿越时，观众更是为表演者卓越的技艺所折服，发出一阵阵惊叹。

资料来源：http://wanbao.qingdaonews.com/html/2009-08/11/content_2157386.htm

3）休闲

作为继高尔夫、马术之后进入中国的第三大时尚运动，更多参与者追求的是摩托艇运动的休闲娱乐特质。作为一种户外水上运动，摩托艇运动具有高体验性、低驾驶难度、适合多种水域的特征，既有速度的刺激感，又有亲水的自然性。摩托艇运动驾驶操作较为简单，只需要掌控好方向盘即可，因此这项运动拥有广泛的群众基础。同时，我国沿海、内河的水域充足，摩托艇的售价也较为合理，并不十分昂贵，作为一种环保的休闲娱乐项目，摩托艇运动被众多港湾、湖泊旅游地及水上公园推向市场，极大促进了该运动的普及推广。

相较于欧美国家，我国私人拥有摩托艇的比例较低，多以租赁或俱乐部会员身份使用为主，使用者年龄也多在 25～45 岁，追求运动品味与水上驾驶体验是他们选择该项运动的关键所在。

伴随着我国游艇产业的发展，摩托艇运动呈现出快速发展的势头，摩托艇专业俱乐部也越来越多，国内首个水上运动项目联赛——中国摩托艇联赛于 2011 年 6 月在广西柳州举行。相较于其他地区，摩托艇运动在以深圳、广州、珠海为代表的华南珠三角港口群，以上海、宁波为代表的华东长三角港口群，以天津、大连、青岛为代表的华北环渤海港口群发展较快。

案例 7-2 中国摩托艇联赛周末柳州揭幕

国内首个水上运动项目联赛中国摩托艇联赛于 2011 年 6 月 11～12 日在广西柳州举行。

该项联赛将采用按年度分站举行的比赛模式运营，平均每年 5～7 站，每站由 8～12 支队伍参与。赛艇由方程式摩托艇（即 F4 赛艇）、坐式水上摩托、立式水上摩托三种艇型组成。首站比赛有来自湖北、山东、安徽、江西、上海、广西壮族自治区等省（直辖市、自治区）队以及青岛航校队、湖北航天三江水上运动俱乐部共 8 支队伍近百人参加。

其中，柳州市摩托艇队是唯一一支民间组织。该队目前有领队、教练、机械师和运动员共 10 名，具有三年以上的摩托艇训练和比赛经验。队员中多人都曾代表柳州参加亚洲水上摩托城市公开赛，部分队员参加过世界水上摩托锦标赛和亚洲海洋沙滩运动会，并取得了骄人的成绩。

资料来源：http://news.cntv.cn/20110609/101558.shtml

7.1.2 运动内容

摩托艇运动通常包括竞速艇（船）、运动艇（船）、汽艇、水上摩托、气垫（船）艇、喷气（船）艇、电动（船）艇运动等。其中，水上摩托艇运动根据驾驶方式又可分为坐式水上摩托运动和立式水上摩托运动（也称滑水型水上摩托）两种。这种划分主要考虑了艇体特性及驾驶方式，却淡化了不同摩托艇运动之间的性质差别，从而给运动的策划与组织保障带来不便。

依据运动性质及参与者参与目的的不同，摩托艇运动可以分为竞速、花式和自驾等类型，其中竞速与花式主要以竞技为目的，针对的是专业运动员，而自驾则满足的是一般消费者的需求。

1. 竞速运动

竞速运动强调驾驶技术与艇速，力求在障碍驾驶或耐力驾驶过程中的耗时最短。国内目前竞速运动的项目主要为水上摩托、OA 级（250 毫升）、OB 级（350 毫升）、OSY-400 级（400 毫升）等级别，比赛距离可分为 5 千米与 10 千米，所用器材为竞赛艇。其中，OB 级艇长 3.80 米，速度最高可达 160 千米/小时。与上述这些围绕固定标记进行逆时针环圈计时的赛事不同，F1 赛事是一种要求运动员进行时左时右转弯的环圈计时赛，比赛速度可达 220 千米/小时，更具刺激与观赏性。

案例7-3　F1摩托艇深圳站月底开赛—献礼特区成立30周年

2010年10月9日下午，2010年F1摩托艇世锦赛中国深圳大奖赛新闻发布会在市民中心召开，以“时尚深圳，欢乐海洋”为主题的深圳大奖赛于2010年10月23～24日如期举行，届时将有来自中国、美国、意大利、德国、英国、法国等16个国家的11支赛队在南山后海内湾公园的碧水鳞波之上，展开一场激烈的“蓝色大战”。

不仅水上风驰电掣、浪里纵横的比赛场面令人神往，本次深圳大奖赛的相关“热身”活动也让人期待：①在F1赛场中央广场区域，VIP区举办的“3D科技展”活动，采用3D技术对大赛进行全新展示，实现3D摄录、3D现场直播；②在比赛间隙还将穿插精彩的水上花式摩托艇表演、滑水表演、小帆船表演及体验；③“魅力中国·时尚深圳，国际旅游、探险文化展”将展示中国100位顶尖国际探险家摄像、图文成果资料，包括南极科考探险、北极探险、非洲乞力马扎罗山探险、马赛马拉非洲草原探险、南美亚马逊热带雨林探险等；④“F1摩托艇大家庭中国城市文化展”是一次对F1摩托艇世锦赛申办城市基础设施、经济成果的展示。精彩的赛事和活动，将让观众一饱眼福，尽享2010年F1摩托艇世界锦标赛中国深圳大奖赛的独特魅力。

资料来源：http://motoboat.sport.org.cn/home/dtbd/2010-10-12/329900.html

在环圈竞速运动中，通常要进行四轮竞赛，取其中三轮最好成绩的得分总和来评定名次，若得分相等，则取其中一轮的最高时速作为评定依据。无论是同时起航还是分组起航，均以平均速度高低决定各轮成绩。摩托艇运动的竞速纪录分为速度纪录与竞赛纪录两类，其中，速度纪录是基本航程为1千米的速度，而竞赛纪录则是赛事航程（如5千米闭合环形航线）的速度。

2. 花式运动

花式运动是指驾驶者在规定时间（3分钟），利用空翻、潜水、跳跃等动作，以充分展现其驾驶和控制水上摩托在难度、挑战性和创造性上的技巧和技术，具有极高的观赏性与娱乐性。花式运动仅限于立式水上摩托，目前国际摩托艇联合会正式设立的比赛级别为立式水上摩托800毫升。花式运动既是一种竞技运动，也是一种表演项目，既强调技术性，也注重艺术性。

在摩托艇花式比赛中，同样要进行 4 轮比赛，取 4 轮比赛得分的平均值为最终成绩。要求完成的花式动作及质量要求，见表 7-1。

表 7-1 摩托艇花式运动的评分要点

名称	得分	动作标准
喷水	100	喷出的水柱与水平面夹角不小于 30 度，并持续 2 秒钟以上
侧卧急转	120	连续急转两次，艇转角度不少于 90 度，并保持正常姿势航行
海豚直立航行	150	艇底与水平面夹角不小于 45 度，并持续 2 秒钟以上
海豚式转艇 360 度	180	艇底与水平面夹角不少于 45 度，转艇 360 度
倒立前滚翻	200	人必须倒立在艇上，在艇首入水，艇尾出水并抓住艇
海豚式转体 360 度	230	在做海豚式动作时，转体 360 度，双手抓把
急转 180 度	240	人艇急转 180 度后，在原航线反向航行
急转喷水接倒	260	喷出水柱持续 2 秒钟以上，动作连贯，一气呵成
跳钻水	270	要求人、艇全部没入水中，出水时保持原方向航行
侧钻水	320	侧转不小于 45 度，要求人、艇全部没入水中，出水后至少单腿站立艇上接正常航行
海豚式后空翻	330	在做海豚式时，运动员后空翻 360 度，脚先入水
鱼跃钻水	380	艇在水下航行不少于 4 米
急转 360 度	420	人、艇急转不少于 270 度，接正常航行
海豚式前手翻	430	要求翻越前，艇与水平面夹角不少于 45 度，由艇首翻入水中，腰部以下部位先入水，从艇尾出水
侧跳钻喷水	460	艇跳起来，并在空中转艇不小于 90 度，入水后喷出水柱高度不小于 2 米，出水后接正常航行
单手侧钻水	480	单手航行，并单手使人、艇侧转全部没入水中，出水时单手握把接正常航行
倒骑侧钻水	530	人背向直立航行时，人、艇侧转全部钻入水中，出水时应至少背向坐或蹲于艇上，接正常航行
侧空翻	500	要求人、艇在空中侧向旋转不少于 270 度，落水后接正常航行

资料来源：2004 年全国摩托艇锦标赛水上摩托竞赛细则

3. 自驾运动

自驾主要是一般消费者借助摩托艇所进行的休闲娱乐活动，主要寻求速度、感官、技能等方面的体验。

1）速度体验

摩托艇运动的刺激性、惊险性与观赏性来源于速度。在清凉海风中，肆意挥洒汗水，享受风驰电掣般的快感，追逐乘风破浪的惊险，寻求速度带来的震撼是摩托艇运动最大的吸引力。

2）感官体验

摩托艇运动除了速度与激情以外，还可以营造出浪漫、温馨的氛围。特别对于情侣、家人或朋友而言，摩托艇运动也是增进感情的一种有效途径。登上摩托艇，在水中自由游走，或者观赏摩托艇表演，感受着雪白浪花的不断翻滚与触摸，呼吸着清新的自然气息，在蓝天、白云、沙滩、浪花的交相辉映中放飞心情、缓解压力，是情侣或家庭消费的主要目的。

3）技能体验

对摩托艇驾驶的爱好者而言，自驾的目的是为了提升驾驶技巧、磨炼技术，如直行回转过程中油门的运用、滑行空间的预估等。当然，一般消费者除了自驾以外，也可以通过观赏专业运动员的竞速或花式表演，寻求感官体验，放松心情。

7.1.3 运动要求

摩托艇运动的开展，除了要有基本的摩托艇装备以外，还需要一系列的硬件配套及法规要素的环境支撑。

1. 摩托艇及装备要求

摩托艇分为竞速艇、运动艇、游艇、汽艇、水上摩托、气垫艇、喷气艇、电动艇。摩托艇是驾驶以汽油机、柴油机或涡轮喷气发动机等为动力的机动艇。摩托艇的工作原理和飞机机翼相同，两只艇翼在发动机开足马力时抬离水面，此时空气就会从两翼间滑过形成气垫，船体受这种气垫产生的浮力作用被托起。摩托艇体积小、重量轻、速度快，操纵简单，易于维护。

摩托艇内一般会有配套设施，如游艇的污水处理系统、应急控制装置、救生消防安全系统（一般配置了发动机、发电机、雷达、专业的仪器仪表、消防设备、电话通信设备、冷气设备，甚至卫星导航系统），以及以视听方法通报故障或不安全状态的报警系统、救生圈和具有一定缓冲功能的座椅等。

案例 7-4　水上 F1 主角摩托艇

F1 摩托艇赛是指一种要求运动员在围绕固定的标记进行的时左时右转弯的环圈计时赛，比赛速度可达 220 千米/小时。

比赛用艇为双浮体式滑行艇，封闭式座舱，长 4.8 米、宽 1.8 米、深 0.8 米、重 450 千克。发动机为二冲程艇外挂机，冲灌式冷却，排量 2000 毫升，转速 11 000 转/分钟，艇速可达到 220 千米/小时，一条 F1 摩托艇价值 6 万～8 万美金。

资料来源：http://motoboat.sport.org.cn/home/zhishi/2004-06-17/49897.html

2. 环境要求

摩托艇运动对环境的要求较高，既要考虑极速运动的要求，更要保证安全的要求，主要要考虑以下三个方面的环境因素。

1）水域

摩托艇可在内河或沿海区域航行，但在内河驾驶摩托艇与在海上驾驶摩托艇是完全不一样的。60 马力的摩托艇只适用于在内河行驶，不能在海上行驶，因为无法抵御海浪的袭击。一般 140 马力的摩托艇才能出海，但也需具有出海经验的行家才行。

在风浪、海浪较大的地方要求筑有防波堤，防波堤内要求港池平静、水域宽阔，不允许有人和船只经过。防波堤的主要功能是阻断波浪的冲击力，围护港池及维持水面平稳以保护港口免受坏天气影响，保证船舶安全停泊和作业的功能。除此以外，防波堤也有防止港池淤积和波浪冲蚀岸线的作用。

2）时间、气象

摩托艇运动要在白天进行，有足够的亮度才能保证安全。风速或者潮汐很大时，一般会停止该项运动，摩托艇运动要求在蒲氏风级不超过 6 级，目测波高不超过 1.5 米的水域内航行。

3）码头地址

码头适宜选择在地质条件好、岸坡稳定的河段、滨江或滨海地带；水域水流平顺，有足够水深；陆域有足够的岸线长度与纵深，留有足够空间以布置前方作业区域，包括干仓（游艇陆上停放仓库）道路、会所功能区、维修和保养场地等。码头一般不宜选在桥头或河岸下游易发淤积的区域，以防通航不便。

同时，为避免船只因长期停留在水中而产生污点、生长藻类、生锈腐蚀等老化现象，拥有一组摩托艇码头，不仅可以减少对船只的损坏，还不会产生任何维护费用。摩托艇码头应全部以塑胶为原料制造，可以采用独特的干泊位设计。干泊位码头安装拆卸方便、实用美观、自由组合，可以停放不同型号的摩托艇。

3. 人员配备要求

摩托艇运动是一项水上综合性的技术运动，要求驾驶者是熟悉并适应水上生活，具有航海基本知识、船艇驾驶经验和拥有小型高速发动机技术的专业人员。只有达到水上项目全国性单项体育协会颁布的专业人员标准，并取得相应资格证书的人员才可以驾驶摩托艇，没有资格证书不能驾驶摩托艇。

作为首次接触摩托艇的爱好者，可坐在后座观看专业驾驶人员驾驶，学习相应的驾驶技巧。在无人无船水域，爱好者可以尝试驾驶，但身兼救生员的教练必须在一旁做好救生工作。

水上摩托艇的高速特性对驾驶人员的驾驶操作提出了严格要求：航行时注意

力应高度集中，随时观察水面情况，及时改变航向避开漂流物体及水下浅滩暗礁等障碍。对正在航行的船只，应判明其前进方向，估计其航行速度并注意它是否拖带其他物体，切忌从拖带的船只和物体间通过。艇只较多时应错开航道航行，不要前后紧跟，以免前方艇只突然发生减速、停机、转向或翻艇等情况来不及躲让，务必严守航行规章。整个航行过程要求驾驶者保持沉着镇静，避碰避浪时灵活勇敢，只有这样才能应付出现的复杂情况，保证顺利航行。只有在人、摩托艇与水三者完全融合的境界里，驾驶者才能真正感受速度与激情的碰撞，体验乘风破浪的豪情。

4. 政策法规要求

根据国家政策法规规定，国家体育总局授权国家体育总局水上运动管理中心，会同有关部门拟定全国水上体育经营活动的政策、法规，对全国水上体育经营活动进行监督和管理。县级以上地方各级人民政府体育行政部门，或者本级人民政府授权的机构，主管本行政区域内的水上体育经营活动。

凡举办水上体育经营活动，应报当地体育行政部门批准；举办国际或全国或跨省市水上体育经营活动，必须报国家体育总局水上运动管理中心批准。凡进行水上体育经营活动者，必须向当地体育行政部门提交以下书面材料，包括：申请书、符合技术标准的水上运动场资料、符合水上体育项目全国性单项协会规定标准的设施和器材资料、专业技术人员、管理人员的资格证明材料、经营活动规定的有关资料。

同意进行水上体育经营活动证明书，由国家体育总局统一印制，授权县以上各级体育行政部门颁发。经核准进行水上体育经营活动者，应持同意进行水上体育经营活动证明书，到工商行政管理部门申领营业执照后，方可进行水上体育经营活动。未经批准不得从事水上体育经营活动。

案例 7-5　极速冲浪吸引年轻人——摩托艇运动在梧州悄然兴起

夏季正是水上运动大行其道的时候，随着梧州市水上运动游艇协会的成立，市民又增加了一项惊险刺激的水上运动——摩托艇运动。

梧州游泳场场长覃东海告诉记者，摩托艇项目自 2010 年 6 月开放以来，受到年轻人的欢迎，特别是追求刺激的年轻人。每天下午 3 点至傍晚 7 点半是摩托艇项目开放的时间。由于摩托艇时速高达 70 千米/小时，该项运动必须在白天进行方能保障安全，且必须水面平静，不允许有人和船只经过。目前初步的水域范围是在莲花桥附近和系龙舟附近。

据覃东海介绍，由于摩托艇是水上运动，会游泳是首要的条件。否则一旦落水容易发生溺水事件。另外，在年龄方面也有要求，年龄在12岁以下的孩子不允许乘坐摩托艇，年纪大的人也不适合这种激烈刺激性运动，心脏病、高血压患者及酒后不允许驾驶或乘坐摩托艇。覃东海介绍，摩托艇的驾驶与摩托车驾驶相似，因此会驾驶摩托车的女性也可以玩摩托艇。

资料来源：http://www.wzljl.cn/content/2010-07/14/content_43871.html

7.2 滑水运动

滑水运动是借助牵引在水上进行体能、技巧和表演的一种水上项目，集技巧、观赏、娱乐和惊险于一身。滑水既可以使人感受高速滑行带来的刺激，又能使人体会翻、转、跳跃带来的快乐，让人充分享受蓝天碧水的温情以及体育运动的无穷乐趣。

7.2.1 运动介绍

滑水运动最早起源于20世纪初的美国，并迅速在欧美等发达国家普及开来。20世纪40年代，滑水运动的国际组织——国际滑水联盟正式成立，并开始举办国际性滑水比赛。1988年，国际滑水联盟正式更名为国际滑水联合会。滑水运动是国际奥林匹克运动委员会正式承认的运动项目。

目前，世界性重大滑水赛事有世界滑水锦标赛（单数年举行）、世界杯滑水赛（双数年举行），另外还定期举行单项世界锦标赛（如赤脚滑世界锦标赛、尾波世界锦标赛等）。

中国的滑水运动起源于20世纪60年代，20世纪80年代正式成为国家体育总局的正式比赛项目。1986年中国滑水协会正式成立，同年加入国际滑水联盟，开始正式参加国际性滑水比赛。中国滑水运动员曾在世界锦标赛中两次获得女子花样项目前8名，并获得60多个亚洲冠军称号。相较于欧美国家，我国滑水运动还处在起步阶段，专业运动员不到200人，只有10支不到的队伍，且受场地、器材、费用等许多限制，滑水运动还属于“小众运动”，滑水运动的职业化、产业化还有待进一步发展。

随着经济的发展，滑水运动俱乐部的出现使得中国滑水运动迎来了新的发展契机，目前北京、上海、浙江、湖南等省市都建立起了一些运作良好的滑水运动俱乐部，滑水运动作为一种休闲娱乐项目正被越来越多的人所接受并参与其中。

据不完全统计，目前全球约有3000万以上的滑水爱好者，根据其参与的目的，滑水运动可以满足以下三个方面的需求。

1. 竞技

以竞技为目的的滑水运动一般是专业滑水运动员或爱好者，拥有一定的滑水技术与经验，以竞赛为目的。竞技项目通常包括艺术与竞速两种。

案例7-6　柳州水上芭蕾精彩收官——中国滑水队完美获胜

世界水上极速运动大赛（International Aquatic-speed Competition，IAC）中美滑水明星对抗赛，经过2011年10月6日、7日共两天三轮的精彩比拼，中国艺术滑水队以总分1579.29分战胜总分1562分的美国艺术滑水队，美国队的肖恩和中国队的段振坤分别被评为最佳男女运动员。

此次中美滑水对抗赛分为标准动作和自选动作，标准动作共有水上芭蕾、赤脚滑水、多人技巧和叠金字塔四项。在自选动作中，中国滑水队的拿手好戏是高难度的360度绕船表演，7名滑水运动员围绕高速行驶的赛艇360度旋转一周。在运动员交叉换位时，如果滑水拖绳触碰到其他人的身体会十分危险，因此在中国7名滑水队员“惊险”地换位穿越后，现场发出雷鸣般的掌声和欢呼声。美国滑水队则带来了极具观赏性和冲击力的特技跳跃，两名美国运动员在拖绳的拉扯下冲上跳台，一前一后在空中飞舞翻滚，同时在空中完成交叉换位，超高难度的动作和完美的表现立刻获得了全场的欢呼声，获得了全场最高的95.33分。

资料来源：http://city.sina.com.cn/city/t/2011-10-09/164323398.html

2. 观赏

无论是艺术滑水还是竞速滑水都具有极高的观赏性。滑水运动爱好者可以通过观赏赛事获得心理愉悦，放松休闲。艺术滑水是将多种滑水单项以艺术化形式表现出来的滑水运动的综合体，有极高的观赏性。艺术滑水起源于20世纪60年代的美国，当时一些专业滑水运动员不满足于一般性的训练和比赛，创造了多人及多项目的滑水组合，并在一些公众场所进行表演。与竞技滑水的个人比拼相比，艺术滑水一般为多人组合，在比赛和表演过程中，滑水者穿着艳丽多彩的服装，配以背景音乐和现场解说，场面宏大而热烈。艺术滑水所展示的项目通常有：多人罗汉（4 层甚至是 5 层）、特技跳跃、水上芭蕾、多人赤脚、多人特技空翻等十几个项目。其参与者多是为了观赏赛事，而非参加比赛。

3. 休闲

滑水运动是力量与速度的较量，当海上快艇拖着滑水者滑向无边水面，感受非凡速度，搏击惊涛骇浪时，每个体验者都会被深深吸引，并且，滑水运动对参与者本身的要求也不高，只要会游泳，就可以加入进来。随着俱乐部相继成立，滑水运动的成本费用也在日趋下降，越来越多的人正参与到滑水运动中来，感受这种独特的水上运动带来的无穷乐趣。

7.2.2　运动内容

依据运动性质及参与者的参与目的，滑水运动包括竞技、表演与试滑三种，其中竞技与表演多为专业运动员，一般消费者主要以试滑练习居多。竞技滑水以竞赛为目的，主要包括传统滑水、竞速划水与赤足滑水三种，世界性重大滑水赛事基本都是传统滑水，具体包括花样滑水、回旋滑水、跳跃滑水三个项目。

1. 花样滑水

花样滑水是滑水者利用各种手拉、拖绳或脚拖绳等方式，完成转体、跳跃转体、空翻、转体空翻或是跨越拖绳等动作。花样滑水是滑水比赛中较优美的一种，运动员在汽艇的牵引下，进入长度为 200 多米的花样滑水场地，开始计时，时间为 20 秒。运动员在这 20 秒的时间里，做好自己事先编排的各种动作，每个运动员有两次进入场地的机会，两次的动作不能重复，否则分数减半，两个动作分数相加，分数高者得胜。

2. 回旋滑水

回旋滑水似回转滑雪，即滑水者在呈 S 形的场地中连续滑过一定间隔的 6 个障碍标。运动员在高速的汽艇牵引下，从外侧绕过回旋滑水场地的 6 个浮标。开始起滑的速度为每小时 55 千米（女子 52 千米），过完全程之后，再将时速加到每小时 58 千米（女子 55 千米），然后再依规定逐渐缩短拖绳的绳长，以加大绕过浮标的难度，直到最后失误为止（绕不过浮标或中途摔倒）。通过计算所绕过浮标的个数，分高者得胜。

3. 跳跃滑水

跳跃滑水是滑水比赛项目中最刺激、最惊险的一种，运动员在每小时 57 千米的汽艇牵引下，利用重力原理，以摆钟的方式，自身加速冲上浮在水面的跳台(上台的一瞬间可加速到100千米以上)，然后安全落下水面并能站稳滑起就算成功，每个运动员有三次机会，最远的一次为最终成绩，距离远者得胜。此项目带有一定的危险性，所以运动员在进行跳跃滑水时必须戴安全头盔。

4. 竞速滑水

相较于传统滑水，竞速滑水更强调的是速度。竞速滑水比赛目前局限在一些欧洲国家，比利时人、澳大利亚人尤为喜爱这一项目。最早的比赛是在20世纪50年代，美国加利福尼亚州组织一种类似的速度滑水比赛叫“卡塔琳娜赛”。

5. 赤足滑水

赤足滑水顾名思义是不用滑水橇的一种滑水运动。这种滑水方式的难度很大，要求参加者有惊人的力量和高超的平衡技巧。赤脚滑水时要穿戴专门的衣帽，装束与潜水员类似。

6. 表演滑水

比赛型滑水运动所需的技术性较高，运动范围大多以游乐区中的表演场为主，由专业表演人员做完成各种水平、交叉、叠罗汉、倒立和逗趣等技巧动作，常被用为招缆游客的方法之一。表演型滑水运动近年来逐渐向惊险的特技滑水表演发展，衍生出用手滑水、用胸脯滑水、跪姿滑水等方式，甚至还出现了用脚勾拖绳、用牙齿咬住拖绳的惊险场面，不仅有单人滑水，还有双人滑水、多人滑水、叠罗汉滑水和马术滑水等组合。

案例7-7　感受水上运动的魅力——银川市2010年端午龙舟赛水上运动

来自亚洲唯一一支职业艺术滑水队——湖南英美滑水俱乐部为塞上湖城银川的观众们带来了一场精彩的水上运动盛宴。

水上金字塔是滑水队员们在水面上滑行时叠罗汉似的组成金字塔的三角造型，体现运动的力量与灵巧；水上芭蕾由4名队员排成一排，滑行时融入芭蕾的舞蹈动作，体现出时尚、优雅的元素；特技空翻则是队员在高速滑行中腾空翻转360度，其中的惊险与刺激让不少在场的观众发出阵阵赞叹。

在所有滑水表演项目中，最受群众喜爱的是一些水上特技表演。例如，双人技巧表演，需要男女队员相互配合，在滑行过程中完成托举、燕式平衡等动作。水上摩托车表演的队员们在水面上飞驰时进行漂亮的转弯、穿插、腾空跃起等动作，还不时模仿海豚戏水，通过运动员的优美动作和配合，巧妙地将体育与艺术融为一体，这让深处西北内陆的银川市民们大开眼界。

资料来源：http://www.nxtv.com.cn/article/nxnews/20100615197625.html

7. 试滑活动

试滑活动既可以针对初学者，也可以包括偶尔参与或因相关活动即兴加入的玩家。他们不讲究滑水的技巧及动作，而以体会滑水的乐趣为主要目的。由于滑水运动不需要相应的资格证书，风险性较低，绝大多数爱好者可亲身体验在水面上破浪“行走”的快感。当然，水平高的玩家则可以尝试空翻、跳跃、绕行、旋转等高难度动作，抑或磨炼技术。

案例 7-8　山东省日照尾波滑水俱乐部

“日照尾波滑水俱乐部”是全国范围内第一家滑水会员俱乐部。俱乐部聘请国家级滑水优秀运动员担当教练，其中包括前国家滑水队滑水精英，为会员提供专业的技术指导培训和人性化服务等。俱乐部旨在推广滑水运动，扩大滑水运动的影响力，普及滑水运动知识，宣传贯彻“全民健身活动”，为滑水运动爱好者提供一个良好的学习、锻炼与交流的平台，使水上飞翔的梦想成真。

俱乐部定期组织滑水爱好者进行国内滑水表演、比赛和滑水技术交流。平时和双休日安排会员进行各种滑水培训、滑水体验、滑水训练、滑水表演。为了配合会员休闲娱乐运动的需要，俱乐部还将开设其他辅助性水上运动的康娱活动（水上香蕉船、水上滑水沙发、水上飞伞、水上摩托、豪华快艇等）。此外俱乐部将专门组织会员成立“日照滑水队”“日照艺术滑水表演队”参加全国性滑水比赛及表演。

资料来源：http://blog.sina.com.cn/s/blog_6128a97c0100dtj0.html

需要强调的是，一般消费者既可以参加试滑运动，也可以纯粹观赏竞技滑水或表演滑水，视听体验同样令人印象深刻。

7.2.3　运动装备

滑水运动依赖于快艇的拉托，因此装备较为复杂，除了滑水器具以外，还需要牵引、拖绳等辅助器材。

1. 滑水板

滑水板的专业名称为水橇，种类较多，每种橇代表一种滑水类型。现在普遍使用的是跳跃橇、回旋橇、花样橇、尾波橇、跪板等。水橇板对水的一面必须平整，其尾部略呈弯曲状，后下部有一个尾鳍，起稳定作用。初学者的水橇板一般都是木制品。水橇板的长度为 1.50～1.80 米，宽度为 15～18 厘米。

跳跃橇是滑水者用于进行跳跃滑水所使用的橇型。橇板有两只，根据滑水者的身高、体重专门设计，通常长为 200～230 厘米，宽度约 25 厘米。跳跃橇较其他水橇长而宽，尾鳍则小些，这种设计便于滑水者的加速和在水面及空中的稳定性。跳跃橇一般由碳纤维材料制成，价格比较昂贵。

回旋橇的长度一般在 170 厘米左右，顶部呈监弧形，较为宽大（大约 15 厘米左右），由顶部向下逐渐变窄，到底部（尾部）最窄（约不到 8 厘米），整个板体下端有个凹陷的槽。这种设计利于方向的控制，利于滑水者在遇到浪时稳定重心，便于滑水者在水中的加速、减速和转变方向。

花样橇的长度一般在 100 厘米左右，宽度约 35 厘米左右，板体两端呈弧形。花样橇的设计便于滑水者在水面的转体和利用尾流做出难度更大的空翻、跨越等动作。

尾波橇是在花样橇的基础上设计而成的，长度一般在 130 厘米左右，宽度约 40 厘米左右，板体两端呈弧形。尾波滑水者的动作看起来和花样运动员的动作类似，但尾波运动员的动作幅度更大，更具有观赏性。尾波板的设计便于滑水者借助尾流取得更高的腾空高度，以便做出转体、空翻等一系列高难度动作。

跪板是跪在一个板体上进行滑水的橇型，形状像小船，板体表面有两个凹槽，滑水者可以跪在上面，板体下端安装有尾鳍，以便控制方向，价格相对便宜。

2. 牵引器材

滑水的牵引设备通常分为船艇类与索道类两类。目前世界上使用最为普遍的是船艇类的滑水拖船。

拖船一般由专业的滑水拖船制造公司制造，马力在 300 匹左右，艇型的设计非常符合滑水者对尾浪（专业称尾流）的需要。滑水拖船价格比较昂贵，一艘拖船的价格通常在 4 万美元以上。索道牵引设备历史较短，类似于高山索道，只是把高山索道围成一个封闭的场地，通过在索道上增加特殊的变频装置，使得牵引速度可以从 20 千米/时增速到 60 千米/时。牵引设备最大的好处是可以在城市中心很小的水域架设，但一次性投资较大。

案例 7-9　国内第一条滑水索道在大梅沙建成开业

大梅沙滑水是我国首次引进的一项水上体育娱乐项目。滑水运动新颖、刺激，极富挑战性和观赏性，游客通过参与，既可以强健体魄，还可以尽享滑水运动带来的无穷乐趣，充分体现搏击者迎风踏浪的矫健英姿。

滑水索道是近年来逐渐在全球兴起的新兴水上旅游项目。大梅沙滑水索道是我国的第一条滑水索道，它把昂贵的摩托艇滑水运动变成廉价、安全、独立、便捷和节能的、人人都可参与的大众性娱乐活动。大梅沙滑水索道建在海滨浴场侧面邻水处，由人工建成的长 200 米、宽 100 米、深 1.2 米的滑水场和悬挂在滑水场上方的牵引索道组成。为方便初学者，滑水场还另辟 20 米×50 米训练道供初学者做试滑练习。

资料来源：http://www.dalu.com/news/2000-6/0628-10.htm

3. 滑水拖绳

滑水拖绳一般由玻璃丝编织而成，直径在 1 厘米左右，一般可以承受几千千克以上的拉力而不变形或折断。拖绳的长度因滑水项目的不同而不同。跳跃比赛时，拖绳的规定长度是 23 米；回旋比赛的拖绳长度因运动员的比赛进程而由裁判依次按照 18.25 米、16 米、14.25 米、13 米、12.25 米、11.25 米、10.75 米、10.25 米、9.75 米的顺序缩短；而花样比赛则可由运动员根据自己的个人习惯而选择，但一般在 20 米左右。

此外，滑水拉把、手套、臂环等辅助器材也必不可少。

7.3　冲浪运动

冲浪运动是以海浪为动力，利用自身的高超技巧和平衡能力搏击海浪的水上运动项目。相较于滑水运动，冲浪运动的门槛更低，在大众消费者中的普及度更高。

7.3.1 运动介绍

尽管冲浪运动被视为一种新兴时尚运动，但其历史悠久，已有几千年历史。当时的土著人乘独木舟浮海时，就凭一叶扁舟忽而冲上浪峰，忽而滑向浪谷，这就是冲浪运动的前身。

第二次世界大战后，塑料工业的诞生产生了轻便的塑料冲浪板，促进了冲浪运动的发展，冲浪运动以其独特魅力迅速在世界许多国家开展起来。目前，澳大利亚、日本、南非、巴西、秘鲁和欧洲都是冲浪运动非常盛行的国家和地区。职业冲浪协会作为专业冲浪组织，组织管理世界冲浪巡回赛、冲浪女子巡回赛、世界冲浪青年锦标赛、职业世界长板冲浪赛和大师冲浪赛等世界型赛事。

冲浪运动需要在水域资源丰富、气候适宜的地方展开，因此，我国海南地区的冲浪运动发展较快。特别是海南的万宁，目前正在全力打造“中国冲浪之都、世界冲浪胜地”，创建了亚洲最大的冲浪俱乐部，并成为国内第一个举办最高级别冲浪赛事（斯沃琪世界女子长板与职业冲浪冠军赛）的城市。

案例 7-10　中国最大的冲浪俱乐部落户海南万宁

谈起冲浪的天堂，很多人都会想到澳大利亚的昆士兰黄金海岸，那里每年吸引着数以万计的冲浪爱好者前往。但从 2010 年万宁国际冲浪节开始，很多人都知道了海南也有个“黄金海岸”——日月湾。目前，即将建成的 1600 多平方米的冲浪俱乐部，将成为中国最大的冲浪俱乐部，同时也是国际第二大冲浪俱乐部。

2010 年首次在日月湾举办的万宁国际冲浪节，让这个隐秘了多年的海湾成为了世界瞩目的焦点。来自日本、美国、澳大利亚、新西兰、德国、加拿大的冲浪爱好者齐聚日月湾，享受“海南黄金海岸”的海滨风情。良好的口碑、独特的自然条件，让日月湾迅速在冲浪爱好者中广为流传。

万宁在着手建设冲浪俱乐部的同时，也在筹建国家级冲浪培训基地，在此基础上拓展与冲浪产业有关的其他项目，统筹规划，发展集冲浪赛事、冲浪培训、冲浪娱乐、冲浪会展、冲浪用品制造为一体的冲浪胜地。

资料来源：http://www.hinews.cn/news/system/2011/10/12/013482817.shtml

冲浪运动不仅是一项体育运动、休闲活动，通过与旅游的结合，冲浪运动已形成了更广泛的影响力，日益成为一种回归自然、挑战自我的生活方式而备受追崇。冲浪运动对参与者需求的满足与滑水运动基本类似，对运动的要求也较为一致。

7.3.2　运动内容

冲浪是一种非常紧张刺激的水上运动，当冲浪板劈波斩浪、快速滑行时，洒脱飘逸和刺激常令人艳羡。同时，冲浪作为一种时尚休闲运动，更是联络感情、娱乐健体的绝佳方式。概括起来，冲浪运动具体包括以下内容。

1. 人身冲浪

随着冲浪运动的逐渐普及，寻求自我挑战、勇于冒险的人越来越多，一种不使用冲浪板的人身冲浪运动受到广泛欢迎。人身冲浪就是冲浪者先离开海岸游至水面内域等待大浪，大浪袭来时，冲浪者就以侧泳游向海岸。当浪峰追上时，冲浪者在最高峰处，面部朝下，背部拱起来，并把手放在腿的旁边，海浪就会把冲浪者冲向岸边。大浪消失后，冲浪者就把两手张开以减慢速度。人身冲浪既可以训练冲浪者的平衡感以及灵敏的身体反应，也有助于提高冲浪者把握时机的能力。

2. 速度冲浪

以时速 50 千米以上的速度从海面上掠过、跳跃、空中转向再接浪上 360 度空翻。已经无数次在电视里领略冲浪玩家鬼魅般从浪隙中穿过的情景，除了冲浪，很难找到如此快意地向大海的宣战狂放。冲浪大都在强风和大浪下进行，目前世界上最快的直线竞速为每小时 94 千米，而一般冲浪者的平常速度为每小时 40～50 千米。冲浪运动开始时，冲浪者俯卧或跪在冲浪板上，在远离海岸的地方，则用手向前划行，当海浪推动冲浪板开始滑行时，冲浪者要迅速站立起来，一脚在前，一脚在后，以改变身体的重心来驾驭冲浪板横过波面。通常一个大浪能把冲浪者冲到岸边沙滩上，有技巧的冲浪者一般都不会径直地朝岸边前进，通常都会和海岸线形成某个角度行进，这样冲浪的距离就可以加长，有时冲浪者能以时速 55 千米以上的速度冲到 400 米以上的距离。

3. 曲道冲浪

冲浪者站立在冲浪板上，乘着浪峰掠过水面，体验着驾驭海浪的荣耀感，在浩瀚水面上随着浪涛起伏，划出道道完美曲线，展示力量与技巧的完美结合，这是冲浪运动留给大家最直接的印象。曲道冲浪追求的就是过弯的技巧，除了速度以外，过弯时的稳定性和角度是其最为迷人的地方。通常，曲道冲浪采用绕浮标的方式进行，在海浪推动冲浪板的时候，优秀的冲浪者可以将自己的重心移动到冲浪板的前端，但大部分人都是站在中央或者后方来控制方向。冲浪者需要极高的身体平衡能力与灵敏的身体反应，才能非常准确地把握时机，完成曲道冲浪。正是这种紧张刺激以及极限美的展现吸引了众多的爱好者。

4. 花式/浪区冲浪

花式冲浪一般都是在碎浪区或平水区做较大的动作，如空翻、跳跃、花式转帆及空中转向等，具有较高的难度与危险性。浪区的玩法则是一个与之不同的领域，从基本的过浪、浪前转向，一直到下浪、上浪、飞跃、空翻、浪上 360 度空翻等，每一个动作都需要高度的技巧。

案例 7-11　冲浪圣地——巴厘岛

巴厘岛的库塔海滩是冲浪爱好者流连忘返的天堂。它地处巴厘海峡口，风急浪高，白浪滔天，汹涌澎湃，简直就是为冲浪而诞生的海滩。

在南纬 8 度灼热的阳光下，一波又一波的白头浪连绵不绝地冲向宽阔的沙滩，每个浪头都有矫健的搏浪者驾浪前行，动作灵巧而优美。这种充满动感的气氛，引得不少勇敢者跃跃欲试。

在这里，每天都有挟着艳色冲浪板的男男女女，勇敢地扑向大海，体验着投身于惊涛骇浪中的快感。而当中最出色的莫过于当地人了，他们冲浪不像游客伏着板随波逐流，而是傲然地站立着，在海浪中如鱼得水，穿梭自如。

2010 年 7 月，当地洋流运动相当丰富，鱼群聚集，让我们不妨潜入巴厘岛的海底世界，邂逅色彩缤纷的热带鱼和珊瑚礁，来一段奇幻的海底之旅吧。

资料来源：http://cq.qq.com/a/20100721/000310_1.htm

7.3.3　运动装备

1. 冲浪板

一般来说 9 尺以上称为长板，7 尺以下尖头的称为短板，而介于两者之间的称为复合板或者放板。对于冲浪者而言，越长越厚的板子越容易上手，但也越难做出漂亮的动作，冲浪板尺寸、厚度的选择与冲浪者的身高、体重有着绝对的关系。概括起来，冲浪板包括以下五种。

1）短板

短板长度在 5.9～6.8 尺，头部呈尖锐三角形，浮力小，适合于推力够、形状佳的浪，属于技术板，转向灵活，可做花式动作。

2）长板

长板长度在 8.6～11 尺，头部呈半圆形，浮力大、速度慢，在浪小的情况下也能冲浪，适合初学者练习用。

3）小长板

小长板长度在 7～8.6 尺，是在对长板改良的基础上形成的。浮力大，在浪小的情况下也能冲浪，体型稍小，利于冲浪者更加灵活地进行动作处理。

4）大浪板

大浪板长度和长板接近但头尖尾尖，速度最快，主要用来冲 10～30 尺的大浪，只有在东部沿海或台风前后才有机会使用。

5）大肚板

大肚板长度在 5.6～6.11 尺，基本上算是短板的一种，但通常比短板宽而厚。因为大肚板的浮力稍大，会比短板在小浪中来得更加容易。

2. 舵

冲浪板需要舵来配合使用，冲浪板的转向完全依赖于舵。舵有单片、三片或五片式，又可分为性能舵、弹性舵及软舵等类型。通常，长板使用单片的较多，其他的板子多用三片或五片，初学者或练习板主要使用软舵，初级至中级技术冲浪者使用弹性舵，具有较高专业水准且追求性能表现的使用性能舵。

3. 脚绳

脚绳是在冲浪运动中唯一能保证生命安全的物件。当冲浪者落水时，可借着它寻回冲浪板，冲浪板也不会随浪冲回岸上或打到其他人。

脚绳往往根据冲浪板的长度来进行选择，脚绳的直径（粗细）对外力的承受也会不同。例如，使用 8 尺长冲浪板可搭配 8 尺长的脚绳（粗细因环境而改变），通常有双轴承的脚绳比单轴承的好，不容易被缠到。

当然，除了上述配备以外，用于保护板头的鼻头、增加冲浪者与冲浪板之间摩擦力的防滑垫等有效配件也是需要的。

7.3.4　滑水/冲浪运动要求

滑水运动与冲浪运动对运动水域、时间、气象、人员的配备要求基本一致。

1）水域要求

滑水与冲浪运动都需要宽阔的水域，只是滑水运动依赖于船艇拖引或索道牵引，而冲浪运动以浪为动力，需要在有风浪的水域进行，且浪涛的高度要在 1 米左右，最低不少于 30 厘米。

2）时间、气象要求

滑水、冲浪运动都是在水上进行，需要有足够的亮度才能保证安全。一般不允许在日落后一小时至日出前一小时的时段进行，并且应尽量避开雷雨天气。当风力太大时要取消运动，并且要密切关注潮汐情况。

3）人员要求

滑水、冲浪运动需要合格的指导人员。脚踏滑水板、冲浪板出没在惊涛骇浪的水中，即使熟悉水性、有高超技巧的专业人员也难免发生危险。因此，这两项运动都离不开救生人员。此外，滑水运动中汽艇的驾驶也需要专业驾驶员。

7.4 皮划艇运动

皮划艇运动是桨手乘坐一个特制小艇，由一个或几个桨手面向前进方向划行的划船运动。作为一项有锻炼价值的水上运动，皮划艇运动属于速度和耐力项目。经常参加皮划艇运动，能有效地增强心血管系统和呼吸系统的功能，加大肺活量，发展全身肌肉力量和耐力素质。与其他水上户外运动相比，皮划艇运动因其成本较低、操作简单被大众所熟知，并日渐成为一种时尚的家庭休闲娱乐方式。

7.4.1 运动介绍

皮划艇运动的基本技术大致可分为插桨（入水）、拉桨、出桨和推桨（摆桨），根据舟艇的不同，可以分为皮艇和划艇两个运动项目。这两种皮划艇都没有桨架，运动员在艇上都是面向前进方向向后划桨，并且这两种艇的比赛场地、距离，规则和裁判方法等也都基本相同，因此，皮艇和划艇统称为划艇运动。

皮艇起源于格陵兰岛上的爱斯基摩人所制作的一种小船。现代皮艇有舵，为封闭式船只，桨手坐在艇内，使用一支两端桨叶互成约 90 度的桨，在艇两侧轮流划水，用脚操纵一个机械舵来控制船体。

划艇则起源于加拿大，因此又称加拿大划艇、无舵，是一种开放式船只。桨手单腿成跪势，另一条腿成方步，两手上下握一支单叶桨，单侧在屈膝的位置划水。实际上，这两种艇都是从独木舟演变而来的，因此东南亚的一些国家和地区，如日本、韩国、朝鲜、中国香港和澳门等又把皮划艇称为独木舟。

皮划艇运动始于 1865 年，《诺布诺依千里行》一书的发行，使皮划艇运动得到了积极推广。1867 年英国皇家皮划艇俱乐部成立，并举办了第一次皮划艇比赛。此后，皮划艇运动逐渐兴起，到 19 世纪末，皮划艇运动已成为欧美各国广泛开展的一项体育运动。

但若将皮划艇运动与我国的“龙舟竞渡”相比，则足足晚了近 2000 年。早在 2000 多年前，中国就有了与皮划艇运动十分相似的“划龙舟”比赛。1974 年中国参加了国际划艇联合会，1975～1980 年中国先后 5 次参加世界皮划艇锦标赛和一些国际性比赛，特别是 2004 年雅典奥运会，孟关良和杨文军取得男子 500 米双人划艇金牌，标志着中国皮划艇运动已经有部分项目跻身世界最先进行列。

案例 7-12　2012 年富春江国际皮划艇挑战赛落幕

由富阳市人民政府主办，杭州日报社、富阳市政府运动休闲办公室、富阳市新桐乡人民政府承办的中国·富阳第二届划艇文化节暨“合作银行杯”富春江国际皮划艇挑战赛，于 2012 年 10 月 30 日在美丽的富阳桐洲岛举行。

比赛当天，来自南非、澳大利亚、新西兰、中国澳门等国家和地区及省内外 150 名皮划艇爱好者，参与了赛事组委会确定的统一单人海洋艇组、统一双人海洋艇、自带艇公开组、女子趣味组四个组别的比赛。

其中，曾 12 次获得世界杯海洋独木舟锦标赛冠军的南非皮划艇运动员奥斯卡，也参加了本次大赛的角逐。他表示，不远万里来到富阳桐洲岛参加比赛，拿名次还在其次，最让他心动的倒是桐洲岛举世无双的美景。同时，他爱这项运动，也希望自己能利用一切比赛和交流的机会，推广这项运动。比赛中，奥斯卡邀请了新桐乡乡长刘海军，同他一起在富春江上享受皮划艇的激情和欢乐，并夺得公开组冠军。

资料来源：http://web2.fynews.com.cn/2012ydj/cp/html/? 4.html

在国外，特别是欧洲，皮划艇既可竞技使用，也适合家庭休闲，皮划艇运动较为发达，有着广泛的群众基础，甚至成为一种生活习惯，变成日常生活中的重要组成部分。例如，西雅图的家庭不见得都拥有游艇，但每个家庭都会有皮划艇硬艇或软艇，供家庭休闲与运动健身。在国内，皮划艇运动属于萌芽起步阶段，但伴随着越来越多人对户外运动的追求，且皮划艇的操作较为简单，运动成本较之其他水上运动也较低，因此近年来皮划艇运动也逐渐被越来越多的国内水上运动爱好者所接受。与其他水上运动相似，皮划艇运动也主要是满足大众竞技、观赏、休闲等方面的需求。

1）竞技

皮划艇运动有静水项目和激流项目之分，在天然或人工湖面进行的比赛为静水项目，在水流湍急的河道进行的比赛为激流项目。皮划艇竞技比赛展示的是速度的魅力，运动员在自己的赛道内行进，以艇首到达终点的先后顺序决定名次。艇身的浮力大，运动员上艇后，其总重心在浮心之上，因此极不稳定，容易倾覆，这要求运动员既要维持平衡，又要全力快划，发挥最高速度。所以，尽管皮划艇运动是一种竞速运动，但展现的是速度与技术的完美结合。

2）观赏

皮划艇比赛是一项能够给人带来很大美感和愉悦享受的运动。它既有激烈的对抗和竞争，也有运动员完美发挥技术时展现的运动之美和韵律之美。观看比赛时，观看者既能欣赏到运动员矫健的体形、有力的动作，还能感受到漂亮的舟艇在激流中划过的轨迹。

3）休闲

在欧美国家，开着车带着皮划艇到水边已经成为一种生活方式，私家皮划艇如同汽车一般，被安排停放到水边固定的停放区，尤为壮观。在我国，皮划艇热也从南方逐渐升温到北方，成为一种时尚运动，有条件的家庭业已率先购买皮划艇，将其纳入周末健身与休闲度假的一部分，在运动中尽情享受与自然融为一体的感觉。皮划艇运动对腰、臂、肩、背部很有帮助，对平衡性与协调性的锻炼效果尤为显著。

案例 7-13　富阳又添运动休闲新亮点 桐洲岛开设皮划艇基地

富阳这座“运动休闲之城”又多了一个时尚、运动、休闲的好去处——海岸线皮划艇俱乐部桐洲岛基地。2011 年 4 月 23 日上午，春光明媚、百花盛开，海岸线皮划艇俱乐部桐洲岛基地开业庆典在富阳新桐举行。

海岸线皮划艇俱乐部（Coastline Canoe and Kayak Club，CCKC）是中国大陆地区最专业的民间皮划艇俱乐部平台，以保护水环境为使命，倡导“关爱母亲河，保护水资源”文化，致力于中国休闲皮划艇运动的发展，与美国独木舟协会（American Canoe Association，ACA）以及许多专业户外装备品牌供应商联合，为皮划艇休闲运动爱好者提供权威的技术培训、资格考核、专业装备、活动及赛事策划等服务。

海岸线皮划艇俱乐部桐洲岛基地将秉承“亲近自然，运动休闲；放飞心情，舟行天下”的理念，创导一种全新的休闲生活方式——皮划艇探索旅行。通过低碳、环保、时尚的水上休闲项目，帮助人们远离都市的喧嚣，回归大自然，减轻生活及工作压力，铸造健康体魄，提高生活品质。

资料来源：http://www.zjol.com.cn/05gotrip/system/2011/04/25/017470179.shtml

7.4.2　运动内容

作为竞技项目，皮划艇静水比赛项目是根据比赛距离、舟艇的种类和运动员的性别进行区分的，激流比赛项目又分为激流回旋（slalom）和漂流（wild water）两种，参与者为专业运动员，并且作为观赏、休闲项目，其运动内容更多体现趣味性与体验性。

1. 静水竞速

静水项目要求运动员在尽可能短的时间内通过一段标志清楚而无障碍的航道，通常共设 9 条航道，道宽 5～9 米，用串有塑料浮球的钢索划分。比赛用艇分划艇与皮艇两种，划艇为开放式船只，选手持单片划桨在屈膝的位置划水，每只划艇可乘一名或两名选手（分为 C1 或 C2 规格），划桨选手仅限男性。皮艇为封闭式船只，运动员坐在艇内划水，用脚操纵一个机械舵控制船体，所用的划桨两头均有桨片，皮艇可乘一名、两名或四名选手（分为 K1、K2 和 K4 规格）。

在竞速途中，运动员应尽可能地保持在其航道的中心线上划行，两名运动员之间距离不得小于 5 米。比赛过程中，带划和借浪技术较为关键。如果相近的两条艇一前一后，后面的艇尾恰好在前面那条艇的艇尾浪尖上，后面的艇相当于顺着浪峰向下滑动。如果这两条艇的速度保持相同，那么后面的艇由于借浪而可以节省 30%～50%的能量。在中长距离比赛中，由于没有各自的航道，出发时各艇相距只有 1 米左右，这时的带划和借浪就成为一种很正当的技术和战术，运动员不仅要学会带划和借浪，还要学会反借浪技术，但在 1000 米以内距离的比赛中，不允许带划和借浪。艇首到达终点线的时间为到达时间，艇中的运动员必须全部通过本航道的终点线才算有效。

2. 激流回旋

在激流回旋比赛中，运动员必须在规定的航道内穿越或绕过规定的障碍，以到达终点时间与罚分累积最少者为胜（以秒为单位的时间＋罚分＝成绩），但在本质上，灵活性是比赛胜负的关键，这与皮划艇静水项目以技术为先是不相同的。

激流回旋的赛道中设有人工障碍和天然障碍。其中，天然障碍主要是地形、流速与落差所形成的障碍，人工障碍是宽为 90～120 厘米的门框，一般设 25～30 个。比赛时运动员必须穿越每个门框，且在每次逆流行进中，至少要穿越 6 个障碍门，碰撞或漏穿都要罚时扣分。运动员每接触障碍门一次，就要被罚两分，每漏穿障碍门一次要罚时 50 分。激流回旋项目有男子单人皮艇、单人划艇、双人划艇和女子单人皮艇项目，单人皮艇至少长 3.5 米、宽 0.6 米，单人划艇至少长 3.5 米、宽 0.65 米，双人划艇则至少长 4.1 米、宽 0.75 米。

比赛中，运动员通常采取静止出发，由一名扶船员帮助出发的方式准备就位。起航后，运动员必须按照水门号码顺序和标出的正确方向通过各个水门。水门由两根悬垂的门杆组成，门杆长 1.6～2 米，直径 3.5～5 厘米，门杆下端距水面约 20 厘米高，门宽（两门杆之间的距离）为 1.2～4 米。运动员的整个头部及艇身全部或部分通过水门杆之间连线，艇、桨及身体的任何部位不触及门杆并以指定方向通过水门时视为正确通过，若在通过过程中碰杆、未按指定方向通过或漏门都要罚分。在比赛中运动员脱离艇则被取消成绩。

3. 漂流

漂流项目采用各种艇型在有一定流速和落差的河流按顺流方向前行，可分为单人、双人或多人等多种形式。漂流既可以作为一种竞技项目，也可以作为一种休闲项目而存在，依据激流的河段、地形、位置的不同，也可以分为探险性漂流、景区内漂流等形式。

影响激流的因素较多且较为复杂，如斜度（河床顺流而下的斜）、平整度（受石块、边缘形状及砾石形状影响的河床表观）、构造（河床的宽窄度）、水量（顺流而下的水量）等，因此，漂流的挑战性与刺激性较其他皮划艇运动更高。

与其他皮划艇运动相比，探险性漂流的风险性最高，对运动员的技术、能力要求也更高。漂流者驾着无动力的小舟，利用船桨掌握方向，在时而湍急时而平缓的水流中顺流而下，在与大自然的抗争中演绎精彩瞬间；而景区性漂流则较为平缓，漂流者更多是乘着橡皮艇、竹筏等顺流而下，感受天高水长、阳光普照、青山环绕，而非纯粹的刺激惊险。

案例 7-14　快乐漂流

早就耳闻过有“中国热带第一漂”之称的万泉河漂流，现在终于有机会亲身经历。买好门票，接过船工递来的红色救生衣，个个全身武装、精神抖擞地登上漂流艇。

狭隘的河床，宁静的河面，两岸峰连壁立，群山绵延起伏，山峦上热带雨林莽莽苍苍、遮天蔽日、无边无际，这是万泉河漂流给我的第一印象。才漂一会，坐在艇尾的船工便提醒我们：“险滩到了！请各位抓好两旁的尼龙绳子！”不远处传来“哗哗”的流水声，先是断断续续，像是阵雨阵阵飘来，继而又像暴雨哗哗作响，我的心一下提了起来。

滑进险滩时，只觉漂流艇陡地一沉，又蓦地跃上浪尖，水花劈头劈脑地直向头、面飞溅而来，艇内一下子进了好多水。在漂流艇一颠一跳之间，我们就像坐在桀骜不羁的野马背上一样！我们大呼小叫，却见漂流艇像被一只无形的手，推向右岸边那座张牙舞爪、黑黝黝的岩石，让人心惊胆跳。正当我担心小艇会被岩石撞翻时，那坐在艇尾的船工气定神闲地用木桨一点，小艇便从岩石边擦身而过。

每当越过一个险滩后，都迎来流水缓缓、清波粼粼的一段流程。这里没有万泉河下游河床的开阔，河岸的坦荡，没有舟楫穿梭、渔舟唱晚的景象，没有人工的水榭楼台；更没有万泉河入海口处烟波浩渺的景色。这里只有“两岸青山青入云，一篙清水清入海”的诗境；这里，只有原始的生态、原始的神韵，一丛丛野生芭蕉林、一株株野生荔枝树、一片片葱茏的橡胶林、一棵棵挺拔伟岸的椰子树。这山，这水，这木，站成一幅立体的画，一首无声的诗……

资料来源：http://song76688.blog.sohu.com/174775134.html

4. 特技

皮划艇的特技动作包括S形滑行、逆向滑行、水中翻滚等，其中，最受欢迎、观赏性最高、影响力也最大的一种特技活动是皮艇球（也称皮划艇水球）运动。这项运动要求运动员技术全面，既要熟练掌握皮艇的划桨技术，又要娴熟地用桨控制和传递球。运动双方各有5名运动员划5条皮艇，运动员的桨不仅用来划船，还用于协助停球、运球和抢截球，双方各有一块1平方米的球门，运动员要将球奋力投到对方篮筐。比赛过程中有进攻、有防守、有对抗、有技巧，有团队合作、有单人单艇力挽狂澜，场面精彩刺激。

案例 7-15　皮艇球助兴宁波皮划艇文化节

国庆长假的最后两天，“帅康杯”宁波首届皮划艇文化节在东钱湖举行。为给本次皮划艇文化节助兴，组委会特别邀请了来自台湾的专业皮艇球队前来助阵。皮艇球俗称水球艇，两队各有5名队员，他们各乘水球艇在水上用手或桨互相传递球，并射向对方球门，以进球多少来定胜负。

2012年10月6日下午1点，皮艇球对抗赛在东钱湖湖面开始，比赛扣人心弦。观众人山人海，现场超级火爆，围观的观众不停地欢呼，不禁感叹：“船好像长在身上一样，从来没有见到过这种比赛，真刺激！”

资料来源：http://2012.163.com/12/1009/04/8DBMTKEN000506A2.html

除此以外，皮划艇马拉松、障碍回旋等项目也为其他国家或地区的运动爱好者所喜爱。

7.4.3　运动要求

1. 皮划艇装备

皮划艇分为皮艇与划艇，在具体装备上也有所差别，主要体现在艇舵与桨上。

1）艇舵

作为皮艇上的附属装置，艇舵是控制皮艇方向的简单装置，包括舵叶、舵轮、舵绳、舵杆等。舵轮是紧紧联结在艇舵上的，由舵绳牵动着舵叶转动，从而使皮艇转向。舵杆位于脚蹬板上，划桨时划艇者将两脚撑在脚蹬板上，需要皮艇转向时，就用脚拨动舵杆，通过固定的轴转动，牵动舵绳并带动舵轮。划艇没有艇舵，主要靠桨来维持平衡和控制方向。

2）桨

皮艇桨是运动员划动皮艇前进的工具。皮艇桨是桨杆两头都有桨叶的双叶桨。其主要结构特点是两片桨叶的方向成垂直或接近垂直的交角。根据桨叶偏转的方向不同，分左转桨和右转桨，运动员可根据其握桨习惯而选择左、右桨，但对桨叶的大小和形状没有严格统一的规定。划艇桨是只有一头有桨叶的铲状桨，一般用木材或玻璃钢制成，近年来发展为用碳素纤维作材料。碳素纤维结构使桨杆更加坚固、耐用、轻便且易于维修。桨杆的横截面通常成圆形，使桨叶有更好的方向性，有利于用力，也使桨杆有更大的抗弯能力。

2. 环境要求

1）水域要求

无论是静水项目还是激流项目，无论是竞技比赛还是娱乐休闲，皮划艇运动都要求没有水草及各种障碍物，水深在2米以上。当用于竞技比赛时，不同项目对赛道、转弯等方面的要求各有不同。例如，奥运会静水项目（只有500米和1000米两项）要求赛道长1400米（直线距离）、宽120米，最小深度2米，航道两侧至少有一侧直线河岸，且与第一条航道的最大距离为50米。激流项目的赛道长为250～400米，赛道最小平均宽度8米，水流落差一般大于5米，水深大于0.6米。而非奥运会项目，如10 000米比赛，要求从起航线到第一转弯处以及最后一个转弯处到终点线，都至少要有1000米的直线航道，转弯处的半径至少有40米。

2）气象要求

对于皮划艇尤其是划艇运动来说，一个好的风向可以让运动员借风势得到事半功倍的效果。因为划艇运动员船上没有舵，完全靠桨来控制方向，如果风向对运动员有利，可以产生巨大的优势。因此，在皮划艇运动之前，要密切注意气象预报，包括每日气温、降水量、湿度、能见度、风况（风速和风向）等。

案例 7-16 现场气象监测服务皮划艇比赛

2011 年 9 月，江西瑶湖国际水上运动中心建成了全省首个波浪浮标遥测系统，全力保障“七城会”水上运动项目比赛顺利进行。

“气象保障很贴心，很有用。”这是赛艇、皮划艇赛场随处可以听到的评价。赛艇、皮划艇等户外水上运动与气象密切相关。如果遇到雷暴天气或风力达到 4 级以上时，就会延迟比赛。此外，教练员会根据不同的风向调整比赛策略。如果遇到侧风，就会改变划桨的方位，使得迎风边力量较大以减少风对赛艇的影响。

“系统观测到的波高、波向、波周期和水温数据，每小时上传到‘七城会’气象服务中心。”市气象局业务处处长罗美娟告诉记者，“江西瑶湖国际水上运动中心的比赛受天气影响最大，我们在这里建了几个自动观察站，监测各项气象要素，比如说风速风向、水温、浪高，及时掌握这里的天气变化情况，然后通过短信平台报告给竞委会，确保比赛能够安全顺利进行”。

资料来源：http://www.ncnews.com.cn/zt/cysd/cyyw/t20111024_784509.htm

3）人员要求

皮划艇运动的重心在浮心之上，舟艇极不稳定，容易倾覆，特别在水流湍急的区域更容易发生事故。因此，对于非专业运动员而言，在进行皮划艇运动过程中，需要专业人员的指导，熟练掌控划桨、控向等技能，了解风向、水向等知识，并且运动区域要常设救生人员及设施。

4）场地设施

在皮划艇运动场地中，河岸起到防浪斜坡的功能，由大石块或其他特殊材料建成网状，以便波浪翻滚不至溢出河堤。在比赛场地，还需要一条专用通道，方便运动员进入比赛区或训练区，并且需要在比赛的核心区域设立终点塔，作为终点计时系统操作室、点计时裁判室、仲裁室、竞赛委员会、终点录像室、广播室和媒体摄像室的聚集地。

7.5 帆船/帆板运动

尽管帆船、帆板运动都是依赖自然风力前行的一种融合体育、表演、休闲于一身的水上项目，在运动要求上也具有较高相似性，但两者仍存在较大差异。

从人数上，帆船运动可以是多人参与，而帆板只能为一人；从姿势上，帆船运动的驾驶者可以坐、站、躺，而帆板基本以站立为主；从力量上，如果不是追求速度，帆船并不需要很大的力量，男女老少都可以参与，而帆板需要耗费的体力较大，天气情况差的时候更加明显；从速度上，一般情况下帆板的速度要比单体帆船的速度更快；从适航条件上，帆船的适航性比帆板要好；从刺激程度上，帆板运动可以做腾空、大回转等各种灵活的技巧动作，比起帆船运动更加刺激，趣味性也更强，但是对于远航的帆船而言，那种与浪搏击的刺激，并非帆板运动能够相比。

7.5.1 帆船运动

帆船运动是依靠自然风力作用于船帆，推动船只前行的一种水上运动，集竞技、娱乐、观赏、探险于一体，是风、水、人、船四者完美结合并充满活力的一项运动。

1. 运动介绍

帆船起源于欧洲，其历史可以追溯到远古时代，作为水上交通运输的工具而存在。帆船运动的最早竞技记载是公元前70年，古罗马诗人维基尔在叙事诗《伊尼特》中详细地描述了特洛伊到意大利的一次帆船竞赛活动。帆船运动作为娱乐活动，则起源于16～17世纪的荷兰。特别是1900年，帆船运动被列入第二届现代奥运会项目之后，该项运动在规模、水平上都进入了一个快速发展的时期，现已成为沿海国家和地区最为普及而喜闻乐见的体育活动之一。

我国虽然是帆船古国，但受传统生活方式的影响，社会大众对大海抱持一种畏惧和疏远的态度，使得帆船运动这项风靡欧美的水上运动在国内开展较晚，直到1954年，帆船运动才在青岛等地开展。我国现代帆船运动是始于1979年，山东、上海、湖北、广东、江苏等省（直辖市）相继组建起帆船运动队进行系统专业训练。近年来，随着经济的发展和国际交流的频繁，帆船运动与社会大众的距离也在一步步拉近，其竞技、观赏、休闲功能也被越来越多的人所熟知。

案例7-17 国内部分开展帆船运动的俱乐部

青岛华航国际航海运动俱乐部成立于2005年12月，拥有先进的36英尺、32英尺、24英尺及CAT380等各类帆船，可承办国内外大型帆船培训及比赛，组织青少年帆船培训、比赛及夏令营活动，办理游艇驾驶员证照。

上海游艇俱乐部成立于2001年6月，是由一些航海爱好者建立的非营利性组织，旨在推广和促进上海地区帆船航海运动，让各国的帆船爱好者共同分享快乐和刺激。俱乐部目前有多达 180 名会员，船队船只总数超过 40 艘。

深圳蓝帆航海俱乐部由几位致力于“帆船运动大众化”的帆船爱好者共同创建的以帆船运动为主的航海俱乐部，同时也是各类团体和商务人士进行团队建设、公关社交的独特商务平台。

香港皇家游艇会是香港成立最早且最有名的游艇俱乐部之一，150 余年的发展历史奠定了它在香港游艇圈内的地位。现拥有超过 1 万名会员，除奇力岛总部外，香港游艇会于南区熨波洲及西贡 Shelter Cove 设有分会。

1）竞技

以竞技为目的的帆船运动主要体现在竞速方面，在规定场地比赛航速。这类参与者大多为专业运动员或帆船爱好者，拥有较高的技术与经验。

案例 7-18　沃尔沃帆船赛首个港内赛落幕

2011 年 10 月 3 日，2011～2012 年沃尔沃环球帆船赛在西班牙东南部港口城市阿利坎特正式打响。率先进行的港内赛中，两届奥运会银牌得主、英国著名航海运动员伊恩沃克率领阿布扎比号以超越第二名彪马号 14 分钟的较大优势第一个通过终点，完成首场港内赛。中国三亚号尽管在出发时处于最后一位，但在后程逐渐赶上，超越了来自法国的安盟号和主场作战的西班牙电信号，最终排名第四。

来自中国的滕江和是本届比赛中唯一的一名中国水手，这位三亚号上的主帆绞盘手在港内赛中的表现赢得了船队成员的高度肯定。迈克船长说：“Tiger（滕江和英文名）已经完全融入了船队的工作，他比赛卖力，身体强壮。今天早上我觉得他有些紧张，但是比赛时发挥非常出色，我以他为傲。”

港内赛以其紧张性和可观赏性著称，沃尔沃环球帆船赛遍布全球的 10 个停靠港都将举办港内赛，港内赛的积分占所有比赛总分约 20%。在本次港内赛结束之后，各队将有一周时间进行修整。2011 年 11 月 5 日，6 支船队将向南非开普敦进发。专业水手们将驾驶着沃尔沃 Open70 帆船，穿越南大洋冰冷的巨浪，前往炙热难耐的赤道无风带，经受大西洋上各种极端状况的考验，用 9 个月时间完成全程 39 270 海里的环球航行，2012 年 7 月到达终点——爱尔兰的高威。

资料来源：http://sailboarding.sport.org.cn/news1/2011-11-05/366165.html

2）观赏

帆船运动是风、水、人、船四者完美结合的一项充满活力的运动，极具观赏性。观赏者在岸边或者乘船在规定的水域观看帆船赛，既能欣赏到驾驶者驭风破浪的矫健身姿与高超技术，感受比赛的紧张气氛，还可以欣赏水面美丽的景色。

3）休闲

与高尔夫、赛车一样，帆船运动逐渐从专业竞技体育运动向业余休闲娱乐运动转变，并日渐成为当今财富阶层的新宠。作为一种海上极限运动，帆船运动的背后体现的是一种尊贵、动感、进取的高品质生活方式，越来越多的年轻群体开始接触该项运动，寻找那种在海面上自由驰骋的感觉。

2. 运动内容

根据运动的性质及参与者的参与目的，帆船运动包括以曲道赛、绕标赛为内容的竞速运动，以提高驾驶技能、掌握航线知识、自我充实的训练运动；以驾乘帆船与赏景、船钓、潜水、远航、探险等活动相融合的休闲运动等类型。

1）竞速运动

帆船竞速运动要求运动员驾驶帆船在规定的场地内以最少用时到达终点。在此过程中，每一位运动员在蓝天碧海间肆意挥洒汗水，向着目标全力冲刺，尽享驰骋浪尖的快意和巅峰对决的紧张与刺激。

帆船竞速运动有曲道赛、绕标赛、长距离赛等多种形式，有单一操纵、双人合作之分，既有两船对抗淘汰的竞赛模式，也有全体船队集体竞速模式。用于竞速比赛的船帆主要是稳向板船与龙骨船两种类型。在各类竞速比赛中，奥运会、世界帆船锦标赛和中国帆船锦标赛多为绕标赛，采用奥林匹克梯形航线，即要求运动员按照规定的比赛航程，绕过所有规定的标志，最先触及终点（用时最少）者为胜。

2012年伦敦奥运会的帆船比赛共10个级别、8种船型，分别为女子单人艇-激光雷迪尔级、男子重量级-芬兰人级、男子单人艇-激光级、470级（男子双人艇与女子双人艇）、女子龙骨船-伊利奥特级、男子龙骨船-星级、RS：X级帆板（男子与女子）、快速艇-49人级。帆船比赛根据比赛时的气象水文情况确定赛场的大小。不同级别的比赛用时不同，一般在45～90分钟。由于场地条件不完全一致（风速、流速不等），帆船（板）比赛并没有绝对纪录。

2）训练运动

训练运动主要是为专业运动员与帆船爱好者的训练而设计，强调驾驶经验的积累与驾驶技术（如起航，压舷，越浪滑行，迎风折驶，横、顺风直线驾驶技术，直线驾驶时阵风的利用等）的定型。帆船运动在汹涌的大海或开阔的水域进行，风向、水文、气候都会影响帆船的速度，这就需要驾驶者准确判断帆的最佳受风状态，根据航向与帆的受力情况及时调整舵向，提高帆与舵的密切配合能力。显然，达到如此境界依赖于平时的大量训练。

帆的最佳受风状态是通过帆前边向后 10～20 厘米处的气流线和帆后缘边上的气流线飘动状态来判断的。例如，在迎风直驶时，帆的最佳受风状态是帆前缘的气流线和上下风气流线都向后飘动。如果上风的气流线乱飘动，意味着帆过松；下风气流线乱飘动，则说明帆过紧。而要保持最佳风向角，舵的调整频率与时机就尤为关键。舵的调整要有预见性，在正常航行时舵的摆动幅度要尽可能小，且调整过程中要注重与主缭的配合。通常，驾驶者一手操主帆缭绳，一手扣舵柄，要保证两者的协调配合。

训练运动既能提高驾驶者的驾驶技术与经验，也能在风云莫测、变幻多端的水域中磨炼意志，有助于培养其战胜自然、挑战自我的拼搏精神。

3）休闲运动

帆船的休闲运动以普通消费者为主，是指在驾乘帆船之余，还可以进行船钓、赏景、潜水、远航、探险等活动的一种休闲娱乐运动。驾乘帆船，徜徉在蓝天碧海之中，在感受帆船运动独特魅力的同时，眼前的风景也会显得更加生动迷人。

案例 7-19　花上 100 元便能体验开帆船当水手的乐趣！

近日，厦门市民叶庆文在一家书店购买图书时，被张贴在柜台前的一张广告宣传单所吸引。打电话咨询后他才知道，这是“某某水海上运动俱乐部”专门为都市白领量身打造的一项户外体验活动。“在海上开帆船，是一项很刺激的运动，能锻炼人不惧风浪、大胆进取的意志。”

俱乐部负责人说，他们开始的定位是专业化的帆船培训，但经过一年多的市场运作后发现，在厦门，了解帆船这项运动的人并不多，帆船爱好者的群体还需要培育壮大，因此，俱乐部开始逐渐尝试推广一些帆船体验活动，吸引普通市民来参与，让他们更多地了解帆船运动。“帆船体验活动的门槛较低，消费者只需付 100 元便可玩两个小时。经过体验后，参与人员通常会对这项活动有一个更深的体会，不少人主动报名成为我们的会员，学习独立驾驶帆船的技能。”

资料来源：http://www.hxcjdb.com/portal.php?mod=view&aid=12088

3. 运动装备

依据帆船的船型，帆船可以分为稳向板船、多体船、龙骨船、古帆船等类型。其中，竞速运动多为稳向板船与龙骨船。

稳向板船的船底有一块可收放的稳向板，小巧、灵活、造价低、便于操纵、可在浅水航行，普及度较高，奥运会比赛中多为这种船型；多体船由 2 或 3 个船体组成，速度快，刺激性强；龙骨船则适于长距离竞赛和远海探险，排水量大、构造复杂、价格昂贵，需要多人操纵；古帆船则适于娱乐性比赛和外展运动，外形大、仿古设计、多桅布局、装饰华丽。

尽管不同类型的帆船在具体构造上有所差别，但大的构件基本相同，包括船体、桅杆、帆（主帆、前帆、球帆）、船舵等。

1）船体

帆船主要有单体、多体两种船体，多体船的速度要快于单体船。通常船体前部较尖、后部较宽，连接船头和船尾的弧形为船舷。帆船的左舷用红色标志，右舷用绿色标志。

2）桅杆

帆船靠帆受风航行，而帆又必须依附于桅杆上才能扬帆远航。根据帆船的大小和需要，帆船又可分为单桅帆船和双桅帆船。单桅帆船的桅杆大都位于靠近艇首，而双桅帆的两根桅杆则一前一后。

3）帆

帆有主帆、前帆、球帆之分，主帆升在主桅杆之后，前帆升在主桅杆之前，球帆是前帆的一种，顺风时使用。

4）船舵

船舵用来控制帆船航行的方向，主要有两种：一种是固定舵，具有钢性舵柄的固定式舵叶，主要用于龙骨艇；另一种是提升式舵，具有分离式的舵柄，主要用于稳向板艇和平底艇。

除了上述大的构件以外，大多数的帆船船体还会配备有龙骨或者中央稳向板。龙骨固定且具有一定重量，可作为压舱物来平衡风的侧推力，而中央稳向板则不固定，可根据需要升起或降下。在有中央稳向板的帆船上，船员的体重可作为平衡船体的压舱物。在帆船中，不同用途的缆绳需要不同的材质。尼龙绳由于抗拉强度大，可作为系锚绳或者系船绳；达克纶缆绳抗拉强度不大，可作为旗绳或者主帆索；聚丙烯缆绳可以漂浮，一般可用作系泊。斜拉器、锚具（绳）、备用引擎、帮浦、滑轮救生圈等装备也是必需的。

7.5.2　帆板运动

帆板运动是指借助风帆力量，驾驭无舵、无坐舱船，只在水面上做轻快、高速滑行的一项水上运动，介于帆船运动和冲浪运动之间。

帆船由带有稳向板的板体、有万向节的桅杆、帆和帆杆组成，其运动原理是利用吹到帆上的自然风力，通过帆杆操纵帆，使板体产生速度从而在水面上滑行，通过改变帆的受风中心和板体的重心位置，使板体在水面上转向。尽管帆板运动也被称为风力冲浪板或滑浪风帆，但从运动角度来看，帆板运动属于帆船运动的一部分，只不过帆板运动可以做腾空、大回转等各种灵活的技巧动作。

1. 运动介绍

帆板运动起源于20世纪60年代末的世界冲浪胜地夏威夷群岛，自1970年6月由美国一位冲浪爱好者修万斯设计制造出世界第一条带有万向节的帆板并获专利权后，帆板运动很快就流行起来，并逐渐扩散到世界各地。

作为一种体育运动，帆板与拳击、篮球、棒球一起被认为观赏价值最高的四种体育项目。首届世界帆板锦标赛于1974年举行，1984年帆板正式成为奥运会比赛项目。由于帆板运动具有新奇性、惊险性、神秘性和动态美，作为一种休闲活动，帆板热在全球方兴未艾，在国外特别是欧美国家，只要在沙滩水面就可以看到帆板的身影。

1979年，我国第一条帆板在国家体育总局青岛航海运动学校试制成功，并在第四届全运会摩托艇比赛开幕式上进行了精彩表演。1981年8月，我国首次帆板运动赛事在青岛举行。目前，全国性帆板运动赛事每年有四次，分别为全国国际米氏级锦标赛、全国“翻波板”锦标赛、全国帆板冠军赛和全国青年帆板锦标赛，我国男、女帆板水平已达到世界级水准。作为休闲活动，帆板在我国威海、青岛、三亚等海滨城市发展较快，普及度较高，不仅备受当地年轻人的喜爱，更是吸引了大量国外的帆板运动爱好者前来体验。

与帆船运动一样，帆板运动融汇了竞技性、观赏性、休闲性于一身，但帆板体积小、重量轻、流线型结构，更宜灵活操纵，因此运动的刺激性、趣味性也更强，竞技比赛也因此包括竞速与花式两种。

案例7-20　秦皇岛一杯澜青少年帆板训练营

2012年9月24～28日，北京英国哈罗国际学校20个国家不同国籍的学生共65人，慕名而来，在一杯澜海滩举办了“一杯澜”英国哈罗国际学校青少年帆板训练营。在这里体验碧海扬帆，锻炼意志品质，感受海上运动对自身的挑战。

经过5天的海上训练，各国学员们都已经基本掌握了帆板的航行技巧，并对此产生了深深的兴趣。据悉，由于对海滩场地、周边环境、教练专业素养都较为满意，帆板训练营将成为北京英国哈罗国际学校的常备科目，以后每年都将来到一杯澜海滩，开展各年级国际学生的帆板训练活动。

资料来源：http://www.hxcjdb.com/portal.php? mod=view&aid=12088

2. 运动内容

帆板竞速运动包括三角绕标竞速、长距离竞速、障碍滑行、花样帆板等内容，分单人、双人、多人多种形式，比赛规则与帆船相同，在规定的比赛航程上以完成具体项目要求的最少时间为胜。由于帆板竞速在自然条件下进行，直接受气象、水文条件的影响，竞速成绩并没有绝对记录。花式帆板既是一种竞技项目，也是一种表演形式，包括自由花式与翻波式。帆板的休闲特性主要体现在速度、感官与技能体验三个方面。

1） 三角绕标竞速

奥运会的帆板比赛只设三角绕标一种，分男女两个项目。比赛在三个转弯标志组成的近似等边三角形的水域内进行，标间直线距离为 1～1.5 千米，帆板顶风起航，按规定航线依次绕过具体的标志后，以到达终点的先后次序排列名次。比赛进行七轮，取六轮最好成绩的总和决定最终排名。

2） 长距离竞速

长距离帆板竞速在开阔水域内所设置的固定标志之间进行，全航程为 20～30 千米，航线可采用一次驶完或往返多次驶完，启航线及终点线也可设在一处，以最先到达终点者为胜。

3） 障碍滑行

帆船障碍滑行赛也称“大回转”，在 6 个标志组成的水域内进行。从起航线到达 1 标的间距为 500 米，1～2 的标间距离为 200～300 米，其他标志间距为 200 米。

4） 花式帆板

帆板既能在平静的江河湖面上行驶，也可以在翻滚的波涛中滑行，花式帆板重量轻、体积小、呈流线型结构，因此，运动阻力小、操纵灵活，航行速度最快可达 72 千米/小时，跳跃高度达几十米，能做回旋、跳跃等高难度动作，极具观赏性。

花式帆板就是利用帆板运动的上述特点而形成的一种技巧性竞技项目与表演项目，具体可分为自由花式与翻波式。

帆板自由花式是不利用波浪而进行的一种技巧性项目，分男、女两组。比赛时按规定动作和自选动作在 50 米见方的水域内进行，其中，规定动作共 10 个，运动员可任选 3 个，每个动作可表演 2 次，两次得分的平均分数为该动作的成绩；自选动作要在 3 分钟内完成，根据完成动作的数量和难度以及整个动作的连贯性和创造性评定成绩，以规定和自选两组动作的总分决定名次。

帆板翻波式则通过利用波浪的起伏来完成各种技巧工作，包括空翻、冲浪等，分男、女两组，竞赛规则与自由花式类似。

案例 7-21　风筝帆板好手云集清澜湾 角逐自由花式比赛桂冠

海南白金海岸杯首届风筝帆板国际巡回赛中国站揭幕战打响。众多风筝帆板好手齐集文昌清澜湾，角逐自由花式比赛的桂冠。

比赛还未正式开始，沙滩上摆放的众多五颜六色的风筝就吸引了群众的好奇目光。在总裁判员的指挥下，一架架大风筝迎风而起，带着冲浪板上的选手驶向蔚蓝的大海。这里将是他们竞技的大舞台，海风、海浪成为他们一展身姿的助力。

一名香港选手告诉南海网记者，风筝帆板自由花式比赛是最为精彩的比赛项目，冲浪高手们利用风筝的拉力在海面上腾空跳跃、自由翻转，各种惊险刺激的动作令人匪夷所思。自由花式比赛一般由两个选手在同一比赛区域同时进行比赛，可采用淘汰赛或循环赛的赛制，每次比赛时间一般为 5～7 分钟。在相同的时间内，完成动作数量较多、难度较大、成功率较高、姿态更优美的选手获得胜利。他说："目前自由花式的动作花式已经有上百种之多！"

随着比赛的进行，空中的艳丽风筝与海面的矫健身影越来越多。一个个精彩的动作，不时博得海岸边观众的阵阵惊呼。据悉，风筝帆板所用的一般风筝和冲浪板均在几千元左右，价格并未令人望而却步。相信在此赛事的影响下，风筝帆板这项时尚的海洋运动流行风将会吹遍椰乡文昌。

资料来源：http://news.xinmin.cn/rollnews/2010/11/26/7959029.html

5）休闲运动

帆板器材结构简单、造价便宜、玩法多样，是为数不多的可以锻炼身体上每一寸肌肉的休闲运动项目，深受年轻人的喜爱。无论是资深的帆板运动爱好者，还是刚刚踏上帆板的尝试者，都能在这些运动中获得难忘体验，乐此不疲。

第一，速度体验。帆板运动的刺激性、神秘感来自于它在海上的速度，航行速度最快可达 72 千米/时。当帆板在浪尖上飞奔时，板的前端会腾空，刷刷地从一个个浪头切过，一种奇妙的速度快感立刻涌上心头，驾驭感与成就感油然而生。

第二，感官体验。帆板对水域环境要求较低，即使落水也可以抓住风帆，安全性较高，因此无论是有风时的御风而行，还是无风时的宁静体味，都是一种难得的感官体验。

第三，技能体验。帆板运动既是一项体力的挑战，又是一场脑力的考验。空气动力学、流体力学、矢量、力的大小和方向等名词都将在帆板运动中不断被应用，回旋、转向、斜拉帆等技术更是需要针对不同的环境灵活运用。对于帆板运动的爱好者而言，每一次运动都是增加经验、提高技能的好机会。

3. 运动装备

帆板有米氏板、翻波板、休闲帆板、温德色费尔板等多种类型，目前国际上最流行的是米式板、翻波板和休闲帆板，其中米氏板是奥运会比赛的指定用板。从整体上看，帆板由板体和帆构成，若从细节上看，还有桅杆、帆杆、万向节、尾鳍、脚套等部件。

板体用来承载人和帆的重量，板体前端上翘较尖，尾部平滑。帆板底部中心线部分有一条凸起线，两侧是导流型凹线，可以稳定板体、提高滑行速度。初学者以及女性适合用较为宽大的板，这样更容易掌握动作要领。

万向节则是连接板体和桅杆的装置，最大特点是转动时灵活可靠，可以使桅杆随意倾斜、转动，使帆和风以更为科学的方式接触，获得最大限度的动力，并承上启下地将动力传给板体。通过万向节，驾驶者还可以调整桅杆的倾斜角度，改变板体方向。

尾鳍固定于帆板底部，可以减少帆板曲线滑行。根据不同规格的帆板，尾鳍长短不同，竞技板更长些。

脚套是人、板、帆在水面上滑行的一个可靠支点，对调整风向和板体倾角起到至关重要的作用。

挂在横肋上的胸钩绳和绑在人体腰间的腰钩也是必要的配套组合。运动时，把腰钩挂在胸钩绳上，人体的重量就依托在帆上，可以节省体力，集中精力操控帆体，保证技术动作不变形，人可以长距离滑行。

7.5.3　运动要求

无论是帆船还是帆板，在开展运动时，都要注意以下要求。

1. 水域要求

不同的帆船类型，对水域要求不一样。例如，稳向板帆艇轻快灵活，可在浅水中行驶。龙骨帆艇也称稳向舵艇，体大不灵活，稳定性好，帆力强，只能在深水中行驶。帆船竞速比赛要求在开阔有风的近海水域里进行，距海岸应有 0.5～2 千米。这些区域最好接近海岸，水流不宜太急，水深不宜超过 30 米，不允许有固体漂浮物，渔网、渔排等障碍物。

帆板运动对水域要求并不高，既适合在大风大浪的海面上进行，也可以在平静的江河湖泊中进行。

2. 人员要求

帆船/帆板运动是一项技术要求较高的运动项目，带有一定的危险性，驾驶者需要经过专业的培训学习，专业教练和救助人员是该项运动开展不可缺少的要素。在进行该项目运动前，除了要掌握一定的驾驶操作技能以外，还必须熟悉驾驶水域的潮汐时间、地形变化、海流强弱及周边环境天气等情况。

3. 气象要求

风是帆船/帆板运动的最主要条件。作为竞技运动，要求比赛期间风力持续达到每秒 3 米以上时才能开始比赛。而风力超过每秒 20 米时，就要考虑水上安全而停止比赛，当风向摆动超过 50 度时，还需要考虑比赛的公平性。

若作为休闲运动，帆船/帆板运动的基本要求是有风即可、水流不需太急、能见度在 1500 米以上。如果是初学者，那么适合的风速是 3 级以下，中级者则适宜 4～7 级的风速，要避免在雷雨天气从事该项运动。

7.6 潜水运动

潜水运动是指人们使用特制装备从事水下活动的一种运动形式。潜水最初是人们为捕鱼谋生或嬉戏而进行的一种活动，工业革命后，潜水成为为水下勘探、打捞、修理等工程作业而进行的一种水下专业活动，然后又逐渐成为一种专业的、复杂的体育竞技和娱乐休闲运动，并被大众所喜爱。

7.6.1 运动介绍

早期的潜水形式是最原始的屏气裸潜，俗称“扎猛子”。随着科学技术的不断发展，各种潜水设备陆续被设计出来，潜水运动也从无装具发展到借助装备，从一种游戏、专业技能活动演变为一种体育休闲运动。

由于潜水装备价格比较昂贵，发达国家潜水运动的开展要比发展中国家快得多，但是随着中国、巴西等发展中国家经济水平的不断提高，亚洲和南美洲的潜水运动出现了飞速发展的势头，成为推动全球潜水运动发展的重要力量。

1995 年 3 月 18 日，中国国际潜水俱乐部成立，拉开了我国休闲及体育潜水运动推向全国大众的序幕。目前，我国潜水俱乐部分布较为广泛，北京、辽宁、河北、山东、江苏、浙江、上海、福建、湖南、湖北、广东、广西、海南、四川、重庆、云南等地均有潜水俱乐部成立，其中海南三亚有 24 家潜水俱乐部、北京有 18 家、上海有 16 家、深圳有 14 家、广州有 13 家。

在这些俱乐部中，按照其业务构成可分为两种类型：一种是以培训形式为主的俱乐部，这类俱乐部主要分布在北京、辽宁等北方地区；另一种是以潜水观光和旅游为主的俱乐部，这类俱乐部基本上集中在海南、三亚、广东等南方沿海地区。

案例 7-22　潜水运动有多大“钱”景？

据了解，在美国每年有4000万人到世界各地潜水，许多大学把潜水当成一门课程，修完可以拿到学分；只有4000万人口的法国，就拥有2000个潜水俱乐部；而在中国，一年只有5000人取得潜水培训证，总人数不超过3万人。

虽然从绝对人数来看，中国的潜水市场还远远不及那些欧美潜水大国，但是中国的潜水经济发展速度也并不逊色于被世人称道的GDP增长。

根据海南三亚旅游局的有关统计，海南是全世界消费潜水器材最多的地方，三亚目前已成为全世界接待潜水旅客最多的城市之一。2004年，该市共接待了中外旅客240.29万人次，旅游业总收入24.52亿元。目前三亚的潜水公司有近10家，年接待旅客近200万人次，产值超过1亿元，拉动相关项目收益在2亿元以上。不过与国外已有几十年历史的成熟潜水产业相比，三亚的潜水产业仍处在初级水平，大部分以低端的体验式潜水为主导。

在三亚出席第26届世界潜水联合会代表大会的世界潜水联合会主席阿吉列·费莱罗表示，虽然中国的潜水运动发展势头良好，但中国需要加强规范这项运动的操作，防止“野蛮潜水”在中国的蔓延。他十分欣喜地看到中国的潜水运动发展得如此迅猛，尤其是在休闲潜水方面，中国取得了巨大的成功。中国在1995年才开始成立潜水俱乐部开展群众潜水运动，但到2003年，中国每年接待的潜水者已经达到了200万人次。

资料来源：http://www.easyca.ca/travel/html/16/0/186/1.htm

潜水运动较其他运动项目风险大、技术及装备要求高、运动环境更为复杂，需要经过严格的专业潜水培训才能进行此项活动。2005年12月16日，我国潜水运动协会国际水肺潜水学校（Scuba School International，SSI）在北京正式签约，形成了一套适合中国国情的专业潜水培训模式，标志着我国休闲与专业潜水运动开始向规范化、标准化、国际化方向迈进。目前，我国取得潜水证书的总人数已有3万余人，其中持有世界水中活动联盟（Confederation Mondialedes Activites

Subaquatiques，CMAS）注册证书的人员有1万多人，潜水运动人数近年来一直保持10%的速度持续增长，潜水已经成为中青年户外运动的新宠，和高尔夫、滑雪并称为未来三大绿色休闲运动。

潜水运动从性质上分为竞技潜水与休闲潜水两种类型。

1）竞技

竞技潜水是在自然水域（江、河、湖、海）和游泳池中进行的一种竞技项目，发源于20世纪60年代，当时的竞技潜水项目包括水中捞物、潜水定向、背脱装具、潜泳等。到20世纪70年代，竞技潜水运动有了新的发展，出现了戴脚蹼的游泳、带压缩空气呼吸装具的潜泳、屏气潜泳、长距离的代脚蹼游泳、水下定向、水下狩猎以及水下球类等以速度为主的竞赛项目，并迅速普及到全球各地，竞技水平也在不断提高。后来，国际上又把在游泳池中的竞速潜水项目统称为蹼泳。

我国的竞技潜水运动开展较晚，1959年正式将潜水运动列为国防体育项目，1965年举办第一届全国潜水锦标赛，此后先后制定了群众潜水普及训练大纲、潜水竞赛规则、运动员技术等级标准，推动了潜水竞技运动的快速发展。

2）休闲

休闲潜水是以水下观光和休闲娱乐为目的的潜水运动，按照潜水方式可分为浮潜和水肺潜水（即使用气瓶和水下呼吸器进行潜水），按照潜水内容可分为水下观光、水中摄影、潜水探险等。

目前，休闲潜水在我国发展最为快速的一种形式是针对游客的体验式潜水。参与体验式潜水的游客只需经过简单培训，在潜水教练员的带领下潜到4～5米的水下，在一定范围内进行限制式的潜水体验。体验式潜水是潜水运动在我国走出的一条具有中国特色的发展道路，由潜水俱乐部与旅行社合作完成，旅行社负责招揽游客，潜水俱乐部负责培训及潜水过程。据统计，我国每年有超过150万人次的游客参与体验式潜水，其中海南三亚已经发展成为全球最大的体验式潜水基地。这些参与体验式潜水的游客，不乏有人对潜水运动产生浓厚兴趣并进一步参与其中成为潜水运动爱好者，为我国潜水运动的蓬勃发展提供了巨大的群众基础。

休闲潜水体现了一种现代人的生活方式，展现了一个完全不同于陆地空间的世界，给潜水者带来一种全新的生活体验。在海底，潜水者可以像太空人那样自由自在地潜入美妙海底世界，在珊瑚礁旁与色彩斑斓的热带鱼相见欢，像条自由自在的美人鱼，尽情地探索欣赏千姿百态、五颜六色的海底生物，体味水中世界的奇幻、浪漫、悠然、自在。

7.6.2 运动内容

潜水运动的内容较为丰富，包括蹼泳、水下定向、水下球、水下狩猎、浮潜和水肺潜水等，而每种又会包括多种形式。

1. 蹼泳

蹼泳是指戴轻便潜水装具，按规则在游泳池内比赛速度的一种潜水项目，包括水面蹼泳、水下屏气游泳（简称屏气潜泳）和水下带空气呼吸器的潜泳（简称器泳）三大类，其特点是泳姿新颖，速度快，在运动形式、技术特点、生理负荷和能量消耗等方面都有别于传统的游泳运动。

1）水面蹼泳

水面蹼泳的装备包括脚蹼、眼镜和呼吸管，比赛规定运动员只能用爬式、海豚式或这两种姿势的混合式，全程在水面前进，利用呼吸管进行换气，赛程分为50米、100米、200米、400米及1500米五项。在蹼泳比赛中，运动员不得全身潜入水中，出发或转身后允许在15米内做一次潜泳。

2）屏气潜泳

屏气潜泳比赛装备包括脚蹼、眼镜，禁止使用呼吸管。比赛中，运动员必须在水下游完全程，身体和装具任何部分不得露出水面，终点触壁时，手可破出水面，抑或用其他身体部位在水下触及终点池壁。由于不能使用呼吸管，运动员需要闭气潜入水中一口气游完全程，故称屏气潜泳，赛程只有50米。

3）器泳

器泳需要运动员身体成伸展式并手持小型压缩空气瓶，利用口吸气、鼻呼气，在水下以海豚泳或爬泳姿势打水游进，赛程分为100米、400米及800米三项。器泳比赛的装备包括脚蹼、眼镜和压缩空气呼吸器。比赛规定运动员在比赛中只能呼吸气瓶中的压缩空气，在整个赛程中，运动员和装具都必须保持在水下，只在转身时，允许运动员身体和装具露出水面，终点触壁时，手可破出水面，抑或用其他身体部位在水下触及终点池壁。

2. 水下定向

水下定向是在自然水域里进行的一种确定方位并潜泳到达的一种技术性较强的潜水比赛，包括个人直线定向和集体曲线定向两种类型，其中，直线定向距离又分为500米和1000米，曲线定向距离为600米左右，设有“M”形、“☆”形和“△”形的竞赛场地，分为带水下标志和不带水下标志两种。

水下定向比赛要求运动员穿戴压缩空气呼吸器，手持潜水罗经（指南针）先测定方位，再根据所测方向利用罗经指向进行潜游。在潜游全程中，身体及装具任何部分均不能露出水面，成绩以到达终点的时间先后和准确度高低评定。集体曲线定向比赛要求每队4名队员在设定场地进行，分别从4个不同点出发，按规定路线各自潜游绕过规定标志，完成两人汇合后继续行进，在最后一门标处4人汇合潜至终点，游程646米，最终成绩根据到达时间、偏差距离、汇合情况进行评定。

3. 水下球

水下球是潜水竞技运动中新增的一种高强度对抗项目，是一种在游泳池水下进行的球类运动，主要包括水下曲棍球和水下橄榄球两种。水下球完全在水下比赛，观赏性较弱，尽管随着电视转播技术的发展，观众可以通过画面观赏到水下精彩画面，但精彩度、现场体验性势必受到一定影响，因此无法成为商业化的宠儿。但对于运动员而言，比赛过程中娴熟的技艺、赏心悦目的身姿、激烈的对抗足以让其乐此其中。

1）水下曲棍球

水下曲棍球顾名思义就是水下进行的类似于曲棍球的比赛，于1954年被一群英国潜水爱好者发明，20世纪50年代在英国和南非流行起来，随后流传到世界各国。

水下曲棍球全场比赛为30分钟，两队各出6名队员，佩戴简易潜水装具(泳裤，戴泳帽、面罩、呼吸管、手套，穿橡胶脚蹼)，手持特质木制球棍在水下传球、带球、射门，以最终入球多者为胜利队。

水下曲棍球的场地长25米、宽12米，水深2～4米，池底和水面分别设有端线和边线，水底设有球门，架宽3米，高180毫米。比赛用球是一个直径为80毫米，厚30毫米，重150克，内置铅块外包橡胶的扁圆型球，与冰球相似。运动员所用球棍类似扳手，长为250～300毫米，最大宽度为120毫米，最小宽度为90毫米，厚度至少为17.5毫米。

案例7-23　成都的“魁地奇”：水下曲棍球

在风靡全球的《哈利·波特》系列中，有一种只存在于魔法世界中、由巫师参加的空中团队球类比赛，叫做“魁地奇”。不仅是孩子，很多世界闻名的运动员都把体验“魁地奇”当成自己的梦想。而在成都，有一群人也在寻找最接近“魁地奇”的运动——水下曲棍球。

2010年7月22日，在成都荷花池附近一家游泳馆的深水区，记者目睹了一场小型水下曲棍球比赛，竞赛方式堪比“魁地奇”。6个人，3人一队，穿上泳衣，戴上面罩、呼吸管，绑好脚蹼，两队各执不同颜色的波纹状弯曲的木棍，站在泳池

一头，扁圆盘形的球静静地躺在泳池纵轴中央。在水下，曲棍球队员的“飞天扫帚”就是脚底的脚蹼和手中的木棍，凭借水的浮力，队员在水中全方位滑翔，将球攻入球门触底得胜。

队长张哲介绍说，他们每周二和周四，都有固定的训练和比赛。球队成立一年多以来，基本保证了6～7名稳定成员，可以确保比赛正常进行。女队员天平这样描述这项运动：“当你甩动你的脚蹼自如地转动身躯时，你短暂地挣脱了重力的束缚，仿佛飞翔一样地运动着全身每一个关节。”

“曲棍球一般在水下2～3米的地方进行，水底的物理压力加上有氧运动，会双倍地减轻身体的疲劳感。”张哲的水下曲棍球队里不乏企业老总和白领，正是这种减压效果吸引了他们。

资料来源：http://news.china.com.cn/rollnews/2010-08/06/content_3640054.htm

2）水下橄榄球

水下橄榄球比赛场地长17米、宽10米，水深3.5～5米，池底和水面分别设有端线和边线。球筐是一个上口直径为390毫米，下口直径为310毫米，高450毫米的桶形框架，分别放在球场两端中间。球的周长为570～580毫米，装满浓度较大的盐水而不至上浮。参赛双方各有5名队员和一名守门员在水下，其余5名预备队员则坐在池边的椅子上充当替补，全场比赛为30分钟，按进球多少决定比赛胜负。水下橄榄球运动员需要拥有良好的身体素质、强健的心肺功能和健硕有力的双腿。因为比赛用球很重，运动员只有在水中快速移动，手腿有力，才能漂亮地带球、传球与投篮。

4. 水下狩猎

水下狩猎一般在透明度较好的自然水域进行，既可作为一种竞赛项目，又可以是一种休闲娱乐方式。狩猎者身着蹼泳装具，手持水下猎枪猎获鲜鱼或射鱼形靶。作为竞赛项目，在规定的时间里，根据狩猎者猎获鱼的数量、质量和总重量或者射中靶环数评定名次；而作为休闲娱乐，狩猎者可以将其看成一次神奇的狩猎之旅，浪漫而富有刺激。

狩猎者要对水域中的水温、水深、鱼类等情况做详细调查和测量后才能进行狩猎，狩猎者除了要有熟练的蹼泳、潜泳技术外，还必须了解常见鱼类的生活习性，并掌握水下射击本领。

5. 浮潜

作为一种休闲潜水，浮潜顾名思义就是一种漂浮在水面上的潜泳活动，包含了漂浮、下潜、上升、排水、换气、呼吸等技巧，可以分为只浮在水面不潜入水中的“浮游”部分，以及屏住呼吸潜入水中的“屏气潜水”部分。

浮潜通常在自然水域特别是海水中进行，要求水域能见度必须大于 8 米以上。浮潜者只要穿上一套泳装、一付脚蹼，戴上一副潜水面镜、一支呼吸管就可以自由漂浮于碧海之间，轻松自如地欣赏神秘的海底世界。

浮潜前通常要进行简单的培训，掌握几个简单的手势动作以方便水下交流，如上升、下降、危险等，当然，还要学会在水下给耳朵减压。浮潜最大的优势是可以在短时间内掌握浮潜技巧，不必购买昂贵的潜水装备就可以欣赏到奇妙的水下世界，缺点是无法深入水下体验，趣味性、刺激性稍弱。

案例 7-24　浮潜天堂：热浪岛

是否还记得 2000 年的夏天，因为一场电影，我们听说了热浪岛，我们梦想能够和爱人一起去那里，在海边手牵手看日落……想起来了么，那个电影叫《夏日么么茶》!

热浪岛位于马来西亚加奴州海岸外 45 千米处，面向中国大陆，由大大小小共 9 个海岛组成，目前仍然维持自然风貌，以清澈的海水和丰富的海底景观和自然生态，大受欢迎。热浪主岛的形状像是造物者刻意划出的心形，因此它赢得了一个美丽的封号“海洋之心”。

这里有超过 500 种的珊瑚礁群与 1300 多种热带鱼，是潜水迷的天堂。由于海水透明度可达 35 英尺，你只需沿着沙滩往水中走几步——一点不夸张，就可以与美丽的海洋鱼共舞了。拿着面包喂鱼，肯定会被大群激动的鱼儿围攻，不是你摸它们而是它们主动骚扰你，它们还会透过水面贪婪地盯着你举在水面上的面包，让人产生错觉：美丽温柔的小丑鱼怎么越看越像食人鱼！如果幸运，在海底你还会看见海龟，是不是马上想到《夏日么么茶》的主题曲：我要你陪着我，看着那海龟水中游。

资料来源：http://www.ccdy.cn/lvyou/tupian/201203/t20120327_268192.htm

6. 水肺潜水

水肺潜水是为了能较长时间地在水下连续潜水，通过携带压缩空气瓶，利用水下呼吸器在水下进行呼吸，并真正的潜入水底的一种潜水方式。水下狩猎、观光、摄影、探险等活动就是利用了这种潜水方式才得以顺利进行。

水肺潜水装备比较复杂，除了需要潜水面镜、呼吸管和脚蹼以外，还需要专用于水肺潜水的浮力调整装置、空气瓶、气瓶阀、背架、调节器和压力表等。也正是这些大量装备，潜水者才可以潜到较深的水底，去打开水底世界的奥妙之窗，同鱼共舞。

通常，水肺潜水多用于海底体验活动中。潜水者可以在海底看见形态各异的珊瑚，银鳞雀跃的游鱼穿梭萦绕。舒展手臂，拥抱这难得的静谧悠闲。当潜入

10～20 米深度时，海底景色将更加迷人，各种珍奇异彩、光怪陆离的海洋生物尽收眼底，不禁让人感叹大海的深邃与博大。如果是夜晚潜水，依靠专业潜水手电筒的指引，还可观赏到不爱在白天出没的海洋动物，深切感受这神秘幽暗的海底世界。潜水者不仅可以体验那种置身于海底的自由，还可以通过摄影记录那些珍稀的海洋生物，不但可以看到瑰丽的海底世界，还可以亲手触摸到海底生物，这是浮潜达不到的绝佳体验。

7.6.3　运动要求

潜水主要是水下运动，所以装备、水域、安全保障的要求都比较高，各国的政策要求也相对严格。

1. 潜水装备

潜水面镜、呼吸管和脚蹼，俗称潜水三宝，是最基本的潜水装备。潜水方式不同，所配备的装备也不同，如水肺潜水就需要浮力调整装置、空气瓶等，而因水下作业需要所进行的技术性潜水，还需要头盔、输气管、通信电缆等。

1）潜水面镜

潜水面镜的目的主要是为了改善视线、平衡压力、保护眼睛。由于水的密度比空气大，光线在水中有折射，使得潜水者无法有清晰的视线，而潜水面镜则可以进行有效调节，并且由于面镜将眼睛与鼻子全部罩住，有助于平衡鼻腔内的压力，保护眼睛。潜水面镜的样式多样，有单片镜片、两片镜片和多片镜片等，通常只有两片镜片的款式配有可矫正视力的镜片。潜水面镜一般由强化的安全玻璃镜片、贴合脸型的橡胶或硅胶群边以及可固定位置的调整头带组成。强化的安全玻璃镜片可以防止镜片破碎成有高度危险的细长玻璃碎片；群边的材质硅胶要强于橡胶，这是因为硅胶比橡胶耐用 3～4 倍，不容易使皮肤过敏，更为柔软和舒适。有些面镜还设有排水阀用以排除面镜内的积水。

2）呼吸管

呼吸管解决了游泳过程中换气难的问题，使游客得以在水中自由行进，并且当水面有风浪时，利用呼吸管的管口高度还可以避免呛水等问题。一般的呼吸管设计是一端开口，一端是有咬嘴的弯管。呼吸管的上半部（管身）通常是半硬的塑料管，下半部的咬嘴多由硅胶制成。一个合适的呼吸管要有适当的曲度（适合你自己的脸型），内径约 2 厘米左右，长度 30～35 厘米为宜。

3）脚蹼

面积宽大的脚蹼能提供强大的动力，而不必靠划动双手以产生动力，使得双手能解放出来从事其他工作。脚蹼主要分为无跟和套脚型两种。套脚型脚蹼一般用于温暖水域或浮潜，无跟脚蹼需要与潜水靴一起使用。脚蹼的设计包括用来增加脚蹼硬度和平衡的龙骨、减低对脚蹼阻力以增加效率的排水孔、让水平滑地滑过脚蹼，以增加速度的导流沟等。

4）潜水服

潜水服是重要的潜水装备之一，具有防水、保暖等功能，还可以保护潜水人员，防止被海底物质伤害，其质量和性能关系到潜水人员的生命安全。潜水服分干式和湿式，由于保温效果不同，在不同水域要选择不同类型的潜水服，如干式潜水衣，专用于寒冷水域潜水；全封闭潜水衣，适合污染水域或极寒冷水域，可使人与水完全隔离。

案例 7-25　世界五大潜水装备品牌

Scubapro：美国品牌，全球销量第一，是美国海军专用的潜水品牌。这个牌子在全球各地都有指定的贴牌生产厂家，针对不同地区的人种制作不同的产品，Scubapro 的面镜尤为适合亚洲人使用。

Aqua-Lung：水肺系统最顶尖最专业的品牌，旗下有八大子品牌，各有专业的产品分类，如 Sea Quest 专做 BC 浮力背心，Deep See 专做面镜和呼吸管等。Aqua-Lung 公司的两大基地在法国和美国，现在也有一些浮潜产品在亚洲指定的厂家生产。

Poseidon：瑞典品牌，英国皇家海军指定的潜水装备品牌。

Tusa：日本品牌，颜色多样，款式好看。2003 年推出的一款 MK40 面镜，是 Tusa 产品中不可多得的技术含量颇高的设计。这款面镜设计，内部空间较小，比一般面镜更靠近眼睛，物体的折射效果小，视野开阔。

Mares：意大利品牌，以中档产品居多，实用性极为突出。

资料来源：http://www.qianshui.org/blog/qs/qianshuishebei_2387.html

5）浮力调整装置

浮力调整装置实际上就是一个可充气的救生衣，能有效地调整潜水者在水中的中性浮力，有利于提起重物，且能实现水面自救、互救。浮力调整背心是近年来国际上流行的潜水浮力调整装置，形状类似马甲。调节器及余压表、空气瓶、潜水仪表、配重铅块、潜水手电等装备就不再详细介绍。

2. 水域要求

潜水运动在自然水域（江、河、湖、海）或游泳池中进行。自然水域竞赛场地的水流速度不能大于 0.27 米/秒，波浪不超过 3 级，透明度在 2 米以上，水深在 2.5 米以上（水下狩猎比赛除外），水温不低于 20 摄氏度，潜水运动的极限深度是 40 米。

非专业的潜水者需要接受一定的专业培训后才能潜水，但在培训过程中，对潜水水域也有特别规定：培训水域的水深至少 2.5 米，最佳水域为游泳池或训练水槽的限制性水域，若无适当的限制水域，应在安全可控的开放水域进行。

3. 人员要求

潜水运动具有一定的危险性，潜水运动的顺利开展离不开潜水救援人员、潜水导游以及潜水教练，即使是个人组团去潜水，在这之前也需要专业教练的指导。

从事潜水导游工作及潜水教学人员必须持有中国潜水运动协会（简称中国潜协）签发的潜水救援证书或中国潜协认可机构签发的救生员证书。从事潜水导游的人员必须每年参加一次中国潜协组织的考核，所有等级潜水员、潜水教练员均不得单独潜水，一次下潜至少两人做伴，不可远离，不可失散。

案例 7-26　潜水教练员依能力、资历和职责分为四个等级

一星级教练员：需年满 20 周岁，具备潜水工具使用知识，具备实际指导三星潜水员的能力，有能力教授所有课程，但不能签发证书。可从事潜水导游工作。持证 12 个月以内的潜水教练每次允许带领 1 名无证人员进行水肺潜水或带 2 名无证者进行浮潜活动。持证 12 个月以上的潜水教练每次允许带领 2 名无证人员进行水肺潜水或带 2 名无证者进行浮潜活动。

二星级教练员：需年满 21 周岁，具备在教室、水池开放水域培训一组潜水员的能力和经验，可在训练一星教练员时做辅导工作，可签发所有等级潜水员证书。可从事潜水导游工作。可视自身能力，每次允许带领 2 名无证人员进行水肺潜水或带 2～3 名无证者进行浮潜活动。

三星级教练员：需年满 22 周岁，具备训练所有等级的潜水员的能力，能指导潜水学校、中心的训练，并能承担特殊训练课程及事件的责任，可签发潜水员和一星级潜水教练员证书。两名三星级教练员组成的评估组可签发三星级教练员证书。可从事潜水导游工作。可视自身能力，每次允许带领 2 名无证人员进行水肺潜水或带 3～4 名无证者进行浮潜活动。

四星级教练员：四星级潜水教练为中国潜协荣誉教练，需持有三星级潜水教练证书 10 年以上，全勤指导过二星级、三星级潜水教练员课程各 1 次以上，对潜水理论有进一步的了解与研究，并对中国的潜水运动做出过特别的贡献。四星级潜水教练为中国潜协荣誉教练，由中国潜协评定。

资料来源：http://www.china.com.cn/chinese/zhuanti/tyzcfg/890186.htm

4. 政策要求

在中国境内举办潜水竞赛、表演等活动需要进行审批程序，具体如下：举办全国性和国际性的各类潜水竞赛、表演等活动，必须经中国潜协审核后报国家体育总局审批，并由中国潜协主办；举办地方性的各类潜水竞赛、表演等活动，必须经县以上体育行政部门审批，报中国潜协备案，并由中国潜协派出督察员；举办潜水竞赛活动，主办者必须是体育行政部门、体育总会、中国潜协和与潜水活动相关的组织等。未经中国潜协批准，任何国际潜水组织不得在中国境内开展潜水活动、签发执照等。

第8章 滩岛活动

滩岛活动是指依托分布于水上的滩涂、岛屿（这里主要是指那些无人长期居住的小岛）等开展的活动，游艇滩岛活动既依赖于游艇，又独立于游艇。滩涂、岛屿的魄力在于他们不是人类活动的主要场所，因而拥有许多不为人们熟知的、独特的地理地貌、气候现象和生物系统。探究这些未知事物，在陌生环境获取生存体验是滩岛活动的主题所在。

8.1 宿营

宿营是指不依赖山屋、旅社等固有设施，凭借帐篷、睡袋、营房、旅行房车等设备和用品，在野外游憩的一种活动。在早期，宿营主要用于人们的日常生产或军事中，以解决住宿的需要。而现代意义上的宿营更多强调接近自然，寻求自然野趣，欣赏自然美景，或是体验恶劣环境，是一种新型、健康的休闲娱乐方式。

8.1.1 活动介绍

作为一种休闲娱乐方式，宿营最早在美国等西方发达国家盛行，并以新奇、随意、便捷、灵活、价廉等特点，成为休闲度假旅游中不可或缺的一种时尚方式，并逐步与度假、旅游、餐饮、轿车等产业联动形成产业化规模，其价值早已远远超过汽车旅行者服务场所。如今营地已经发展成为旅游爱好者的旅游胜地。

相较于西方宿营活动的发展，宿营在我国还属于起步阶段，无论是基础配套设施还是观念习惯方面，都有待进一步培育与提升。例如，露营地数量，据统计，欧洲有2.6万个，美国有1.7万个，澳大利亚有3000个，日本有1500个，韩国有500个，蒙古国有118个，而我国已建和待建的露营地总计只有40个左右，并且在宿营地现有的规划中，关于饮食、娱乐、医疗等配套设施还有待进一步完善，宿营与自然生态环境保护之间也需要进一步协调。

相较于欧美宿营的参与者以老年人为主，我国宿营活动的主要群体则是年轻一族。在我国，宿营实际上是处于观光旅游向度假旅游过渡的产物。按照其宿营的目的，可将参与者细分为以下群体。

(1) 热爱探险、寻求刺激的年轻群体。这类群体宿营的目的一方面是通过户外体验，探索自然奥秘，满足其对虚拟世界的体验，感受最原始的寂静与刺激；另一方面因宿营用具携带方便，经久耐用，可节省高额的住宿费用。

(2) 休闲娱乐为主导的（准）家庭群体。宿营没有时间限制，白天、黑夜都可以进行，因此以休闲娱乐为主导的家庭、情侣通常将宿营作为度假旅游的一个环节。通过宿营，更好地贴近自然，更好地享受这愉快时光。

案例 8-1　宿营旅游的前景与"钱景"

中国的露营地建设还处于起步阶段，当前的露营地仅起到了汽车停靠场所的作用，距充分发挥带动周边旅游资源的目标还有一定差距。随着自驾游的兴起，露营地建设的重要性已经充分显示了出来。

业内人士表示，在露营旅游的产业链条中，人、车、露营地是最重要的三个环节。就我国而言，旅游者数量庞大，车也不是问题。目前我国的自驾车旅游已占到整个市场的30%左右，在北京、上海等发达地区，甚至占到50%以上。显然，露营地的数量、规模、网络滞后性就成为制约露营休闲旅游发展的瓶颈。

如何加快我国露营地的建设，业内人士说得最多的一句话是"要结合中国的国情"。大家普遍认为，所谓中国国情，就是要通过投资规划企业、景区与各级旅游主管部门的合作，实现局部区域的网络搭建；通过客源组织者与景区、投资企业、旅游管理部门的沟通，增强信心，实现资源互补、互惠互利的合作局面；通过露营装备企业的参与，获得更多的商机，为合作平台提供丰富的产品，最终形成"政府政策引导、景区参与、投资者投资经营、露营装备企业提供产品、露营休闲旅游联盟单位组织客源"的循环发展产业链。

从事露营休闲产业的从业人员认为"政府的支持理解与扶持引导必不可少"。政府可以出台相关优惠政策，通过降低土地使用费、免税、财政补贴等方式，吸引社会资金投入。他认为，政府应完善露营地行业的规范化、管理标准制度，相关企业要了解到露营地营建的长期性，脚踏实地做事。露营旅游的成熟是以全国露营地服务网络的形成为前提的。

另外，也需要注意不同国情的露营方式。欧洲的露营参与者以老年人为主，可能一住就是3个月，甚至1年。中国的露营参与者以青年夫妇为主，有时候还会带着孩子一起去。研究人员认为在未来10～20年，中国将有望成为世界上最大的露营旅游国，当露营地网络初步形成后，距离产业整合、优化资源配置、效益最大化等目标就会越来越近，露营休闲旅游市场的前景也会越来越明朗。特别是我国已逐步进入旅游业态转换时期，发展露营旅游既符合经济规律和最新趋势，又符合国家的产业政策和行业转型升级的需要。在一个大力提倡产业升级和创新发展的时代，前景意味着“钱景”。

资料来源：http://www.ctnews.com.cn/tbgz/2010-01/08/content_703356.htm

8.1.2 活动内容

宿营过程中可以开展许多活动，如白天可以游泳、沙滩排球、沙滩足球等，晚上可以海边漫步或者开个篝火晚会等。宿营营地决定宿营活动的内容。根据营地功能，营地可分为户外营地、自驾车营地和房车营地；根据营地区域，营地可分为湖畔营地、河边营地、高原营地、海滨营地、山区营地等；根据营地资源，宿营活动内容通常可分为以下两类。

1. 回归自然

整个宿营过程主要依托于户外优美的自然环境，不需要依赖太多的配套设施，这恰恰迎合了宿营者回归自然的需求，既可以从事户外运动，释放压力，享受自然，也可以安静地欣赏景色，静候夜幕降临。

1）观景

日出、日落是大自然最壮美的景色之一，具有很高的审美价值。从古至今，许多文人墨客把它们作为抒情的对象，摄影爱好者也尤其喜欢捕捉日出、日落的霞光万道。到了晚上，迷人的夜景更是沁人心扉，无论是繁华都市或旅游胜地的闪烁霓虹，还是乡村郊外的风恬月朗，都让人沉醉其中，流连忘返。

案例8-2 香港夜晚景色

香港有专门的露营营地，当夜幕降临，露营者可以欣赏香港美奂绝伦的夜景。

（1）尖沙咀夜景。尖沙咀是九龙油尖旺区的一部分，位于九龙半岛的南端，北以柯士甸道至康庄道为界，与香港岛的中环及湾仔隔着维多利亚港相望。从地理学的角度看，尖沙咀是九龙半岛南端的一个海角，毗邻红磡湾。在移山填海之前，由于该处附近的海水被官涌山所阻，其南端形成一个长及尖的沙滩，地形上十分显著。尖沙咀夜晚，既有灯火璀璨、繁华喧闹的大都市风情，也有白云、山冈和温暖的海风。中西方文化在这里交融，为这里带来独有的魅力。

（2）维多利亚港夜景。香港维多利亚港是香港的香港岛和九龙半岛之间的海港。由于港阔水深，曾被喻为世界三大天然海港之一，香港亦因维多利亚港而有东方之珠和世界三大夜景之美誉。在香港观赏维多利亚港，游客可以选择从太平山山顶上俯瞰维多利亚港或从尖沙咀海旁欣赏维多利亚港的景色；亦可以搭乘渡海小轮或其他海上观光船只置身维多利亚港之中欣赏两岸景色。维多利亚港两岸的夜景是世界上一个著名的观光点，香港岛和九龙半岛高楼大厦满布，入夜后万家灯火，相互辉映。

资料来源：http://baike.baidu.com/view/1226265.htm

2）漂流

漂流以其特有的运动形式成为现代人融入自然、挑战自然的时尚运动。漂流者在乘船驾筏、挥浆撑划和随波逐流的过程中，不仅能感受与山水相融、与浆筏为伴所带来的乐趣和惬意，还能欣赏沿途景色，呼吸新鲜空气，极大地满足其寻求刺激、追求个性和锻炼意志的需求。作为精神愉悦、调节生活的一项时尚运动项目，漂流受到了越来越多青年人的喜爱。

3）沙雕

沙雕就是把沙堆积、凝固起来，进而雕琢成各种各样造型的一种休闲活动。沙雕真正的魅力在于以纯粹自然的沙和水为材料，通过艺术家创造，呈现迷人的视觉奇观。沙雕艺术体现自然景观、自然美与艺术美的和谐统一，其体积的巨大是传统雕塑难以比拟的，具有强烈的视觉冲击力。尽管与艺术家相比，参与者没有办法雕刻出完美的作品，但完全可以根据自己的喜好进行沙雕创作，沙雕对于参与者而言仅仅是一种放松娱乐的方式。

4）滑沙

滑沙运动类似于滑雪和旱地雪橇，需要乘坐者有一定的勇气和胆量，滑沙过程中，滑沙者乘坐滑板从高高的沙山顶自然下滑。滑板一般由木质、竹子、塑料等材料制成，乘坐者坐在滑沙板上，两手撑在板壁上，双脚蹬住前沿，身体微向前倾，下滑时随着沙山的坡度加大和下滑速度的加快，顿觉两耳生风，转眼之间就冲到了山下，在有惊无险的瞬间体味到了刺激与快感。

除此以外，早上的时候迎着朝阳、傍晚的时候沐浴着晚霞，赶在潮落的时候游海泳、戏水、捉螃蟹、捞海鱼、捡贝壳、垂钓等都可作为宿营活动的内容。

2. 营地娱乐

营地娱乐活动主要是借助宿营地内部配套的娱乐服务设施而展开，如露天电影、团队拓展项目、游戏、篝火晚会等，以满足宿营者的社交需求。

案例 8-3 师宗菌子山露营地赏露天电影

春节期间，邀约亲朋好友到师宗观凤凰谷，感受五龙壮乡漂流及壮乡水寨篝火跳竹竿，一睹云南最大的杜鹃花自然群落，享受云南最大原生态露营地，然后闻着花的芳香欣赏露天电影。

师宗菌子山原生态露营地能同时容纳200余人露营，观光者可以在露营地享受露天电影，还可以在帐篷内谈天休憩。初一到初七，景区可以根据游客数量，不定时播放露天电影，游客在欣赏漫山遍野的杜鹃花时还可抽空看看电影。

菌子山待腻了，也可即兴前往凤凰谷。凤凰谷生命文化主题公园经过历时八年的精心打造，基础设施日臻完善、旅游产品逐渐丰富、知名度不断扩大，被评为市级文明旅游风景区以及2010年度全省自驾车旅游目的地、中国精品自驾游线路。凤凰谷作为全市唯一申报国家4A级的景区，已具备国家4A级风景区的条件，经省旅游局评审，现报国家旅游局核评。游客可漫步古驿道，追寻山间铃响马帮来的历史痕迹，也可面对大地神母烧香祈福，峡谷戏水寻奇石，女儿湖荡舟赏湖光，河滨泳场休闲练冬泳，五龙壮乡体验漂流，还可与当地居民跳起轻快的竹竿舞，好不惬意。

资料来源：http://epaper.qjrb.cn/html/2011-01/28/content_61811.htm

1）越野运动

越野运动通常以摩托车、沙滩越野车和山地越野自行车等为工具，在空旷的宿营地驰骋以满足年轻人，特别是男士对速度感的追求。

2）球类运动

足球、排球、篮球、羽毛球、橄榄球等球类运动也可在宿营地开展，这类活动不太受场地及设施的限制，可自由组织进行。

3）烧烤

宿营地的烧烤不是一般意义上的烧烤，尤其体现在烧烤的食物上，如鱼类，它们一般是鲜活的，甚至可能是刚逮上来的，参与者可以融入到食物的准备中去。烧烤既可以在室内（包括游艇内）进行，也可以在户外进行，一边烧烤，一边欣赏着夜景，享受大自然，别有一番滋味。

4）篝火晚会

篝火晚会是以团队 PK 游戏与个人才艺展示相结合的形式而开展的一种文艺活动。晚会节目可以事先准备，也可以临时发挥，重要的是要有一名能够带动气氛的主持人，通过节目表演、主持串场、娱乐活动设置等环节使晚会气氛始终保持热烈。

除此以外，智力游戏、拓展训练、派对、定期的专题活动（如世界杯之夜、亲子体验营、七夕情人节、团队体验营）等都可作为宿营地的娱乐活动。

案例 8-4 打造现实版“非诚勿扰”

2010 年 9 月 23 日，全世界首个专业相亲交友露营地——扬州瓜洲国际露营地正式对外开放。

瓜洲国际露营地位于扬州润扬森林公园内，项目总占地面积 1600 多亩。2010 年 9 月 24 日上午，记者来此看到，营地中有可供游客参与的拓展训练基地、CS 野战基地，还有完全在湿地森林中的网球中心。沿路而行，路边树林中欧式田园风格的木屋以及拖挂式房车区逐渐显露出来，在绿树的掩映下错落有致。

扬州市邗江区政府相关负责人介绍说，露营地地处长江边，正是唐代著名诗人张若虚的名诗《春江花月夜》所描绘的地方，同时也是世界最大的专业相亲、交友营地。该区旅游局局长黄震表示，这是该区打造的“非诚勿扰”节目的现实版，他们将不定期推出“万人相亲大会”，为单身男女提供寻求伴侣的宽广平台。

资料来源：http://news.longhoo.net/2010-09/24/content_4167259.htm

除了针对成年人的娱乐活动以外，宿营地还会针对家庭宿营的儿童准备相关活动，如木偶剧表演、儿童话剧表演等，甚至可以通过特定主题的设定，如亲子体验、儿童成长营来吸引更多的宿营群体。

8.1.3 活动要求

1. 设施要求

虽然营地不如通常的度假酒店或温泉宾馆那样豪华舒适，但基本的公共厕所、浴室、盥洗室、医疗室等还是必需的。尤其是对于自驾车与骑车一族，应设有机动车（非机动车）维修服务点。在休闲娱乐设施上可以配置室外乒乓球、羽毛球、电影院、吊床、篝火基地等，完善的基础设施与丰富的休闲娱乐设施是宿营者度过愉快假期的保证。在露营地的不同地方，要设有儿童游玩区并安排看护人员监督安全，这不仅丰富了儿童的露营活动，也让父母得以安心享受度假时光。

1）器具

帐篷、铲子、烤具、炉具索道缆车、服装道具、照明以及取火工具、防身工具、灭火器材、车辆、燃料、柴火、医疗设备等。

2）屋舍

考虑到一些游客不习惯在室外就寝，或需要室内休息室缓解疲劳，屋舍的配备就显得格外重要。宿营地通常会有几大区域：生活区、娱乐区、商务区、运动休闲区等。一般设施齐全，有独立的饮水和污水处理系统，配备生活用电和现代化的卫生设备，如淋浴、卫生间，并提供洗衣、熨衣、煤气等服务，还有超市、邮局、诊所、酒吧、餐馆、健身房等。

3）物品

除了应该提供不同口味与偏好的食品以外，还应提供调料、饮料、急救药品等。

2. 人员要求

专业的营地应配有专业人员进行入营须知和安全措施的介绍，并保证每天配有专业人员留宿。对于一些比较专业或者危险的项目还需要专业教练的指导，同时营地还要配备医护餐饮等服务人员。

专职咨询和接待人员应具备熟练操作计算机的能力。在旅游高峰期，接待站应保持24小时有专业人员职守。营地还需有专职人员负责受理投诉，详细地纪录投诉内容。经营管理机构的工作人员必须经过培训，并通过全国汽车自驾游管理办公室的考核，达到全国汽车自驾游管理办公室规定的要求。

3. 选址要求

在选择营地时应尽量靠近溪流、湖潭、河流边，以便取水，但也不能将营地扎在河滩上，有些河流上游有发电厂，在蓄水期间河滩宽、水流小，一旦放水时将涨满河滩，包括一些溪流，平时小，一旦下暴雨就有可能发大水或引起山洪暴发。尤其在雨季及山洪多发区，一定要注意防范这种问题。通常情况下，营地都会选择在山脊上或河的两岸，以便于欣赏风景。此外，良好的道路交通是宿营的前提。

案例 8-5 露营地内部道路应符合下列要求

（1）露营地各功能区应有道路连接。

（2）行车道路根据营地标准要求宜进行铺装，路面可以采用沥青、混凝土、碎石等。

（3）道路最小宽度应符合表 8-1 的规定。

表 8-1 道路宽度标准

项目	双行车道	单行车道	人行道
宽度	≥6 米	≥3 米	≥1.5 米

注：拖挂式房车的道路应适当加宽为 8 米，转弯半径不小于 12 米

（4）人行道可铺设色彩和周围环境相协调的砖石作装饰，并按《城市道路和建筑物无障碍设计规范》的规定铺设盲人通道。

资料来源：中国体育休闲（汽车）露营营地标准

4. 气象要求

在野外宿营前一定要关注宿营地当地及河流上游地区的气候、水文情况，旅行中除了遇到雷雨、大风雪等情况应当停止外，其他情况均可以继续行动。而在野外宿营就需要多考虑一些气象问题。

1）防雨

防雨是宿营气象考虑的重要问题，如果判断当晚有可能下雨，应当对营地及帐篷进行必要的防雨处理。除选择好营地外，需要挖泄洪沟，加固帐篷并增强防雨性能，如在帐篷外加盖防雨塑料布、雨衣，将各种旅行用品放置在帐篷中等。

2）防风

风向对扎营比较重要，关系到帐篷门、炉灶口开向及营地各区域的整体布置问题，这需要了解一些地形气候知识。在大湖泊边扎营，其风向是早晚相反变化；白天，地面温度上升快，风向是向陆地刮；夜晚，地面温度下降快，风向向湖区刮。因此，应当将帐篷门背风开，炉灶口向风开。在炎热干燥的山区同样有相似的情况。白天，由于山谷（谷地）气温上升慢于山坡（山顶），呈上升气流，即谷地向上刮风；而夜晚则呈下降气流，风向谷地刮。所以在山谷中扎营时应当事前考虑这种情况。研究风向及风力，对户外运动比较重要，有条件的可以带上一个风向风力表。

3）气温

气温对户外旅行同样重要，应当学会气温管理，即掌握在某季节或某地区的

气温变化及规律，并在此基础上选择旅行装备及服饰。了解气温变化规律有助于形成较为准确的判断，这需要随身携带气温表，经常性观察、体验。一日之中，一般在下午2点为当日最高气温，为其峰值；而夜里2～3点是最低点。这一日之间的温差叫日较差，日较差的大小与地理纬度、地形、季节、天气状况等因素相关，一般来说，低纬度比高纬度地区、内陆比沿海地区、晴天比阴天、盆地比平原、荒漠比林地的日较差大。在森林中，由于森林的储存功能，日较差小，通常林中要比无林地气温低0.7～2.3℃，夏季低8～10℃，冬季低4～5℃，同时森林中的湿度也较大，故在森林中露营应当注意这一问题。

8.2 拓展训练

拓展训练是指利用崇山峻岭、江河大川等自然环境或者人工设计的场地，通过一系列精心设计的活动项目，使受训者在解决问题、应对挑战的过程中，达到“磨炼意志、完善人格、挑战自我、熔炼团队”目的的一种课程模式。

8.2.1 活动介绍

拓展训练起源于第二次世界大战期间对缺乏经验的年轻海员所进行的一种生存训练。拓展训练最初是为了提高海员的海上生存能力和技巧，但因独特的训练创意和训练方式，在战争结束后仍保留下来并逐渐被推广开来，训练对象也由海员扩大到军人、学生、工商人员等各行业、群体，训练目标也由单纯的体能、生存训练扩展到心理、人格、管理训练等方面。

不同于传统的培训模式，拓展训练更强调体验式教学，不依赖于黑板、粉笔、讲义和照本宣科的老师，而是充分调动每个受训者的积极性与主动性。在拓展训练中，每个受训者都是主角，受训者与拓展培训教师的关系是互动的。拓展训练的所有项目都以体能活动为引导，且活动本身都具有一定的难度，需要受训者向自己的能力极限挑战，并跨越“极限”，在此过程中得以提高自身的认知、情感、意志和交往沟通能力。通常，拓展训练实行分组活动，力图使每一名受训者竭尽全力为集体争取荣誉，同时从集体中吸取巨大的力量和信心，其目的不仅仅在于让受训者在全身心的体验中能够领悟到自己本身就是一座充满无限潜能的宝藏，更通过鼓励，让受训者将个人潜能的发挥完全融入到团队的“共同辉煌”中去。只有这样，受训者在克服困难、顺利完成课程要求以后，才能真正体会到发自内心的胜利感和自豪感，获得人生难得的高峰体验。在拓展训练中，应当充分尊重受训者的主体地位和主观能动性。这就是所谓拓展训练所具有的综合活动性、挑战极限、集体中的个性、高峰体验、自我教育等特点的具体表现。

拓展训练于1995年被正式引入中国。伴随着国内培训产业的不断发展，开展拓展训练的机构数量在不断发展壮大，大量培训公司、培训学校、户外运动俱乐部、旅行社甚至猎头公司都涌入到拓展培训市场中来。拓展训练的项目、方式也越来越多元化，越来越具有针对性。如今，拓展训练正逐渐由培训项目转变成为一种集体休闲娱乐活动。每年参加拓展训练的人次仍在逐年增加，参加人员不仅来自政府、企业、学校等各类机构，个人及家庭的拓展训练也被广泛接受。

案例 8-6　野外拓展游成为时尚旅游的新宠

自然神奇的黑龙江不仅带给旅游者森林游、矿泉游、界江游等养生度假旅游产品，还结合这些丰富的自然资源开发了许多新颖的旅游项目，野外拓展培训就成为夏天许多时尚旅游爱好者的首选。

“拓展旅游不仅可以放松身心，还可以接触许多全新的娱乐项目，对培养团队意识、加强凝聚力很有帮助！”哈尔滨一私营企业总经理吴先生说，选择这种旅游产品，目的就是加强企业员工的团队合作精神及顽强拼搏的意志，融合企业发展目标和员工个体发展目标，为企业提供更强的发展动力。将旅游休闲和拓展培训相结合，避免了旅游的单调疲劳和纯粹培训的枯燥乏味，最大限度地调动了员工的积极性，有利于他们调整心态、开拓思路。

据了解，拓展旅游这种以自然为舞台，以射击、高空行走、水中求生等刺激性活动为主的旅游产品一经推出就受到了时尚人士的热捧，彩弹射击、沉船求生、信任背摔、语路心程、空中断桥、空中抓杠、天梯等惊险项目挑战着游客的心理和生理极限。一些企业也纷纷借这种旅游方式培养团队精神。

黑龙江省旅游局工作人员李秀梅介绍，2007 年入夏以来，哈尔滨市周边、大兴安岭、伊春等地的景区纷纷开办形式各异的野外拓展训练营、暑假拓展训练营，一些旅行社还针对拓展培训开辟了很多新线路。其中，吉华旅游区野外生存拓展培训基地累计接待游客达 7.2 万人次，高峰时日接待游客近 2000 人。

资料来源：http://www.hlj.xinhuanet.com/xw/2007-08/11/content_10832143.htm

早期拓展训练主要以室内及户外游戏为主，户外游戏也大多在固定的训练基地展开。随着拓展训练机构的数目增多，训练内容及方式的同质化现象日趋严重，拓展训练设计者开始研发更具特色的培训课程，以新颖的场地与内容赢得市场。

作为一种差异化的表现，拓展训练通过与游艇的结合，在训练内容、形式及场地等方面获得众多受训者的欢迎与青睐。例如，训练内容上不再过分强调体能训练，依托游艇功能与特色，添加训练的趣味性与新颖性；在训练形式上自我体验与交互引导相互融合，游艇室内、甲板、水面、滩岛都是训练的场所。

无论是强调培训，还是注重休闲娱乐，按照训练的空间场所，拓展训练可以分为室内、场地、景区与野外拓展四类。

1）室内拓展

相较于其他拓展训练对道具与场地的高要求，室内拓展的道具较为简单、小巧，有时甚至只需要一根绳子就可以达到预期的效果。因此，室内拓展可与其他拓展充分融合，具有广泛的结合性，甚至在一些会议、授课过程中都可以穿插进行。室内拓展通常作为一种补充性拓展项目而存在，主要是调节受训者疲乏的心绪，强化受训者对团队的忠诚与认可。

2）场地拓展

场地拓展对器材与道具要求较高，一般在培训机构的户外拓展基地展开。场地拓展主要包括高空和地面两类项目。在拓展训练中，8 米以上的挑战项目为高空项目，低于 8 厘米的活动项目称为地面项目。与地面项目相比，高空项目对受训者的心理挑战较大，但对体能要求较少，是一种高挑战性、冒险性的项目，其设计目的是磨炼受训者的信心、耐力、毅力和意志力，通过对受训者心理、生理上的冲击，增强其面对压力的承受力和面对挫折的耐受力，以克服恐惧、失败及逃避的心态。

3）景区拓展

为了适应人们假日休闲娱乐的需求，越来越多的景区和度假村开始引入拓展训练，依托景区资源对拓展内容及形式进行开发设计，以满足受训者多元化的训练要求。

案例 8-7　国庆旅游“定向万盛”体验全球首个定向旅游景区

定向运动被誉为“马拉松＋国际象棋”，是老少皆宜的大众体育运动，参与者不需配备特殊装备，而只需一张精确的定向地图和一个指北针便可尽享定向的乐趣。国外一些风景非常美的小城市，如瑞典的斯莫兰、法国的尚贝里，都是能够很好地开展这项运动的山地小城。

随着“黑山谷·龙鳞石海杯”第十八届全国定向锦标赛和第七届全国定向冠军赛两大国内定向运动顶级赛事在万盛落下帷幕，以及“全国科技体育（定向运动）训练活动基地”花落万盛，以“非去不可·定向万盛”为主题的一系列神秘体验之旅正激情上演，黑山谷、龙鳞石海两大景区也由此成为全球首个可以体验定向运动的景区。

万盛黑山谷、龙鳞石海是一个天然的实体网游的载体，而定向运动，就像是整个网游的支撑体系，定向运动使用的指北针、地图等，都可以看成是网络游戏中的游戏装备。例如，中国澳门和摩纳哥的赛车，每年一到赛季，他们都能吸引全世界的目光。

在成功举办全国定向锦标赛和冠军赛后，万盛在国庆大假期间把定向运动简化，将首次面向游客进行“非去不可·定向万盛”定向寻宝活动的体验，游客可以在黑山谷、龙鳞石海两个景区体验定向运动的乐趣，申请领取一份寻宝地图，然后根据地图找到景区设置的宝贝，体验定向运动带来的乐趣。

2011 年国庆，万盛旅游最惹人注目的三大王牌再次迎来华丽变脸：瑰丽奇幽的“最美养生峡谷”黑山谷、诞生于寒武纪时代的“中国最古老石林”龙鳞石海、惊险刺激的“渝黔第一漂”铜鼓滩，融入了最为时尚潮流的故事情景体验与定向寻宝的形式，让游客把自己当一回主角，畅想着夜郎、苗疆乃至穿越寒武纪的情形，圆一回“勇闯苗疆，与龙共舞”的英雄侠义梦。

资料来源：http://www.yesnew.com/? action-viewnews-itemid-3418

4）野外拓展

野外拓展主要是通过模拟探险活动进行情景式的心理训练，以提高受训者的环境适应与发展能力。从某种意义上，野外拓展类似于生存训练。野外拓展主要在未经人工开发的野外进行，不为大众所熟悉。

8.2.2 活动内容

拓展训练的内容有许多，大多采用一些参与性较强的活动项目，如空中抓扛、断桥、缅甸桥、高空平衡木、合力过桥、高空跷板、天梯、高空越障、拆弹头、毕业墙、罐头鞋、孤岛求生、绳网强渡、携手并进、穿越电网、雷阵等，给团队成员提供加深交流的机会，培养团队精神，从而达到在实践中锻炼技能的目的。

根据训练的空间以及活动的开展顺序又可以分为团队建设、高空拓展、地面拓展、室内拓展、景区拓展与野外拓展，本书着重介绍介绍这六类。

1. 团队建设

受训者彼此之间相互熟悉、热身准备、确定团队及人员是拓展训练开展的首要环节，这些内容统称为团队建设。

“破冰”是团队建设的主要目的。“破冰”即为打破人际交往间的怀疑、猜忌，就像打破厚厚的冰层一样。通过“破冰”，受训者能够互相熟悉、消除疑虑、放松心情，最终变得乐于交往和互相学习。除此以外，受训者需要组建团队，像公司一样，明确团队名称、设计团队标志、推选队长。需要注意的是，作为团队的队长，需要拥有一定的组织能力与沟通技巧，带领团队朝着既定的目标前进，达成团队的整体任务，体现团队的力量。团队建设的具体相关环节及细节如下。

（1）确定人数：团队人数通常以12～17人为宜。

（2）自我介绍：各成员向全体队友介绍自己最具代表的特点及能力。

（3）推选队长：通过自我介绍以及后面的合作环节，推举出具有一定领导能力的队员作为团队队长。

（4）团队命名：队长代领全队完成队名、队歌、队徽的创作。

（5）队训创作：全队成员共同思考，创作出符合团队特色的队训。

（6）展示比较：各团队在团队建设完成以后，需要就其建设成果进行展示比较。

当然，在团队建设环节，拓展训练组织者还需要就训练中的安排、安全等问题进行明确。

案例8-8　团队创建

培训师先把人员分成几个小组，然后由小组成员自己来建立自己的团队，这是拓展训练的首要步骤。因为以后的活动都是以团队的形式来完成，所以团队创建是非常重要的，下面是团队创建的流程。

（1）组内成员每人用一幅图（自画像）和几句富有特色的话向小组成员介绍自己特长、兴趣、梦想。要让别人记住自己，同时也要记住别人，10分钟。

（2）根据1的介绍，选出队长，5分钟。

（3）队长用进行自我特色介绍，1分钟。

（4）队长带领大家为团队起一个有创意的队名，5分钟。

（5）设计队徽，8分钟。

（6）创作队歌、队训和队呼（表示祝贺的一种声音），10分钟。

（7）设计独特的亮相方式，5分钟。

2. 高空拓展

高空拓展具体包括攀岩、空中抓扛、断桥、高空平衡木、合力过桥、高空跷板、天梯、高空越障等项目。此类项目可以让受训者体验极端环境带来的挑战，增强自我控制与决断能力以适应巨大的外部压力；克服心理恐惧感，建立突破自我、挑战困难的自信心与勇气，扩展心理舒适区；建立相互鼓励、相互支持的团队氛围。高空项目具有较高的危险性与挑战性，这就要求工作人员具有高安全防范意识，在项目开展前，一定要检查好器材设备及安全保护装置。

1）攀岩

攀岩运动属于登山运动，攀登对象主要是岩石峭壁或人造岩墙。攀登时不用工具，仅靠手脚和身体的平衡向上运动，手和手臂要根据支点的不同，采用各种用力方法，如抓、握、挂、抠、撑、推、压等，对受训者的力量要求及身体的柔韧性要求都较高。攀岩时受训者要系上安全带和保护绳，配备绳索等以免发生危险。

2）空中抓扛

受训者佩戴全套安全装备依次爬上一根 9 米高的钢柱，先站立在钢柱顶端的小圆盘上，然后奋力跃出，抓住面前悬空的一根横杠。受训者在站立或下降时，不允许依赖保护绳。如果没有完成，应注意安全，避免摆撞到桩杆或者圆盘上。完成后双手松开，在保护绳的保护下慢慢回到地面。

3）断桥

断桥是在距离地面 8 米的高空搭起的一座独木桥，但桥的中间是断开的，断裂成两部分，中间断裂距离为 1.2～1.4 米。断桥项目要求受训者爬上 8 米的高空后，从断桥的一侧迈到另一侧，然后再从另一侧迈回来，即受训者要完成两次跨越才算成功。

4）合力过桥

在 8 米的高空有两块 30 厘米宽、相隔 50～100 厘米摇晃不平衡的木板，受训者依次从木板的一头走过，并跨过这两块木板，其他受训者分组抓住木板垂下的绳子，掌握平衡，让处在高空的受训者顺利通过。

5）高空越障

该项目的具体要求是：受训者在规定时间内，利用培训师提供的三根长竹竿、一根短竹竿及一些绳子，在不触及障碍物的情况下，越过约两米高的障碍物。

6）天梯

直径大于 20 厘米的 6 根木桩成梯状悬于 12 米的高空，最低一根距地约 1.2

米，且间距自下而上逐渐增大，受训者被随机分为2人一组，相互配合，共同登顶。

案例 8-9　拓展训练攀岩项目，超越自我

攀岩运动是从登山运动中派生来的新项目，也是登山运动中的一项竞技体育项目。它集健身、娱乐、竞技于一体，既要求队员具有勇敢顽强、坚忍不拔的拼搏进取精神，又需要具有良好的柔韧性、节奏感及攀岩技巧，这样才能娴熟地在不同高度、不同角度的陡峭岩壁上轻松、准确地完成身体的腾挪、转体、跳跃、引体等惊险动作，给人以优美、流畅、刺激、力量的感受。

因为登高山对普通人来讲机会很多，而攀爬悬崖峭壁机会相对较少，且更富有刺激和挑战，所以攀岩作为一项独立的、被广大青少年所喜爱的运动迅速在全世界普及开来。这项运动是利用人类原始的攀爬本能，借以各种装备进行安全保护，攀登一些岩石所构成的峭壁、裂缝、海蚀崖、大圆石及人工制造的岩壁。由于攀登者在岩壁上稳如壁虎又矫似雄鹰，是一项极具美感和观赏性的运动，被誉为“岩壁芭蕾”。

惊险刺激是攀岩运动最根本的特点，并能充分满足人们要求回归自然、寻求刺激、从中挑战自然、挑战自我的欲望，这是它深受人们喜爱的根源。

人工岩壁的出现，使攀岩已发展到既是一项运动又是一项娱乐。目前在国外，各种攀岩俱乐部到处可见，每年举办大型、小型、室内、室外、成年、青少年、男子、女子等各种不同形式的攀岩比赛和娱乐活动。另外，在一些体育中心、军警训练基地以及一些特种部队中也开展了这种训练。

资料来源：http://www.bjjingjiao.com/zt/zt5/1493.html

3. 地面拓展

地面拓展通常包括拆弹头、毕业墙、罐头鞋、携手并进、缅甸桥、沼泽跳跃、七巧团队、信任背摔、户外长廊等项目。

1） 穿越电网

在全体受训者面前悬挂一张“电网”，网上的洞口大小不一，要求受训者在规定时间内，从网的一边依次通过到达另一边。在此过程中受训者的任何部位都不允许碰网，否则洞口将被封闭，每一洞口只能用一人次。

2） 缅甸桥

缅甸桥是一个风靡世界的活动项目，起源于缅甸，是一个可以充分施展个人手脚灵活性的项目。缅甸桥是由一根走绳和两根扶绳组成的钢丝桥，一次最多可让3～5位受训者同时行走。两人一组分别从两端，顺着柱子爬到7米的高空，两人相对从自己的起点位置走到另一端终点。

3） 沼泽跳跃

沼泽跳跃需要钢构、钢索、尼龙绳等材质，具体构造为以两岸水泥基础上的两套钢构为支撑，钢索固定于两端钢构上端中央，等距离连接若干尼龙绳，地面或水面上等距离固定若干圆台。受训者要用手抓尼龙绳，从一个圆台用力荡到下一个圆台，依此操作。

4） 信任摔背

信任摔背是一种心理拓展训练，对受训者的心理锻炼有很强烈的作用，尤其对受训者间的信任、责任感等团队精神的培养非常有效，具有一定的挑战性和趣味性。该项目要求每一位受训者依次从一座高1.5米的背摔台上直身向后倒下，其他受训者在背摔台下平伸双臂作保护。

5） 罐头鞋

罐头鞋由两块长、宽、厚统一的窄板和3只分别涂有红、黄、绿3种颜色的桶组成。受训者站在桶和板上，在规定时间内，在不落地的情况下，利用3只桶和2块板的移动到达终点。该项目适合14人左右，参与可锻炼受训者的身体协调力及平衡能力，强调在紧张混乱情况下的沟通能力，以及合理的人员分配及协作能力。

6） 毕业墙

毕业墙常常被安排在拓展训练的最后一个项目，所以也叫逃生墙或胜利墙，国外通常称14英尺墙。受训者要求在规定的时间内翻越一面高4.2米的光滑墙面，在此过程中，不能借助任何外界的工具，包括衣服、皮带、绳子等，所能用的资源只有每个人的身体。毕业墙依赖于全队协作与合理分工，通常经过该项目后，整个团队的凝聚力、合作精神以及队员间的感情会空前高涨。

4. 室内拓展

与前面以体力、胆识为基础的拓展项目不同，室内拓展项目更多强调智力、合作与趣味性，多与其他项目穿插进行，形式繁多，现列举其中具有代表性的4个项目。

1）盲人摸号

每位受训者戴上眼罩，每人一个号，但这个号只有本人知道，要求团队根据每个受训者的号数，按从小到大的顺序排列出一条直线，最先完成的团队获胜。全过程不能说话，只要有人说话或脱下眼罩，游戏结束。

2）囊中失物

培训师用袋子装着一套有规律的玩具（每一个玩具都不一样），在受训者全部戴上眼罩后，受训者及培训师每人抽取一个，不可以接触别人所收取的物品，每位受训者只能问一个问题，通过沟通，最后猜出培训师拿走的物品的颜色和形状。

3）齐眉棍

受训者分成相对的两列，全部将两手食指伸平，平放在一根2～3米左右的轻质塑料棍下，要求受训者将塑料棍完全水平的从某一受训者的眉头位置朝下移动。在此过程中，任一手指不能离棍，也不能有钩、夹等动作。

4）智过雷阵

所谓的雷阵就是在一共有120个方格所组成的地面区域，有进口、出口，每个方格标注数字，方格中布满红、黄等颜色。该项目要求受训者从进口依次出发，每次只能通过一人，触雷后由下一个受训者接替过阵，最先到达出口的团队为胜。在通过过程中，要求受训者只能沿相邻的格子行进，不得跳格、轧格。项目的目的在于打破惯性思维。

5. 景区拓展

为了适应人们假日休闲娱乐的需求，越来越多的景区引入了拓展基地建设，开发多种景区拓展项目，以供体验。这种项目多依托景区资源而建，多针对游客，而非纯粹追求拓展训练的受训者，在训练中凸显娱乐。

1）扎筏泅渡

扎筏泅渡项目要求参与者在波光淋漓的水面上，利用几个塑料桶、几根竹竿扎成一个竹筏，所有人坐在扎好的竹筏上，在水面上漂流驶向目的地。参与者通过集体动手、集中创意，创作出劳动成果，再以坚定信念、同心协力完成任务。

2）走水钢丝接力赛

该项目要求参与者按照接力赛的规则，利用浅水区搭建的钢丝走完全程，以团队用时最少为胜。在此过程中，若有参与者落水，要求其重新出发。

3）CS 对抗赛

CS 对抗赛是电脑游戏 CS（反恐精英）的“真实版”，通过模仿“真实战斗”，实现人与人的直接对抗。CS 对抗赛利用激光枪和接收器进行人与人的对抗射击，激光枪在击中人体后会产生震动和叫喊声，使参加者既可体会和领略到“真枪实弹”“战场厮杀”的感受，又可以锻炼参加者的体能、意志、思维、反应，让参加者感受其更深的意义。无论对抗的内容、个人技能的发挥、枪械操作与使用还是战争的快感，CS 对抗赛都具有极强的真实性。由于景区区域开阔，自然条件适合 CS 对抗要求，该项目被很多景区所引入。

案例 8-10　江苏首届全民野战对抗赛

江苏首届全民野战对抗赛于 2011 年 11 月 12 日上午开幕。

大赛主题：决战枪林弹雨全民健身强国。

大赛背景：国家旅游局支持镇江建设“国家智慧旅游服务中心”。新技术、新手段广泛应用旅游诸领域，值此国庆 62 周年之际，建成智慧旅游体验项目，举办镇江首届（真人 CS）全民模拟野战对抗赛，旨在增强全民爱国教育，提高全民国防意识，激发全民爱国热情，寓智于教，寓教于乐，寓乐于游。

大赛战队：五大战区（社会战区、校园战区、娱乐战区、企业战区、机关战区）全民参与。每支队伍人数为 6 人，并可以有 1 名替补，每个队必须有队伍的专用名字及队长 1 名（队内每有 1 名女士增加 1 分）。

赛制：户外运动野战对抗 6vs6 团体比赛，参考国内外重要比赛的标准赛制。参赛人员抽签分组，实行单淘汰，直至决出 32 强，决赛采用积分制。

使用设备：第四代激光装备。

资料来源：http://bbs.my0511.com/f802b-t3571355z-1-1

4）景区定向

景区定向常被人们称为“寻宝游戏”，是一个老少皆宜的趣味项目。通过一张地图、一个指北针，参与者按规定的顺序寻找若干个标绘在地图上的地面检查点，用时最短者获胜。

6. 野外拓展

野外拓展项目一般是在纯天然的环境中进行，如天然大峡谷原始雨林、悬崖峭壁、无人海岛等，强调冒险和刺激体验的一种拓展训练方式。

野外拓展训练面对的是未知的、不确定的危险，相对更具有挑战性和刺激性。对团队合作精神的要求非常高，只有亲身体验过生命危急时刻，才更加珍惜同伴的帮助。这里的野外活动主要是野外生存及以高挑战性为主题的拓展性项目。

1）野外生存

野外生存最初是指深入敌后的特种部队、侦察兵和空降兵、海军陆战队，以及在战斗中与部队失去联系的士兵和失事的空勤人员，在孤立无援的敌后或荒野丛林和孤岛上，在仪器断绝的情况下进行生存的一种能力。随着战事的减少和经济的发展，野外生存也“从军转民”，成为探知未知世界的一项户外游戏及拓展训练项目。

野外生存拓展一般是以团队的形式展开，受训者带着必要的装备去训练机构设置好的野外路线及区域，在规定的时间内生存并完成规定的项目。该项目需要受训者有较高胆量及挑战自我的意愿，需要的装备包括背囊、绳索、登山鞋、电筒及荧光棒、指北针、求生哨、求生刀具、手表、通信工具、帐篷、生火工具、急救箱及水壶等。

在野外生存拓展训练中，辨识方向、寻找水源及食物、宿营地寻找、伤痛救治、求救呼叫等技能将被强化应用。

2）野外穿越

野外穿越由探险旅游中延伸出来，主要依靠徒步行走（也可以是机动车）完成由起点到终点的一种野外拓展项目。野外穿越一般选在穿越者比较陌生、地形复杂多样、具有神秘感的地域进行，其间可能会经历山岭、丛林、沙漠、雪原、溪流、峡谷等地貌，对受训者的野外综合技能要求较高，集登山、攀岩、漂流、溯溪、野外生存于一体，要求受训者必须具备良好的体能，稳定的心理素质和优良的道德水准以及乐于助人的团队精神。

在穿越过程中，没有固定营地储存给养，无法获得外界支援，受训者要背负睡袋、防潮垫、御寒衣物等必备物品，进行负重行走；没有现成的路可走，没有明确的路标指示方向，人迹罕至，鸟兽出没，只有依靠地形图、指南针、海拔表和自己的头脑来判断方位、选择路径。但也正是如此，受训者才可能看到不寻常的风景，浓密的丛林，不知名的野花，清澈见底的溪流，星罗棋布的夜空，才能听得见远处动物的嚎叫声、落花声、水流声……

野外穿越是在保证每一个受训者都安全归来的情况下让其经历一些危险和挑战，从而体验到人与人之间相互救助、相互鼓励的可贵精神，挑战自我、激发潜能，感悟生命的可贵与自然的力量。

案例 8-11　体验无止境　戈尔特斯 TM 户外梦想实现

“体验无止境　戈尔特斯 TM 户外梦想实现”是戈尔公司面向中国广大户外运动爱好者推出的一项大型户外体验活动。本届“2011 戈尔特斯 TM 户外梦想实现”野外穿越/户外徒步组冠军团队的行程定为徒步穿越世界最美丽的山谷——嘎玛沟。嘎玛沟是位于西藏自治区定日与定结县的美景之地，以森林、泉水、溪流、峡谷、飞鸟等自然景观为特色，属高海拔徒步探险观光之地，被 20 世纪 20 年代的英国探险家霍华·巴瑞赞赏为“世界上最美丽的山谷”。

野外穿越/户外徒步组冠军团队于 2011 年 9 月 28 日从成都出发，驾驶 Forester 森林人先沿着川藏南线行驶，之后由林芝向南进入山南地区，最后抵达目的地拉萨，总行程为 2630 千米。川藏南线一直被旅行和摄影爱好者称之为入藏的“黄金线路”，沿途风光壮丽奇伟、丰富多彩，但却因天险众多，路况条件极其艰苦令许多人望而却步。斯巴鲁为此次冠军探险团队提供了三辆 Forester 森林人，帮助他们完成了从成都到拉萨的自驾行程。

资料来源：http://news.cheshi.com/20111102/436703.shtml

3）悬崖速降

悬崖速降是选择崖面平坦、高度适合的崖壁，用专业的登山绳做保护，由崖壁主体缘绳下跃，从崖顶下降到崖底的一种极限拓展运动。悬崖速降同攀岩一样，由登山运动中派生出来，勇敢的登山者可以遇水而涉，逢崖而降，逢岩而攀。最早涉及悬崖速降的是登山爱好者，他们走进悬崖峭壁、峡谷溪流中去体验飞翔的感觉，挑战自我、锻炼胆识、享受刺激，后来逐渐演变为一种拓展训练项目，有专门的培训师及安全保障人员。悬崖速降运动主要依赖一个装有下降器和八字环的主绳，速降者自己控制主绳，决定下降速度；另有一根保护绳，系在速降者腰间，由崖顶工作人员操作，保护速降者安全。

悬崖速降也是一项技术较高的拓展项目，除了最基本的动作要领外，不同下降地点会有各自不同的额外技术要求。理论上说，只要按照培训师的要求去操作，就不会出现意外。但受训者往往由于紧张，经常会手忙脚乱，会出现侧摔、倒仰、滑坠等危险表现，不仅自己挂在半空险象环生，旁观的人也心惊肉跳，但这也恰恰是悬崖速降的魅力。

案例 8-12　悬崖速降　玩的就是心跳

速降，这项目前在各地逐渐流行起来的户外运动，以其特有的魅力吸引了一批爱好者登临悬崖峭壁，亲近峡谷溪流去体验飞翔的感觉，挑战自我，锻炼胆魄，享受刺激。“风旅者”俱乐部的十几位“驴友”结伴来到吉太大围村，在悬崖峭壁上体验了这项时尚运动。

悬崖速降，就是在教练的指导与保护下，借助山崖的自然落差，利用绳索由崖壁顶端下降，速降者可以自己掌握下降的速度、落点，以顺利到达地面，另外还有高楼速降、大坝速降等。

“驴友们”迂回攀上了一座险峻的山峰，它的一面几乎是垂直的峭壁，高约 40 米，相当于十几层楼高。从悬崖边望下去，不由得让人脚底发软；山脚下有一块较为开阔的谷底，到处是浓绿的杂草、树木，郁郁苍苍，还有不少突兀的怪石显露其中；抬眼望，周围群山环抱，峰峦叠嶂，时而可见小鸟结伴悠游飞……

悬崖速降一般要选择较平坦、没有突出锋利棱角的岩块崖面，崖顶还要有合适的大树或巨石来挂保护绳。主要装备是一根静力绳即主绳，上面装有一个下降器（主锁）和“8”字环，由速降者自己控制，起着决定下降速度的作用；还有一根动力绳做安全保护，系在速降者腰间，由崖顶上的人员操作，起保险的作用。

有过多次速降经历的驴友“迷墙”首先做示范。安全带、手套一一穿戴整齐，教练阿八帮“迷墙”系好“8”字环，扣好主锁，一切准备就绪，为了让其他人看清楚动作要领，“迷墙”拉着主绳开始缓慢下降，有经验的他动作镇定自如，下降到 10 多米时还停下来掏出数码相机向上拍照！

其实，悬崖速降的安全系数还是蛮高的，只要选址合适，器材合格，装备齐全，有教练做正确的指导和帮助，一般是不会出现危险的。速降并不需要严格的专业技巧，初次尝试的人需要的是鼓足勇气，克服心理上对高度、速度的恐惧，在悬崖上迈出勇敢的一步，你就会体会到凌空飞跃的快感。

资料来源：http://www.wuzhoudaily.cn/html/2008-10/16/content_43911.htm

此外，以军事对抗、模拟战场的CS对抗赛等拓展项目也会在野外进行，规模较景区更大、更逼真、更具挑战性。

8.2.3 活动要求

1. 设施要求

拓展训练需要的器材要齐全，并且符合安全标准，而且所有器材要按照科学与合理方法进行储存并定期进行检查和保养，该报废的器材一定要报废并进行及时更新。

目前，国家还没有出台统一的拓展训练安全操作规范，主要是各拓展机构自行制订一些规范性文件，这也使得拓展训练市场缺乏规范性，拓展机构良莠不齐。

2. 人员要求

拓展训练是实时动态进行的体验式培训学习，培训经常会涉及一些危险性较高的挑战活动，这对培训机构安全系统的保证和培训师的安全技能、操作规范都提出了更高的要求。例如，悬崖速降、攀岩、蹦极等必须在专业教练的指导、帮助下进行。

拓展训练培训师应具备基本的救护能力、保护能力，在器械使用能力方面应获得相应的资格。在救护能力方面，应获得红十字救护员资格，掌握野外自救和求救的技能，若进行水上项目，还需获得水上救生员资格；在器械使用能力方面，培训师应能够熟练使用项目必需器械，在可替换器械的使用上尽量选择个人擅长的种类，同时具备器械的保养常识和一般的质量辨识能力，了解器械使用历史情况。

目前拓展训练的培训师还没有国家统一的权威机构认证，国内拓展行业的相关认证大都是行业组织颁布的，如中国拓展协会的认证、中国定向运动协会的认证。

拓展训练中除了需要培训师，还需要一些辅助人员，如训练时的在场巡逻人员、医护人员等。

3. 户外选址

拓展训练旨在利用崇山峻岭、瀚海大川等自然环境，通过精心设计的活动打造富有挑战性、情趣性、合作性的离奇经历，培养参与者身处逆境、面对困难时的积极态度，以及试图建立和谐、合作的人际关系，培养良好的团队意识和团队凝聚力。因此，拓展训练场地一般需要离开学习者熟悉的生活、工作环境，选择一个相对陌生而又封闭的学习环境，使学习者身处一种轻松、快乐的学习过程，保证学习品质。

拓展训练场地的理想条件包括以下内容。

（1）相对远离城市，大城市100千米以内；中小城市60千米以内。

（2）建有成熟的生活、后勤配套设施，能满足受训人员就餐、住宿的基本需求，有洗浴条件。

（3）内有一处1000平方米以上的场地可供建设训练设施，高空不能有高压电网。

（4）场地环境比较安静，没有外来干扰。

（5）与场地配套方的合作协约不应短于三年。

案例8-13 拓展训练场地标准

拓展场地按其属性分为野外天然拓展场地、户外人工拓展场地。野外天然拓展场地是指完全利用天然的条件，通过人工安装一定的安全设施而形成的野外拓展场地。户外人工拓展场地是指人们根据体验式培训的理论，结合户外运动形式设计的人工训练器械以及在户外建设的专业拓展训练场地。

野外天然拓展场地选址非常重要，因为对自然条件要求比较高，要慎重对待，首先测试其安全性以后才可建设，可建的项目也比较多，如攀岩、悬崖速降、溪降、滑索等。

户外人工拓展基地建设现在已经比较成熟，国内很多公司都提供拓展场地建设的服务，但是并没有统一的行业规定，各种设施很多，如断桥飞跃、空中单杠、巨人梯、天梯、攀岩、缅甸桥、飞越天堑、泸定桥、信任背摔、相依为命等。目前国内拓展训练使用的主要以户外人工拓展场地为主。

一般户外拓展场地必须满以下条件：①必须有一套高空的训练器械；②有相对封闭、平整的训练场地；③有配套的住宿、餐饮设施；④安全保护设施必须符合国家统一标准或通过国际权威机构认证；⑤场地要有专业人员定期进行维护保养。

资料来源：http://www.szteam01.com/contents/32/114.html

8.3 户外探险

户外探险是指以自然环境为场地的，带有探险性质或体验探险性质的活动项目总称。

8.3.1 活动介绍

随着旅游业的发展，人们的旅游需求呈现多样化趋势，不仅希望从旅游中获得对异域文化和风情的感知，更渴望在旅游中实现自我、超越自我。各种探险活动日益普及，成为人们特别是年轻人喜爱的一项休闲娱乐活动。越来越多的人不再满足于传统的、在完备的交通和住宿设施下的观光度假，更崇尚个性化、自主式的旅游方式，通过自由安排旅游活动及旅行线路，甚至乐于承受巨大风险，寻求一种精神上的刺激，同时希望在旅游过程中得到另外一些知识及能力训练。

在这样的背景下，集刺激性、科学性、参与性和独立性于一体的探险旅游随之诞生。探险旅游是指为满足自我实现的需求等动机进行的有别于常规大众旅游的、风险较高的新兴旅游项目，到人迹罕至或险象迭生的环境中进行的充满神秘性、危险性和刺激性的旅行考察活动。

传统的探险在人类开始时就存在，当时是为了生存的需要。现在的探险是与旅游结合的一种休闲方式。19 世纪后半期，探险旅游首先在欧美等经济发达国家发展起来，并在 20 世纪中后期普及。美国户外探险旅游的发展时间长、内容丰富、配套制度完善。

相对美国发展户外探险旅游的悠久历史而言，我国户外探险旅游的开展才刚刚起步，但增长迅速。我国目前户外探险旅游活动组织者主要包括旅行社、探险协会、户外俱乐部组织及个人四种，其中，户外探险旅游俱乐部已经有 300 余家，俱乐部多集中在北京、上海、广州等大型城市和旅游资源地，会员有数万人。作为一种挑战生命、回归自然、探索险境的运动，户外探险旅游越来越受到青年群体的欢迎，户外探险不仅仅是一种单纯的旅游形式，更意味着一种全新的生存态度和生活方式：在冒险刺激中追寻真正的自我和自然。

案例 8-14 青海成功举办我国首次长江源头体育旅游探险活动

初冬的长江源头地区，风景清奇而壮美。2011 年 2 月 24 日，在海拔约 5200 米的格拉丹冬雪峰脚下，20 名民间户外探险运动健儿在专业户外教练的指导下，依次开展了自行车骑行、徒步行走和冰川取水等体育探险活动，除原定的热气球放飞因天气因素未能进行外，其余三项活动圆满成功，创造了人类在长江源头的三项历史纪录，标志着我国首次长江源头体育旅游探险活动取得成功。

由青海省体育局、青海省旅游局和格尔木市政府联合举办的长江源头体育旅游探险活动，是“大美青海·2011 第十届环青海湖国际公路自行车赛系列活动”中的一项重要内容，也是我国首次在长江源头举行体育探险活动。这一体育探险活动于 2011 年 22 日在西宁正式启动。23 日，探险队员在格尔木市集结并进行短暂适应性训练后，驱车 400 多千米，沿青藏公路穿越平均海拔 4000 米以上的昆仑山、可可西里国家级自然保护区，于 24 日抵达格拉丹冬开展体育探险活动。

据介绍，这次长江源头体育探险活动的举办地——格拉丹冬位于唐古拉山中段，藏语意为“高高尖尖之山峰”，最高海拔为 6621 米。这里是万里长江的发源地，雪山连绵，冰川、湿地广布，原始生态环境保留完好，自然风光壮美奇特，同时，这里高寒缺氧，这个季节的最低气温达零下 30 摄氏度，含氧量只有 54%。

资料来源：http://tibet.news.cn/gdbb/2011-02/25/content_22141238.htm

8.3.2 活动内容

每逢周末节假日，都会有爱好探险的一群人挥着俱乐部的大旗，奔入原野，在大自然中激荡生命，挥洒青春。他们热爱大自然，渴望自由，背起行囊，手拿一张地图，告别他们一成不变的生活，看看浩瀚的大海、茂密的丛林、起伏的山脉……从地域角度看，户外探险包括丛林探险、沙漠探险、山地探险、雪山探险等。这里主要介绍与游艇相关的探险活动。

1. 水域探险

水域探险主要指人们平时不经常接触，带有一定危险性，要求探险者有一定技术经验的水域活动，如深海潜水、远洋探险、海底漫步等。

深海潜水最早用于军事方面，近几年来由于潜水器材日益精良及潜水运动的蓬勃发展，投身于深海及深水域潜水的探险者也越来越多。所谓深海是指水深 1000 米以下的海域。

远洋探险最早出现于殖民地扩张时代，目前被广泛应用于未开发或者无人岛屿的探险活动中。当然，也有探险者纯粹是为了打破个人或世界纪录而进行远洋探险。

深海潜水与远洋探险对探险者的要求较高，多为专业潜水人员，冒险成分多于休闲娱乐。相较于前两种水域探险方式，海底漫步适合于男女老幼，不论其是否熟悉水性，只要穿着潜水服装，经过简单的手式培训，配有一个可供压缩空气的头罩就可进行海底漫步了。置身于此，可尽情欣赏绮丽的珊瑚礁群，并可近距离与大批鱼群挥手问好。你定会被海底的奇幻世界深深吸引，流连忘返。

案例 8-15　伦敦潜水员水下开茶话会 鲨鱼伴游

据英国媒体 2012 年 2 月 9 日报道，近日，英国伦敦一间水族馆举行了一场别开生面的展览活动：潜水员水下围桌而坐开“茶话会”，数条鲨鱼就在他们身旁伴游，并不伤人，创意吸引眼球。

据报道，三名“勇敢”的潜水员进入一个装有鲨鱼的巨大水箱中，潜入箱底，围坐在一张布置好的桌子旁开起了“茶话会”，拿着杯子做喝茶状。不过由于戴着潜水设备，他们没有真的喝茶，主要是向游客展示。数条鲨鱼则在他们身旁近距离游动，并未对潜水员发动攻击。

伦敦“海洋生活”水族馆副馆长称，该馆通过这样的表现方式旨在说明鲨鱼并非人们通常印象中的海底“嗜血杀手”，而“邀请它们来参加茶话会”是一个“较好的方式”。据悉，潜水员们将与黑鳍礁鲨、铰口鲨、斑纹鲨等一起“开会”。

游客们可以通过 5 米长的玻璃通道看见脚下水箱内发生的情景。

资料来源：http://news.qq.com/a/20120212/000411.htm

2. 海岛探险

海岛探险总是与神秘的海岛、珍奇的动植物、美丽的海岸线联系在一起。历经艰辛，到达陌生的海岛，观赏各种海生动植物，领略未被开发的世外桃源。

案例 8-16 三亚独木舟海岛探险：椰子岛—沙丘岛

海棠湾与亚龙湾、大东海湾、三亚湾、崖州湾并列为三亚旅游区的五大名湾，位于海南岛南端、三亚市东部，距市区 28 千米，区内旅游资源丰富，自然风光旖旎。由于远离城市，大部分区域没有开发，一种原生态的美使其独具魅力。19 千米长的岸线风光旖旎，河道如网，绿洲棋布，芳草萋萋。

椰子岛是海棠湾中一处没有开发的小岛，景色自然脱俗，岛上除了高大的椰子树外，其他植物群落不多，这大概是小岛被称为椰子岛的缘故。椰子岛上的椰子树几乎棵棵神姿仙态，整个椰子岛上很难找到几棵形态相似的椰子树。有的挺拔向上，有的斜逸而生、姿态优雅，有的弯腰屈膝、摇曳婀娜，有的根须暴露、似将倾倒水中……

我们泛舟前往椰子岛的途中，两岸仙态神姿的椰林，宛若世外桃源；忍不住驻足停留，岸边倾斜向水中的椰树，绿水映青椰，椰风别样美，岛上满目的翠绿，绿得晶莹、透明、赏心悦目，无疑是一方生机盎然的绿洲。

出海口不远处的沙丘岛，在碧波浩瀚的大海中，与水天相连。千百年来任凭河、海冲刷，小沙丘卧于二者之间，不得不赞叹大自然的鬼斧神工。滩涂上特有的螃蟹，仔细观察，你会发现，好多小螃蟹都在不停地移动，一直以为，螃蟹爬得应该很慢，但是，每当你想要捉它，这小东西都是人未到，它却溜之大吉了。你一定没有见过这么美丽的沙滩和海水吧？伫立其上，恍然身临仙境；脱掉鞋，光着脚丫踩在沙滩，任那细腻柔软的绵沙包裹着你的双脚：怎一个舒服了得！

资料来源：http://www.cncn.com/xianlu/print-193266.html

3. 洞穴探险

随着洞穴探险技术得到极大的提高，洞穴探险已不再是洞穴研究人员的专利，而成为普通的洞穴爱好者可以参与的活动。世界上公认最具危险性和挑战性的五种探险活动分别是深海潜水、江河漂流、登山、洞穴潜水和深洞探测，洞穴探险以其高难度和高危性而占据了其中的两项。

探险的洞穴多属于未经人类开发利用的洞穴，洞穴周围基本上保持原始状态。洞穴的复杂性和危险性使洞穴探险成为一种技术性极强的活动，掌握洞穴探险的技术和方法，是开展洞穴探险的基础，并不适应于一般群体，普及性要弱于其他户外项目。

洞穴探险在发达国家受到极限探险人士的追捧，目前国内所进行的洞穴探索大多是在旅游机构的组织下进行的一种体验式休闲活动。根据洞穴位置，洞穴探险可以分为岩洞探险、深潭潜水探险等。

案例 8-17　岩洞探险的注意事项

岩洞探险是适合寻求刺激、体力和精力比较旺盛的年轻人的活动。因为到岩洞探险，由于岩洞的地形复杂，又必须要在岩洞里攀爬，是一种常常将身体弄湿、弄脏的娱乐，岩洞探索者一般要穿结实的衣服，而且体力、臂力和耐饥耐寒能力要非常好，是一项考验人的运动。岩洞探险必备的东西包括尼龙绳索，一个有灯的头盔和用钢缆制成的绳梯。岩洞探险者可能遇到的危险有雨水造成的岩洞淹水，石头的突然滚落也会造成岩洞探险者的困扰。

岩洞探险游该注意以下事项。

（1）对所去岩洞地理概貌，事先要向了解情况的人询问调查清楚，做到心中有数。

（2）准备好光源。

（3）随身携带几支蜡烛也是十分必要的。一是可以辅助照明；二是可以帮助检查洞内氧气是否充足。

（4）做好路标。岩洞的路径往往错综复杂。为了不至于迷路，凡经过的交叉路口，必须在地上或洞壁上做出路标或留下标签。

（5）衣着的准备也是确保自身安全的措施之一。到岩洞旅游时，最好穿服装面料坚固、防水的棉布衣裤，戴上棉纱手套。

（6）注意洞内攀走的安全。行走步幅要小，速度要慢，眼睛不仅要注意脚下，而且特别要小心头部不要碰撞岩石。

岩洞探险不仅是对一个人体力耐力的考验，同时也是对一个人处于封闭、陌生、危险的环境中精神和心理承受能力的检验，极具危险行，刺激性。

4. 峡谷探险

峡谷指狭而深的河流谷地，一般有“雄、奇、险、幽”等特点，多急流、飞瀑，更有多姿多采、形态各异的溪坑巨石，星罗棋布于溪涧之中，使人驻足沉思、流连忘返。

峡谷有着丰富的资源，其景观具有美学特征，也具有观光和科学文化旅游价值。峡谷旅游资源在中国风景名胜区中占有重要位置，全国国家级风景名胜区中有峡谷的景区占一半以上。峡谷两岸，险峰和奇岩高耸环立，常有千年古树在悬崖峭壁之上横空而出；清粼粼的山溪千流百折，滩声哗哗，溪流中还会形成很多色泽不同的碧潭，美轮美奂。无论是乘坐游船，还是在山道上漫步，看青山秀水峡谷幽深，赏奇峰怪石，如同置身人间仙境，给每一位游客以挡不住的诱惑。漂流、急流划艇是游客在峡谷游玩中绝不会错过的刺激项目，近年来，峡谷探险也在逐渐兴起。

案例 8-18　国庆峡谷探险 来乌江画廊听民歌

金秋时节，乌江画廊旅游开发有限公司推出了“品鉴江山，万人共赏乌江画廊”系列活动，这个季节去乌江画廊景区，可以体会龚滩古镇的青石板小路，阿依河深处的母子溪、牛角寨风情。

母子溪大峡谷是阿依河风景区下一步重点开发的“峡谷探险”旅游景点，具有典型的峡江峡谷风光。河内水质清冽，有深有浅，游鱼随处可见，能与九寨沟的水媲美。山似斧劈、水如碧玉、虬枝盘旋、水鸟嬉翔……奇山、怪石、碧水、险滩、古镇、廊桥、纤道、悬葬让你震撼、流连、感动。

七里塘上竹筏放歌、峡谷听音，竹板桥码头登舟的碧潭戏水，沿着阿依河边的悬崖栈道一路走来，河边招展的彩旗托出了一个山坳里的牛角寨。这里三面环山、一面临水，3000 多平方米的苗寨汇集了苗家的风俗人情，众多藏在深闺的美景待你发掘。

资料来源：http://tour.cqnews.net/html/2012-09/11/content_19556334.htm

5. 极地探险

极地指南北两极。南极被人们称为第七大陆，是地球上最后一个被发现、唯一没有土著人居住的大陆。整个南极大陆被一个巨大的冰盖所覆盖，平均海拔为 2350 米。冰川探险无疑是独特的景观体验。北极地区包括极区北冰洋、边缘陆地海岸带及岛屿、北极苔原和最外侧的泰加林带，由于洋流的运动，北冰洋表面的海冰总在不停地漂移、裂解与融化，其冰雪总量只接近于南极的1/10。

穿雪鞋行走、滑雪橇、雪地跋涉、越野滑雪、破冰游艇、海冰面高尔夫球、触摸冰川……对于大多数人来说是一个不可实现的梦想。但随着探险技术及装备的进步，极地探险已不再遥远，它不再是探险队的专利，越来越多的探险爱好者进入极地，实现自己的极地梦想。

8.3.3　活动要求

户外探险是一项非常惊险刺激的运动，但是每年都会有许多探险爱好者在途中迷路、受阻、陷入种种困境。这就一方面要求探险项目提供者加强安全建设，另一方面，探险者也要做好探险前的准备。

案例 8-19　户外探险的危险

从致害因素来源可分为以下几类。

自然力致害风险：包括气象灾害、地质灾害、野生动物攻击所造成的危害，这是户外探险致害最常见、最多发、最不可准确预见的突发侵害。例如，雷击致害、雪崩致害、山洪致害、毒蛇咬伤等。

人为致害风险：包括活动的组织者、参加者因故意或过失过错所造成的危害，包括对自身或他人造成的危害。例如，恶作剧使他人跌伤，过涧跳跃过猛将其他人碰倒致伤，自己失稳跌坠伤等。

第三方致害风险：活动组织者、参加者以外的人或事件所造成的危害，即活动过程中因交通、住宿、饮食、向导、人畜争纷等由第三方原因造成的危害。例如，包车事故伤亡、饮食不洁致病、过村穿寨被狗咬伤等。

从致害性质可分为以下几类。

内在致害风险（或称首要致害风险）：探险活动本身潜在的、可预见或所特有的、固有的致害风险，包括了自然力及部分人为的风险。不同的探险项目有其不同的内在致害风险。例如，在登极高雪山中，大雪、大风、冰雹、雪崩、严寒、滑坠、高反病、致盲、失温、虚脱、迷失、导向失误、气象预报失误、救援失败等都属于内在风险；在峡谷激流漂流中，山洪、覆舟、撞岩、溺水、失踪、失温、虚脱、舟友判断或操控失误、两舟相撞、救援失败等均属内在风险。

外来致害风险（或称次要致害风险）：内在致害风险之外的、由他人外加带来的风险。例如。漂流中舟艇提供者提供了漏气舟艇，登山协会提供了漏气的气瓶，溯溪中领队使用了有断裂的扁带等。

意外致害风险：内在和外来致害风险之外的、突发的、根本不能合理预见的致害风险。例如，岩降时突然石缝里窜出一条蛇，被惊吓松开绳锁而坠落撞伤。

资料来源：http://hyly.5d6d.com/thread-5311-1-1.html

1）设施要求

由于户外探险具有高风险性，旅游景点、探险俱乐部以及其他探险组织必须严格遵守户外探险安全管理条例，设立基本的安全保障设施，保证参加人员的生命财产安全。当然，在设施提供过程中，需要遵守自然保护的相关法律法规，如《风景名胜区条例》《自然保护区条例》等。

2）人员要求

从事户外探险的从业人员以及探险者本身需要具备户外探险方面的专业知识（包括户外探险活动、户外探险器材及安全急救等）以外，还需要有强健的体魄、良好的团队协作精神及沉稳的心理素质。

3）装备要求

户外装备包括刀具、打火机、水及净化装置、金属罐/帽、急救箱、垃圾袋、帐篷或吊床、口哨、手电筒、备用食量、户外衣物等。刀是建造庇护所、准备食物、生火和其他无数任务所必需的基本工具；用燧石生火在干燥气候下相对容易，但在潮湿天气里，打火机是必备的；水、净化装置及金属罐/帽则是饮水卫生的保障；急救箱中不仅要有快速凝血的药物及一些常备药，还需要镊子、针线等简单的医疗机械；塑料垃圾袋轻薄，携带方便、用途强大，既可充当盛装雨水的容器，也可充当雨布、雨披及防风布；帐篷或吊床提供了精细和舒适的庇护所；口哨与手电筒则是发出信号的最好工具；高蛋白、高卡路里的食物及防寒、防风的衣物鞋帽则是最基本的装备。

第9章 案 例

9.1 案例一：海口游艇经济主题论坛纪实（2010年）

近几年，中国的游艇产业从南向北，发展势头相当迅猛。目前中国游艇制造业共有374家，其中制造整艇企业54家，游艇零配件企业320家。此外，中国游艇俱乐部已达99家，其中28家已经建成，26家正在建设，45家已完成规划。中国交通运输协会邮轮游艇分会副会长兼秘书长郑炜航先生对于发展前景十分看好，未来10年中国的游艇拥有量将从现在的150艘增长到10万艘，产值将达500亿～1000亿元。“桅杆多的地方，就是富人待的地方。”这个曾经流传在海盗中的俗语，如今却真的成为衡量一个沿海城市发达的重要标准。随着海洋经济价值的提升，游艇产业的发展渐行渐近，各地纷纷开始重视打造游艇带来的经济效益，其中与旅游业的互动发展，成为各个地方政府的重点扶持项目。

博鳌国际旅游论坛——2010海口游艇经济主题论坛于2010年3月19～20日在海口举办。论坛由中国交通运输协会、海南省旅游发展委员会、海口市人民政府联合主办，华彬集团、海口市旅游发展委员会等联合承办。论坛以游艇产业共同关注的议题为切入点，容纳全球游艇产业发展的多元思想，为世界游艇业，尤其是中国游艇业的发展提供智力支持。博鳌—海口游艇论坛将被逐步培育成为一个世界知名、有特色、可持续、对海南乃至中国游艇产业有较大影响的国际性游艇论坛①。参加此次论坛系列活动的嘉宾达2000多人。其中有美国前国务卿赖斯女士，澳大利亚前总理霍克，爱尔兰前总理伯蒂·埃亨；出席会议的还有来自50多个国家和地区的嘉宾，以及中国国家机关、各省区市的代表以及国际主要旅游组织和机构的负责人等。

此次博鳌国际旅游论坛还包括全国游艇俱乐部协作联盟成立仪式和中国游艇产业发展前景圆桌会议。

9.1.1 议程

2010年3月18日晚6时30分，全国游艇俱乐部协作联盟成立仪式在海口喜来登温泉度假酒店举行，拉开本届论坛的大幕。

2010年3月19日活动可谓精彩纷呈。上午10时，本届论坛启动仪式在海口湾美源国际游艇会举行，届时，凤凰卫视的郑浩、黄橙子登台主持；11时，贵

① 资料来源：http://style.sina.com.cn/news/2010-03-03/161457813.shtml

宾在主会场登艇参观洽谈，参展商展示推介；下午3时，来自世界各国的嘉宾发表主题演讲；2小时后，他们就中国游艇产业发展前景进行1小时的互动；当晚6时，中国交通运输协会邮轮游艇分会发布《2009—2010中国游艇产业发展报告》，海口市市长徐唐先发布《博鳌国际旅游论坛海口游艇发展宣言》。

2010年3月20日上午9时，嘉宾就游艇俱乐部的建设与经营展开3小时的专题演讲；下午，一对幸运新人在游艇上举行婚礼，海口市民将通过直播方式目睹他们幸福的旅程。

2010年3月21日，嘉宾开始返程。期间，新丝路模特、巴拉圭乐队进行现场表演，3月19日晚还举行大型海上焰火表演。

9.1.2　开幕式

2010年2月9日上午，博鳌国际旅游论坛2010海口游艇经济主题论坛启动仪式在北京举行。海口市副市长朱寒松、华彬集团董事长严彬、国内外知名游艇经济专家学者以及人民日报、中央电视台等40多家媒体记者出席启动仪式。海口市副市长朱寒松在发布会上介绍，以“中国游艇产业发展与海南国际旅游岛建设”为主题的2010海口游艇经济主题论坛的举办适逢其时，海口将打造成为引领游艇经济发展的中国标杆。启动仪式由华彬集团董事长严彬博士、中国交通协会会长钱永昌先生、中国人民政治协商会议全国委员会委员张发强先生、第29届奥林匹克运动会组织委员会执行副主席蒋效愚先生、原海军副司令张序三中将、海口市副市长朱寒松先生、中交协邮轮游艇分会副会长郑炜航先生、中国新丝路模特公司董事长总裁李小白先生、2010年海口游艇论坛战略合作媒体新浪网执行副总裁总编辑陈彤先生，共同为启动仪式揭幕。这次启动仪式为2010海口游艇经济主题论坛提前预热，也为论坛的影响做了较大的铺垫。

2010年3月19日上午，游艇经济主题论坛在海口开幕，来自17个国家的游艇俱乐部和游艇制造商共600多人参加了论坛。开幕式上，中国交通运输协会会长钱永昌做了发言，就2009年国务院颁发的《关于加快发展旅游业的意见》《关于推进海南国际旅游岛建设发展的若干意见》中提出的几个建议做了详细的阐释，包括要培育新的旅游消费热点，支持有条件的地区发展邮轮、游艇等新兴旅游项目；积极推进游艇码头建设；培育发展游艇、轻型水上飞机等旅游装备制造业等观点。

“国务院发展旅游业意见的正式出台和海南国际旅游岛国家战略的实施，将给处于起步阶段的中国游艇新兴产业带来极大的发展机遇与契机。”钱永昌说，近几年来，在各地政府的重视和游艇业界的共同努力下，游艇业开始引起社会广泛关注，一批现代化、功能齐全的游艇俱乐部先后兴起，游艇的神秘面纱正在逐步揭开。业内人士认为，游艇产业及水上运动将在未来几年在中国蓬勃发展。

开幕式上，新西兰前总理、世界贸易组织前总干事麦克·穆尔和中国奥林匹克委员会（简称中国奥委会）副主席张发强、日本帆船协会执行主席柴昭克日等均致辞祝愿我国游艇产业能够蓬勃发展。在 2010 年 3 月 19 日下午的论坛会议上，他们还将就世界各地游艇经济发展现状等发表专门演讲。亚洲潜水联合会主席张清、国家体育总局水上运动管理中心副主任李全海、中国船舶工业行业协会船艇分会理事长杨新发等将就“中国游艇产业发展前景”展开讨论。

9.1.3 游艇展示

本次论坛吸引了来自 17 个国家的游艇俱乐部和游艇制造商共 600 多人参加。国内外近 50 艘游艇、帆船聚集海口，共享游艇经济主题论坛安排的盛宴。为了论坛的顺利进行，海口海关推出五项个性化通关措施，支持“博鳌国际旅游论坛——2010 海口游艇经济主题论坛”顺利举办，简化世界各地参加论坛展览的游艇、帆船的备案手续。同时，抽调精干人员到游艇停泊点驻点监管，实行“贴身”服务，参展的展览品免于向海关提交担保，缓解论坛举办方资金压力。

此次论坛中参展的游艇都是来自国内外知名的游艇，Horizon Vision 68、Wally EsEnsE、极速菲尔兰 Targa38 游艇等都汇聚于此，近十余艘大小游艇按照各自泊位整齐停靠码头。记者随后进到其中一艘前来参展的动力帆船上，舒适的船甲板空间以及木质的休闲长椅，十分便于休闲垂钓；下到船舱内部，看似不大的空间却容有卫浴分离的宽敞主卧，餐厅与会客功能结合的大厅，配备冰箱、烤箱、消毒柜、炉具等设施的厨房以及两间同样配备有独立卫生间的小客房，洗衣机、音响、液晶电视更是样样齐全。据该游艇负责人介绍，这类动力帆是目前游艇界性价比最高的船艇，齐全的配备完全可满足家庭聚会的需求，预计日后普通民众只需支付约每小时 5000 元人民币的费用便可享受和体验别样的游艇之旅①。

9.1.4 主题演讲与交流

在此次论坛的行程中，主办方非常重视与会嘉宾的想法与互动。2010 年 3 月 19 日下午，论坛设立了主题演讲，并安排 1 小时的互动讨论。来自 NewWork 的董事 Edward S. Grant 先生和执行董事 Mustafa Kirwan 先生，对于此次举办的游艇论坛，他们都非常重视，也提出了自己对海口游艇旅游发展的独到建议：①要积极开展形式多样的宣传活动来推广游艇产品及这种生活方式，让普通大众接受和了解游艇行业；②要加强游艇码头的建设，用好的配套设施来吸引全世界的游艇爱好者到海南来；③做好培训和教育等相关事宜，来正面引导消费者能够健康的消费游艇服务。另外 Edward 先生还指出海南的自然环境是海南游艇经济

---

① 资料来源：http://style.sina.com.cn/travel/2010-03-18/231758715.shtml

发展的基础，任何国家和地区的游客来到海南首先希望看到的是海南优美的自然风光，环境保护要始终放在首位。

华彬集团作为此次论坛的承办方之一，在互动交流中严彬博士就集团的情况对嘉宾做了详细的推介。以绿色经济与蓝色经济为核心发展战略的华彬集团，形成了以红牛饮料、高尔夫、马球、歌剧院、高端酒店为重点的高端服务产品体系。作为新经济、新生活方式的引导者，自 1984 年创立之日起，华彬集团一直致力于引领“高端时尚健康的生活方式”。此次，在国家及海南省政府大力开发国际旅游岛的大背景下，华彬集团积极响应号召，在海口进行项目投资、进军游艇产业，对海上交通、现代农业、高尔夫、旅游度假、健康产业等项目进行长远规划和持续的投入建设。

论坛中发表了《2009—2010 中国游艇产业发展报告》，“十二五”期间海口将积极发展游艇经济，推进游艇码头建设，加快秀英港区国际旅游客运码头建设，规划建设马村港游艇下水码头维修保养服务基地，到 2015 年建成 1000 个游艇泊位，使海口游艇聚集区初见规模，努力把海口建设成为“海南游艇经济的出发地”和“中国最具影响力的游艇基地”。海口湾游艇码头项目投资预计 8.3 亿元，规划设计包括 300 个泊位的旅游经营性游艇码头、游艇俱乐部、高级会所、休闲中心以及维修、保养、销售、展示厅等①。

在各位业内专家与领导的演讲之后，出席会议的各行各业的朋友对于论坛的主题有着浓厚的兴趣，就此次论坛的主题展开了热烈的探讨。中国交通运输协会邮轮游艇分会副会长兼秘书长郑炜航先生的许多观点都得到了大家的认同，他认为“到海上去”的方式、方向和路径将是业界共同探讨的重大问题。根据国际惯例，当一个地区的人均 GDP 达到 3000 美元时，该地区的游艇经济开始萌芽。而在我国，许多沿海的发达城市都已达到或超过这一标准，因此游艇作为一种中高端的休闲旅游业态也渐渐为普通大众所熟悉、了解并接受。但真正要让游艇走入大众生活之中，是一个长期的过程。首先，在大众的认知观念上，游艇还是显得多少有些神秘和高端。这源于中国游艇市场还不够发达，尤其是私家游艇，很少出现在公众视野中。再加上媒体舆论的不恰当宣传，国人就误以为游艇是个炫富的工具，与一般人的生活不沾边。其次，在大众的消费观念上，游艇到底有什么好玩的，游艇应该如何玩，对于很多人来说都是陌生的。在国外，80％以上的私家游艇都是中小型游艇，消费主体大部分是中产或白领阶层。游艇可用于度假、运动，更是生活空间的延伸，就像私家车在中国一样，已经普及为日常生活的基本必备品。公众从消费观念上接受私家车花了 20 年的时间，这也就意味着公众能普遍接受游艇可能同样是一个需要花费大量时间的过程。

---

① 资料来源：《海口市人民政府关于游艇产业发展情况的报告》

9.1.5 直播游艇婚礼

2010年3月20日，海口游艇经济主题论坛的游艇婚礼直播在下午举行，此次空前的婚礼规模与游艇婚礼的新颖形式，吸引了上千名的群众现场观赏。游艇婚礼采用征集的方式，在报名的选手中最终选择一对幸运儿享受这份特殊的浪漫。报名的新人中，除了海南本地的新人外，不乏外地甚至遥远省份的新人，有自己报名的，也有亲戚朋友代替报名的，甚至还有旅行社为新人组团报名的，各种各样的报名方式增加了竞争的激烈程度。

经过激烈筛选，主办方最终选择了一对新婚夫妇，并邀请了海口电视台、海南在线网络直播、新浪等媒体来同步他们的婚礼进程。婚礼的布置与流程在文化焦点策划公司、玛雅摄影、京润珍珠等协作下，置办的清新脱俗又不失浪漫温馨。设计师选择了与海同色的蓝色作为主色调，配以纯洁的白色，蓝白相间映衬海天一色的融合。蓝色的气球、浪漫的纱帐、配以蓝色的地毯一直延伸到游艇登陆，整个场景非常的清爽舒畅。婚礼仪式在游艇经济论坛的大舞台举行，电视直播、网络在线直播为那些不能亲临现场的亲友及观众同步放送仪式的精彩瞬间，而现场的电台主持人、参与此次游艇论坛的与会嘉宾以及等候在外围观看新人婚礼的现场亲朋及观众则为游艇婚礼增加了欢乐气氛。

通往游艇的栈桥上有一个拱门，主办方邀请了海口80岁高龄的夫妇为新人祝福，并亲手解开系在拱门上的绳子，寓意开启幸福之门，永浴爱河。新人经过拱门，步入主办方华彬集团提供的价值超过六千万的顶级豪华游艇。新婚夫妇及其亲朋，还有几位记者朋友一起享受了这次浪漫旅程。为了将游艇婚礼的情况进行直播，主办发还提供了另外一艘游艇，摄影师、摄像等工作人员从外面对豪华游艇婚礼进行播报，另外还提供了直升机作为航拍之用，让直播中能从前后左右以及上空多角度对游艇和婚礼进行完美的播报。作为此次论坛中的亮点，游艇婚礼为论坛创造了空前的影响力，众多媒体竞相报道，可以相信，在不久的将来，游艇婚礼将逐渐进入寻常百姓家。

9.1.6 试乘试驾

国内外的众多豪华游艇齐聚海口，让参与论坛的嘉宾与钟爱游艇的爱好者跃跃欲试，论坛主办方也经过协商，在论坛的最后环节中提供了游艇试乘试驾的机会，并在游艇试航过程中邀请了新丝路模特助阵。在试乘试驾中，还特意邀请了当地的普通观众，让普通消费者也体验一把游艇的驾驶乐趣。纯白色的船身配上湛蓝的大海与蓝天，显得尤为清爽舒适；沙龙舱、双客房、露天望台、海钓平台、享受日光浴的甲板应有尽有，让参与的嘉宾与普通观众都倍感惊喜。伴随着汽笛声与海浪声，游艇在船长的驾驶下驶离了码头，在船长的指导下，众多爱好者都亲身体验了驾驶游艇的乐趣。缓缓开动后层层银色浪花留在身后，有人坐在舱中喝茶聊天，有人独自躺在甲板上看海，这一刻，许多纷繁杂事都被抛到九霄云外。

不过，在体验了驾驶乐趣后，大家都纷纷感慨开游艇比开汽车复杂得多，明明摆正了方向盘可还是会跑偏，虽然有航行技术保驾护航，但还需要根据经验来调整方向。对于新手来说，如何掌控速度是件难事。过慢则体会不到游艇驰骋如飞的畅快，过快则可能引起船只碰撞、桅杆断裂等危险情况发生。然而，恰是因为驾驶游艇需要将技术与速度巧妙结合，富有挑战性，才得到那些追求刺激感的运动爱好者的青睐。作为一种新兴的休闲运动方式，游艇也受到高端人群的竞相追逐，日益成为社会各界名流、富裕阶层和企业家们休闲的乐园。

为期三天的海口游艇论坛落下帷幕，游艇产业共同关注的议题在本次活动中得到了专家与学者的商讨与研究，海口游艇论坛也将被逐步培育成为一个世界知名、有特色、可持续、对海南乃至中国游艇产业有较大影响的国际性游艇论坛。海口市市长徐唐先认为这次论坛的举办将产生几个方面的效果：第一，通过论坛的举办扩大海口的知名度；第二，游艇产业的升级换代必然经历一个发展过程，游艇论坛的创办丰富了传统观光旅游的方式和内容，并将前沿的时尚元素、国际性元素融入其中；第三，随着国际游客的日渐增多，城市要相继进行旅游化改造，城市面貌焕然一新；第四，新生事物的大量涌入，对整体提升市民的文明程度、国际文化认知以及酒店、交通等服务性设施的蓬勃发展都大有裨益。

9.2　案例二：青岛游艇展示会策划方案[①]

9.2.1　基本信息

时间：2004年2月14日16：00～18：00时。

地点：青岛浮山湾海区及音乐广场岸边。

活动定位：时尚、隆重，突出国际化特点，显示贵族气派。

9.2.2　现场布置

1. 会场布置

在青岛音乐广场溜冰场前搭建大篷一处（面积约420平方米），用于举办冷餐会，招待来自各地的贵客。

大篷整体及篷内布局如下。

（1）大篷临海而建，外形为长方体、弧顶，规格为长30米×宽14米×高4

① 资料来源：http://www.docin.com/p-102827081.html

米，弧顶最高为5米。

（2）篷骨采用铝合金帐杆，材料结实、牢固；篷布采用带有涂层的尼龙布，坚固、抗风、保暖。

（3）大篷南面（靠海）为透明墙，方便客人观赏游艇表演和焰火表演，其他三面为不透明篷壁。

（4）出入口设在北篷壁，用鲜花和彩带做装饰。

2. 场内装饰

（1）篷内入口左侧设接待桌和衣帽间，供来宾存放衣帽。

（2）篷内设两个冷餐台，供来宾取用糕点、冷热饮料。

（3）西侧篷壁前设一舞台（长7.2米×宽2.4米×高0.6米），金色或枣红色裙布，羊剪绒装饰，供乐队、模特演出使用。

（4）舞台上方安置一电视墙（长4米×宽3米）做主背景，用于播放公司的宣传片及演出背景片等。

（5）电视墙上方用鲜花和彩绸做装饰；电视墙南侧与透明墙交接处做艺术鲜花造型“爱心”（长1.5米×宽1.5米），赋予爱的主题。

（6）北篷壁上悬挂游艇的大幅写真喷绘两处（长8米×宽2米），高雅壮观。

（7）舞台南面为贵宾区，用于招待主要领导和嘉宾，舞台前为公众区。

（8）整个地面铺设红地毯，尽显高贵、优雅。

3. 场外布置

（1）篷外拉挂三角彩旗，渲染气氛。

（2）大篷出入口用鲜花及彩带装饰。

（3）大篷出入口至码头铺设迎宾红地毯。

（4）篷外，距出入口10米处设流动WC。

（5）篷外，距出入口50米处为停车场。

（6）出入口约200米处为登艇码头。

（7）码头上设置指示牌、宣传POP等，为活动做宣传。

4. 迎宾车及游艇布置

（1）迎宾车以鲜花装饰。

（2）游艇及两侧以鲜花装饰。

9.2.3 活动亮点

（1）盛大欢迎仪式。参会嘉宾来自世界各地，对于来宾的入场一定要做到隆重而热烈。拟采用由两位模特向入场的来宾扬撒花瓣（玫瑰）雨，表示对来宾的热烈欢迎。

(2) 领导、贵宾讲话。会场内邀请到场的市领导、企业领导以及嘉宾讲话，对游艇展示的意义加以阐述，阐明活动的目的（领导、贵宾名单由主办方提供）。

(3) 大型冷餐会。在会场内举行西式的大型冷餐会，现场领导和来宾可以一边享用冷餐，一边欣赏精彩的节目、悠扬的音乐和美丽的海景。

(4) 来宾参观游艇。邀请主要领导和嘉宾参观游艇，对游艇的发展历史、建设过程加以介绍，使大家能够有一个深入的认识。

(5) 游艇近海试航。由船长和主持人邀请现场领导和主要嘉宾乘游艇沿近岸海区游弋，感受游艇的魅力。

(6) 青岛旅游大使推介活动。青岛是全国为数不多的有旅游大使的城市之一，每年旅游大使的评选都会引起社会各界的广泛关注。通过青岛旅游大使的推介（与领导和嘉宾一起乘艇试航），为游艇业务的开展扩大影响力。

(7) 海上焰火表演。展示活动结束时，举行热烈欢腾、绚丽璀璨、气势磅礴的海上焰火表演（见 9.2.5 小节海上焰火仪式）。

(8) 礼品赠送。向每位到场嘉宾赠送礼品。

9.2.4 媒体宣传

为了能够深入、广泛地扩大展示会在青岛的影响，拟与活动同时召开新闻记者会，具体内容如下。

(1) 新闻媒体的联络。提前与媒体联络，告知活动内容、时间、地点等事项。邀请新华社、人民日报、经济日报、北京青年报、上海新民晚报、中国交通报、大众日报、生活日报、齐鲁晚报、山东电视台、青岛电视台《生活在线》、《今日 60 分》、山东广播电台、青岛人民广播电台、半岛都市报、青岛晚报、青岛日报、青岛早报、青岛财经日报等媒体。

(2) 新闻点的发掘和撰写新闻稿。针对活动内容，深入挖掘新闻点；撰写新闻稿，届时向记者发放；提供企业资料等素材，供媒体报道使用。

(3) 新闻记者会的组织。确定记者到场时间、单位、人数；安排接待人员；新闻稿、企业材料、红包和礼品的发放；安排记者对现场领导和企业负责人采访。

(4) 新闻报道的搜集。活动举办过后，注意对相关报道进行搜集。对于电视媒体的报道，可向记者索要图像资料，制成光碟；平面媒体（报纸）的报道可制成剪报等，收集起来作为企业宣传资料的一部分。

(5) 后续采访。宣传工作是一个持续的过程，新闻记者会过后，通过对新闻点的深入发掘，吸引媒体的后续采访，对展示会进行持续报道。最终形成企业在当地公众中的形象定位，形成品牌效应，为企业市场与业务的进一步开拓做准备。

9.2.5 海上焰火仪式

表演基调，热烈欢腾，绚丽璀璨，气势磅礴，整个焰火的展示将紧凑连贯、错落有致，一气呵成，特别注意气氛与艺术性相结合。

焰火节目分三段。

(1) 礼花迎宾、四海一家. 象征着来自海内外的客人有着共同的心愿和深厚的友谊，共有 5 寸[①]礼花弹 32 枚，包括红环、绿环、土星环、蓝边金花、凤凰展翅、铁树开花等；6 寸礼花弹 20 枚，包括椰心千轮菊、锦上添花、椰子树、绵先绿、锦冠、金甲椰子等；7 寸礼花弹 10 枚，包括锦冠、双环、菱结环、百花齐放、红轮星、梅花等；特殊效果礼花弹 10 枚，主要为金色光带。

(2) 国色天香、美好祝愿。象征着美丽的青岛对港湾新成员的欢迎和祝福之情，共有 5 寸礼花弹 32 枚，包括锦上添花、百花齐放、红花绿柳、蝶舞蜂飞、惊天动地、凤凰展翅、铁树开花、蓝边金花、流光溢彩等；6 寸礼花弹 20 枚，包括高山流水、飞雪春雷、天女散花、绿尾拉手、红星、红波、混色大礼花、波环锦绣、南园梦等；7 寸礼花弹 10 枚，包括彩虹、风环套月、红牡丹、锦冠、蝴蝶、双环、加芯土星环等。

(3) 璀璨明珠耀东方。预祝游艇产业在青岛能有一个灿烂美好的未来，主要花色品种包括礼花绽放、姹紫嫣红、熊熊圣火、照亮夜空。

9.3 案例三：游艇承载着我们的浪漫记忆

勇者爱山，无限风光在险峰，才有征服的意义；智者乐水，面对生生不息的海浪与潮涌，思想也随之涌动。结婚纪念日对每一对新人来说，意味着相知、相爱、相守，绝无其他节日能与之相提并论。我们曾设想过旅行结婚，在大自然的怀抱中无拘无束地交流思想，深化感情；也期望有个非常独特的空中婚礼，乘坐热气球漫步于蓝天白云间，刺激而又浪漫，必将吸引无数惊讶而羡慕的目光。但最后我们选择在游艇上度过人生中最具有纪念意义的日子，以天为媒，以海为鉴，没有什么能比这份爱情更意义深重。在豪华浪漫的游艇婚礼中，迎来无数彩带和亲友真挚的祝福声，在甲板上大声喊出爱的誓言，执子之手，与子偕老，让这一刻化成永恒，让王子和公主的梦想成为现实。

9.3.1 豪华的游艇婚礼

2010 年 3 月，博鳌国际旅游论坛在青岛召开，作为论坛活动的亮点，论坛

① 1 寸≈0.033 米

主办方在几个月前就征集游艇婚礼的人选。经过多个环节的筛选，博鳌国际旅游论坛组委会最终选定我们成为豪华游艇婚礼的幸运儿。能够得到这次机会，全靠家人和朋友的支持，我们激动的心情难以言表，越接近婚礼，越是兴奋，相信这场特别的游艇婚礼一定会让我俩以及亲朋好友们留下深刻的回忆。

1. 醒目的蓝白调色彩

游艇置于海天之间，纯净的颜色自然成为我们婚礼的主旋律。设计师选择了蓝色作为基调，配以纯洁的白色，蓝白相间映衬了海天一色的融合。在主办仪式的舞台上，随处可见的丝绸飘带和气球，随风舞动；蓝色的地毯，白色的椅背装置，让整个舞台变得简洁纯净。如此的场景布置为婚礼营造了浪漫气氛，让我们和亲朋好友在瞬间融入到大海的情结中来。白色的气球、浪漫的纱帐、配以蓝色的地毯，延着栈桥伸向游艇，仿佛蓝天白云下圣洁的天梯，引导我们通往幸福的婚姻殿堂。放眼望去，整个游艇散发着神秘的色彩，让我们在兴奋之余，又多了几分期待。

2. 温馨的现场布置

婚礼仪式主要在岸边举行，宽阔的岸边布置了近万元的红白相间的玫瑰，很是浪漫。仪式的配套设备与传统的婚礼基本类似，音响设备、司仪及场地中的桌椅布置，都装扮的简单脱俗。通往游艇的过道，在蓝色地毯的相映下，显得格外灵气，而拱门不仅仅是作为装饰，也蕴涵了开启幸福之门的深意。在踏入幸福拱门之前，主办方还特地请来了当地一对 80 高龄的老人，阿公阿婆虽然头发花白，但面色红润，行动自如，他们送上了白头偕老、百年好合的祝福，并亲手为我们拉开系在幸福拱门上的蓝白丝带，这对老人的长相厮守和相濡以沫深深感动了在场的每一个人，在如此温情的气氛中，我们踏上了期盼已久的游艇之旅。

主办方提供的用于豪华婚礼的游艇价值 6000 多万，在海口称得上是顶级游艇。游艇的内饰与布置都让我们为之赞叹。游艇第三层的空间足够容纳几十位宾客落座。开放的驾驶台，让很多人都跃跃欲试，船长旁边围了一层又一层的宾客，你一言我一语，对游艇表示出浓厚的好奇心，看来船长在这短暂的旅途中需要为大家解释很多了。

游艇装饰非常高贵，船头的木纹理地板，让赤脚的宾客倍感舒适，船头上的四个真皮坐垫，可以盘坐闲谈，也可以轻躺仰望天空，享受静谧的二人世界。船头的风景让我们不禁想起泰坦尼克号的造型，望着深邃的大海，感受着清风拂面，似乎耳边已经响起了 *My heart will go on* 的旋律。这种内心的雀跃和满足感让我们铭记一辈子。虽然已经在岸上的舞台完成了结婚仪式，但我们还是留有了自己的想法，登上甲板，对着大海喊出我们爱的誓言，这是多么难忘的时刻。宾客们不约而同地拿出特意准备好的纸、笔、漂流瓶，在蓝天白云的见证下，写下了此时此刻的真实感受，真心的希望新人能够携手共进，白头偕老。漂流瓶是精挑细选的，密封性很好。虽然这只是一种愿望，但希望我们的心愿能在大海中永远保留，也希望能够像电影一样，有缘人拾得我们的漂流瓶，由此展开美好的故事。

大部分宾客都在二层的会客区，有着五星级标准的装修，内区沙发、茶几，配上茗茶点心，很是消遣；外区与内区落地玻璃隔开，外区休闲餐椅与连坐沙发，可以直接体验亲近大海的心情。每个人都在游艇上找到了属于自己的小天地，不管是雀跃还是恬静，都给他们留下了难忘的记忆。由于这是多方促成的一次豪华游艇婚礼，主办方及其相关单位还特地派出了多艘小游艇协助，甚至有直升机进行航拍，如此阵势为我们的游艇婚礼增加了意料之外的惊喜，也让我们在自己的婚礼中体会到了众星捧月般的明星享受。

游艇的拍摄过程比较短暂，一小时之后我们又回到了栈桥，回到了等待我们的亲戚朋友中间。而短短的一小时却让我们的心中埋下了深深的种子，那就是我们的蜜月之旅，它必将是我们与游艇亲密接触的又一次新鲜体验，我们的婚礼与蜜月都与游艇结下了不解之缘。

9.3.2 多彩的游艇蜜月行

蜜月旅行选择在三亚，虽然此次的游艇没有婚礼上游艇那么豪华，但内部结构基本类似，而且各种设施也都配备齐全。游艇内部结构由三层组成，顶层为开放式区域，露天望台和驾驶台，还为了防晒和防雨设置了软篷；中层为半封闭式休闲区域，客厅和厨房等设施非常温馨，客厅中的家具和摆设，代表了游艇主人的品位与偏爱，会客区会有吧台、卡拉 OK 等休闲娱乐设施；底层为封闭式休息区域，配有主人房、客房、卫生间，休息区域较为封闭，这便于游艇过程中的放松与休息。与我们一同出游的还有另外几对度蜜月的新婚夫妇，相仿的年龄和同样的心情，让我们这一路的旅行充满了甜蜜和欢笑。

1. 刺激的驾驶乐趣

登上游艇就像是置身于豪华的水上行宫，兴奋之余，心头会涌现出婚礼上的点点滴滴，这种幸福的感觉不是所有人都能感受到。一上船，船长就给我们演示了高超的驾驶技术，在出港过程中体会到了一次次的急转、切浪，甚至还让我们有种随着游艇飞翔的错觉，害怕中又带着激动，真是够刺激，这种放松和洒脱是城市中绝对体会不到的。同行的都是新婚夫妇，都沉醉在这前所未有的心灵震撼当中，已经忙不迭地去甲板上秀恩爱了，有些小夫妻在船长旁边不停地请教各种驾驶技术，也不时地体验一把自己掌握方向盘的快感。海面上的波涛起伏，不同于汽车的驾驶仪表盘，都会给你一个不一样的驾驶世界。在技术相对先进的游艇设备下，在规定的航线内，设定好经度与维度，游艇会自动航行。另外，水的深度也要看游艇的体积与承重情况，船长会根据实际情况做好相应的调整。游艇的

GPS系统相对较为有趣，除了可以显示方位、水深及行驶速度，还可以显示船底的鱼群，让你在驾驶的同时感叹海底世界的多姿多彩。驾驶中，海面上不可预测的风浪会让游艇随时有跑偏的可能，驾驶游艇的经验则相对比较重要，而这个难度比驾驶一般车辆更具有挑战性，驾驶提速会让你感到耳边有一阵海风呼啸而过，像是游艇在飞奔，初次体验绝对会让你胆战心惊。

2. 回味无穷的海钓

我们俩也总算是过了把开游艇的瘾了，虽然各种技术设备很是先进，根据实际情况调整设置好，开起来比较容易，但碰到突发问题时还是比较难掌控的，比开汽车复杂多了。海上游艇不多，但也有规定的航线，这可不是闹着玩的事情。驾驶兴趣过后，我们就在甲板上欣赏风景了。婚礼当天时间太过紧迫，都没有静心去欣赏游艇驶过的风景。现在我们很惬意地待在甲板上，欣赏三亚的美好风景，遐想无边，憧憬属于我们的未来。三亚的海上风光很是迷人，沿途的自然风光一处一景，让人恍若置身于不同的天地之间。离开熟悉的城市，呼吸大海上空的新鲜空气，对于生活在都市钢圈中的我们来说是多么难得的畅快。伫立在游艇最高处，展望眼前的风景，海面波澜壮阔，仿佛刹那间世界只有我一人，世界虽大，但真正有让你感觉存在过的，就只有现在了。船长很是贴心，每到一处都会给我们讲有关于风景的故事，他自己对每处的风景都有独到的见解，这让我们确实长了好些见识。他还给我们准备了丰富的水果拼盘，各种点心和饮料，同游的其他夫妇都聚在甲板上，大家凑在一起，聊着天南地北，都纷纷感慨远离了城市，欣赏着这么精美绝伦的景色，真的是三生有幸，不管费用多少，这趟真是值了。坐在甲板上看着海浪拍打船身卷起的浪花，即使是静静的观望，也能感受到生命的灵动。船长看我们对生活如此感慨，不忍打扰我们的谈话，拿着渔竿与鱼饵自己玩了起来，这下好了，甲板上的男士们都起身围观，兴致勃勃。

其中一位男士兴奋地说："在海上钓鱼还头一回呢，不知道能不能钓到鱼。"船长边拆开一些装置，边回答说："我们出海早，现在还算是早上时间，是钓鱼的最佳时间，上钩的鱼还是相对比较多的。"船长的这一句话让男士们信心百倍，一个个都摩拳擦掌，也想在自己的爱人面前好好露一手。同行的一位男士看起来钓鱼经验很丰富，没多久就上好了吊钩，一边把虾撕成小块一边很是惊喜地说："呵呵，这还是双钩的呢!"

船长边卸下其他鱼钩边解释到："对啊，如果你是双鱼座，也许能钓上两条鱼呢!"

"可惜我是水瓶座啊!"在场的人都听得哈哈大笑，气氛很是融洽。两个钩子一长一短，而且非常锋利，就是在上鱼饵的时候也得特别小心，一不小心就会扎到手。

我们几位女士还在旁边撕鱼饵的时候，已经有人在喊了："咬钩了，咬钩了!”这才多一会的功夫啊，信的人赶紧丢下手边的活去看究竟，不信的人说了一句:“忽悠吧，这才多长时间啊!”不管你信不信，随着鱼线的回收，小鱼已经慢慢浮出海面了，还真的是一条非常漂亮的小鱼啊，走近了一看，还带有彩色条纹。船长介绍说这是一条苏眉鱼，算得上是名贵的海产鱼，生活在有岩礁石和珊瑚礁的海域中，随着栖息环境的变化而呈现艳丽的色彩，因此又称为珊瑚鱼[①]。

最先钓到鱼的男士由于经验丰富，后来钓的鱼也是最多，一路上被我们称为钓鱼哥了。旁边的美女还在欣赏苏眉鱼，钓鱼哥边上鱼饵边说了句:“越漂亮的，越没有头脑，就越容易上钩。”“你说谁呢?”旁边的美女齐声喊道。“我只是开句玩笑，美女别太激动了。”看着美女一副恶狠狠的样子，钓鱼哥还是专心地去享受他的海钓了。有人开心有人愁啊，老公收了几次绳子，结果都是空欢喜一场，平时没有钓鱼经验的我们，看来只能当成体验生活了，成果是没有指望了。原来海鱼也是挺狡猾的，再好吃的鱼饵也诱惑不了它们。海鱼还是很聪明的，能够在不经意间把鱼饵吃掉，窜入礁石中，缠住钓鱼线，这样在拉起来的时候有点沉重的感觉，实际上是把线给缠住造成的错觉。看来不能低估海鱼的智商啊。看看一旁的桶里面，已经大小有好几条鱼了，漂亮的如苏眉，丑样的我们称小丑鱼，在桶里面游的还挺欢的，可惜这里面没有我们俩的功劳。不由想起了船长说的，钓鱼八成还是要看运气的，经验虽然很重要，但也要看天时地利，急是急不来的。

3. 震撼的海底世界

钓鱼 1 小时后，一对小夫妻就在那寻思着，要不要去潜水。看到钓上来的鱼都这么漂亮，他们心痒痒地想去看看海底世界到底是什么样子。其实这次的蜜月之旅就包括了我们的海底潜水，也有随队的教练小 P 老师陪同，所以想潜水随时可以圆梦。我们一路的兴奋也带动了小 P 老师，他陪着我们钓鱼，给我们传授钓鱼的心得，虽然他出海多次，这些对他来说更多是一份工作和责任，但他还是尽心尽力地为我们讲解他所知道的一切。路上还不停地观察我们的习惯和身体状况，原来潜水的要求很严格，尤其是在深海区，海底的很多状况都难以把握，他对每次潜水都十分谨慎，每次最多带两名潜水者，不然遇到紧急情况不好处理。

我们排在了钓鱼哥夫妇后面，听着他们上来对海底世界的描述，我和老公都心花怒放，对海底世界很是期待。在小 P 老师的指导下，我们俩都穿好了潜水服，背着氧气罐，套着潜水鞋，一副专业的装备检查了几次之后才确定完好无误。下水之前，我们又跟着教练把基本的手势演示了一遍，大拇指朝上表示上升，大拇指朝下表示下降，OK 的手势表示好，手掌向下平行摆动则表示有问题，手掌朝外手背朝自己则表示要停止，两手抱着身子则表示温度过低觉得冷，这些都是小 P 老师强调的，还有一些基本动作没有办法一一赘述。在海底用语言

① 资料来源：http://baike.baidu.com/view/1292342.htm

交流是不可能的，要是手势错误则有可能发生危险，甚至身边有危险也没有办法获得帮助。一切准备就绪，我们跟教练，缓缓下降高度。由于初次潜水，随着水压增加，我出现了教练说的胸闷症状，跟教练用手势说明了情况之后，我的下降速度更加缓慢了些，这刚好满足了我要探究海底世界的想法。虽然不知道身在何处悬浮着，但已经出现了成群的小鱼，看到了一些模样特别，颜色各异的精灵，惊喜、兴奋甚至有些感动，如此美轮美奂的海底世界我今生也有幸看到了，而且如此之近。再往下潜，可以看到越来越多的珊瑚群了，色彩鲜艳，五光十色，把海底点缀得分外耀眼。海鱼的种类也更加丰富，大部分没有见过的鱼会成群结队，游的速度也是相当得快，对我这种第一次潜水的人来说，是望尘莫及啊。有时还会感到鱼队从我的身旁经过，似乎在打量着一个怪物一样。小 P 教练还带了专业的相机给我们留念，相信这些比我们任何时候的旅游纪念都来得珍贵。

海底世界虽然美轮美奂，但对我来说潜水也是个体力与脑力并用的活动，估摸着 1 小时的行程，我就跟小 P 教练打手势我要上去了，水下的生活还是有点不适应。探出头来，呼吸自然的空气，这种感觉如释重负。回到游艇梳洗之后，发现几对小夫妻竟然在海面上游泳。在深海游泳有没有尝试过？我是想都没有想过。对于只在游泳池浅水区游泳的人来说，在深海游泳是不可想象的。但看到他们悠然自得地在海面上游泳，心里十分羡慕。在这里不用担心有人会经过你的身边突然撞到你，也不用担心一抬头就看到满目的比基尼，在如此广阔的深海里游泳剩下的就只有蓝天、白云、海水和你了，还有就是当成背景的起伏的山峦。在这里游泳也无须太担心，船长、小 P 老师的游泳水平都是相当好的，会随时关注着大家游泳的情况，基本不用担心安全问题。船长说不会游泳的话可以穿救生衣或者抱个救生圈，这样就能在海面上漂浮了，可我还是不怎么敢下水，就在边上看他们享受在海里的自由自在。

4. 刺激的水上冲浪

这一路的游艇之旅，除了美景之外，我们还有很多的幸运，有幸碰到经验丰富的船长，有着多年潜水经验的小 P 教练，有着一群有志同道合的新朋友，还有更大的幸运就是碰到了一群喜欢冲浪的伙伴们。冲浪对我们来说，仅仅从名字上说一点都不陌生，但真正要说到了解，船上的几对新婚夫妇都是一脸的茫然。看着他们在海面上自由地驰骋与转身，我们女同胞真的是羡慕加嫉妒，太帅气了。船长说现在下午的时间，海风慢慢地开始大起来了，这对于爱冲浪的朋友来说是个很好的时间。在船长与小 P 教练两个人的补充下，我们基本有点了解冲浪里面的行道了。

冲浪是运动员站立在冲浪板上，或利用腹板、跪板、充气的橡皮垫、划艇、皮艇等驾驭海浪的一项水上运动。不论采用哪种器材，运动员都要有很高的技巧和平衡能力，同时要善于在风浪中长距离游泳。冲浪者一般可以使用狭长的马力布板，或较短的腹板，甚至在不用板的情况下将两臂高举过头全身挺直进行冲浪。冲浪必须携带冲浪板先逆浪前进，到达浪峰较陡处，在一个浪头接近时，伏在冲浪板上用力蹬水，迅速朝岸边的方向游。因而这种特殊的运动方式不仅充满了狂喜，而且身体还能尝试到极限的挑战，所以，当人们来到海滨时，看到冲浪者在浩瀚的大海中随波涛起伏的身影，便会由衷地感到，冲浪不愧是汇集了力与美，保健与瘦身于一体的绝好方式。

冲浪运动以浪为动力，要在有风浪的海滨进行。海浪的高度要在 1 米左右，最低不少于 30 厘米。夏威夷群岛常年适合于冲浪运动。冲浪本身是一种潇洒优美的水上运动。冲浪爱好者可以立于冲浪板上或直接踏水，靠奔向岸边的海浪托起而浮于水面。由于夏日的来临，很多肥胖者难耐高温而纷纷跳进海中，借冲浪来消除腰部、腿部和胳膊赘肉。其中，美国的夏威夷海常常成为人们冲浪的首选。特别是冬天或春天都有从北太平洋涌来的海浪，浪高达 4 米，可以使运动员滑行 800 米以上。因此，夏威夷群岛一直是世界冲浪运动中心。

钓鱼哥对于海上活动在我们几个当中是最为擅长的，他对于冲浪也是颇为中意。但由于平时的客观条件限制，他说没有太多的机会去享受冲浪带来的刺激。钓鱼哥指着远处的风筝说，这就是他们之前在学习的冲浪风筝，很有技术含量的一种冲浪花样。一说到他自己玩过的冲浪，他就兴致勃勃地给我们介绍起来了：“你们看到那个风筝了吗？很像风筝吧，但又不是风筝，不是我们经常看到的风筝，准确地说更接近于伞状，但它可以像风筝一样飞，在风区内的任何角度和位置都基本可以。风筝冲浪呢，简单地说就是利用风筝的拉力去滑水的运动，这个冲浪的整个魅力点就是风筝的拉力利用，你可以腾空滞空。利用这个时间你可以去做你能做到的很多花式动作。当然啦，要做到各式花样动作，不下工夫是很难的。你们看到没有，前面的那些动作，我猜他们都是练了一两年才能够做到的。”

船长看着我们兴致昂扬，特意让游艇靠近了些，停留了会让我们看的更加真切。闲聊的同时，他告诉我们，这里也有因冲浪而发生的各种危险，要是我们以后有机会接触冲浪，一定要记住几点：刚开始学习冲浪一定要锻炼好自己的身体，加强各方面的锻炼，如手部划水训练、憋气训练、体能训练，这在碰到各种危险的时候非常关键；下水之前，把装备多检查几次，看看蜡块打过了没，安全绳救生衣等是否都准备好了，热身运动 20～30 分钟后再下水，不然很容易出现意外情况；冲浪手一定要遵守冲浪起乘规则，一个人一个浪，谁最靠近浪壁起乘点第一优先站起来，此时在旁边竞争的冲浪手应及时刹车或者抽冲浪板停止冲浪；在海浪中看到水母出现或者被水母蛰到了，一定要及时上岸并处理。一时跟我们解释了这么多，我们虽然记得不是特别清楚，但知道冲浪不仅仅是一项刺激的运动，也是一项有风险的运动，之前最好做好各种准备工作，对自己负责，对家人负责。

5. 唱响快乐的生活

玩得开心的时候时间也总是过得特别快，船长看看时间说差不多可以返航了，因为出海最怕晚上的时间，出于安全考虑，能尽早回来的就尽早回来。虽然我们有很多的舍不得，但该割舍的还是得割舍。一路上船长给我们准备了各种美味，这会儿正在厨房给我们准备烤鱼。海钓钓上来的鱼，有些只能欣赏，必须要放回大海，有些则可以留下来当做美食。冲着我们的成果，几个女孩子也迫不及待地去厨房帮忙了，杀的杀，洗的洗，还有几个是打下手的，就在当下，你会觉得像在家里朋友聚会，而不是海上旅行。

从出海到现在大家都在外面忙着玩，没有人注意游艇里面有哪些好玩的。这会大家都开始有点累了，在等待美食的过程中，开始寻思着找点悠闲的节目了。船长准备美食的过程中还不忘帮我们想节目，他推荐的是船上的卡拉 OK，效果不差，爱音乐的朋友可以吼上几首。年轻人没有不爱音乐的，也很少有不爱唱歌的，好听不好听都是次要，关键要享受这份心情，所有的杂念都消除了，只有满满的快乐。船长说的真是谦虚，卡拉 OK 效果不是不差，而是相当好，就这么几对夫妇中还不乏麦霸的存在。试过了海上游泳，试过了海上兜风，还能在游艇上高歌几曲，这种满足的滋味吃山珍海味都换不过来。张雨生的《大海》此时是最应景的："茫然走在海边，看那潮来潮去，徒劳无功，想把每朵浪花记清，想要说声爱你，却被吹散在风里。茫然回头，你在那里。如果大海能够，唤回曾经的爱，就让我用一生等待；如果深情往事，你已不再留恋，就让它随风飘远；如果大海能够，带走我的哀愁，就像带走每条河流。所有受过的伤，所有流过的泪，我的爱，请全部带走。"

阻挡不了时间的脚步，我们也欣赏到了课本里描述的海边日落。太阳慢慢落向海面，我们在游艇上看毫无阻挡，整个落日的景色尽收眼底，这一幕的夕阳西下让我们对时间又有了更深一层的感叹。如果生活中有过多的繁琐和压力，我想我们还是会来到这里来释放我们的能量，不仅可以回忆浪漫的结婚之旅，还能够近距离倾听海的声音，给生活增添更多的纯净，我们一定会再来的。

参考文献

鲍勃·贝蒂．2009．野营指南——户外野营必读．虞重干，殷小翠译．北京：人民体育出版社：36-66．

常桦．2008．公务商务活动筹划与实施手册．北京：中国工人出版社：58-61．

陈博．1989．台湾省 FRP 工业概况．玻璃纤维，(5)：36-37．

陈华．2007．在我国环境恶劣地区开展探险旅游的前景．新疆大学学报（哲学人文社会科学版），35（1）：25-28．

陈艳．2012．青岛：游艇经济风生水起．宁波经济，(10)：22-23．

陈扬乐．2009．旅游策划．武汉：华中科技大学出版社：67．

程爵浩．2006．游艇俱乐部的设计与运营模式研究．企业经济，3：26-28．

关晓蕾．2010．游艇产业期待中国式起航．大经贸，(5)：68-69．

管健．2001．生日派对 DIY．天津：天津人民出版社：76-77．

贺广铜．2006．意想不到＋浪漫＝滑水．文体用品与科技，7：23．

侯志红．2000-11-07．潜水运动大众化面临挑战．中国消费者报，004．

胡笑蓉．2006-09-07．潜水商机浮出水面．海峡财经导报，009．

黄翔．2008．旅游节日策划与营销研究．天津：南开大学出版社：57．

贾静，罗马星．2000．项目策划．北京：知识产权出版社：114-119．

居延安．2010．公共关系学．上海：复旦大学出版社：6-7．

李如友．2011．我国探险旅游发展中的供需失衡分析及对策．盐城工学院学报（社会科学版），4：25-30．

李欣频．2009．爱情是文字最美的结局．南宁：广西科学技术出版社：10-12．

李忠俊．2008．我国高校体育拓展训练研究综述．体育文化导刊，7：102．

梁强，李芃松．2007．基于隐性需求挖掘的户外运动产业价值创新．天津体育学院学报，3（22）：214-217．

廖灿．2005．商务策划实务教程．北京：中国经济出版社：82．

林重庚，迈克尔·斯宾塞．2011．中国经济——中长期发展和转型．北京：中信出版社：40．

刘纯．2009．户外探险旅游存在的问题及应对措施．产业与科技论坛，6：42-43．

刘德谦，高培勇，宋瑞，等．2011．2011 年中国休闲发展报告．北京：社会科学文献出版社：184-197．

刘嘉龙．2011．休闲活动策划与管理．上海：格致出版社：95．

刘炜航．2011．中国游艇产业发展迎来发展春天．中国海事，5：5-7．

刘艳．2009．水上摩托艇转向技术．湖北体育科技，(5)：489-490．

吕航．2005．游艇：冲破黎明前的黑暗．中国船检，(2)：40-43．

马春卉．2010．现代豪华游艇的造型与舱室设计．品牌（理论版），10：102-103．

马振．2012-09-05. 我国游艇业发展应走平民化道路．中国旅游报，002.
毛振明，王长权．2004. 学校心理拓展训练．北京：北京体育大学出版社：1-20.
齐鸣．2012. 咖啡·咖啡．南京：江苏科学技术出版社：3.
屈奇．2008. 户外探险类自助游的法律困境与对策．商场现代化，2：291-292.
尚铭．2008. 滑水：水面上的优雅舞动．中国信用卡，7：35-36.
申榕．2002. “水上芭蕾”过把瘾．浦东开发，8：60.
斯蒂芬·P. 罗宾斯，蒂莫西·A. 贾奇．2008. 组织行为学．北京：中国人民大学出版社：159.
宋增文，向宝惠，钟林生，等．2009. 国内外探险旅游研究进展．人文地理，5：25-30.
苏雄．2009. 休闲潜水研究．体育文化导刊，(7)：19-22.
王彬洁．2010. 高校文艺晚会的策划与构思．吉林艺术学院学报，1 (94)：49-51.
王长工，包凌云．2000. 传统钓法探秘．成都：四川科学技术出版社：33-34.
王超．2006. 游艇驾照驰骋海洋的必修课．新经济杂志，4：82-83.
王国平，韦勇．2006. 青岛游艇产业调查．招商周刊，(9)：56-58.
王金凤．1999. 板报、广播宣传和展览布置．海口：南海出版公司：21-22.
王玲．2011. 中国茶文化．北京：九州出版社：7.
王敏，吴翼中．2005. 初探水上摩托艇项目在市场经济模式下的机遇与挑战．湖北体育科技，4：446-447.
王喜雪．2011. 休闲旅游策划与营销．上海：上海交通大学出版社：75.
王晓．2005. 美国游艇业的发展及借鉴意义．船舶工业技术信息，(9)：84-91.
王小利，张树夫．2007. 我国探险旅游安全保障体系的构建．安徽农业科学，35 (7)：2100-2102.
魏铭鼎．2009. 拓展训练的安全管理体系的建立．经营管理者，3：66.
谢海云．2005. 个性婚礼策划师：教新婚情侣玩浪漫．职业，3：11-12.
徐晞，刘滨谊．2009. 美国郊野公园的游憩活动策划及基础服务设施设计．中国园林，6：56-58.
许传宏．2010. 会展策划．上海：复旦大学出版社：82.
许春晓，周慧．2004. 都市居民的近郊休闲旅游意向特征研究（以长沙市为例）．北京第二外国语学院学报，1：101-104.
许志娟．2006. 我国女子皮艇奥运集训队员运动素质的态势分析．现代高等教育，3：59-61.
杨英梅．2011. 商务策划实务．北京：机械工业出版社：206.
叶俊杰．2012. 青岛市游艇俱乐部体验营销研究．商周刊，(15)：45-48.
岳占仁．2006. 塑造真实的体验．IT 经理世界，21：84-86.
昝慧昉．2007. 淘金中国游艇．中国新时代，(3)：144-147.
张传统．2007. 体验经济——探险旅游俱乐部未来的发展模式．山西师大学报（社会科学版），(S1)：57-59.
张敏，袁牧．1999. 游艇俱乐部的规划设计．城市规划，23 (9)：31.
张韶天．2011. 帆船是有灵魂的．商周刊，19：44-47.
张素娟，宋雪莉．2012. 酒店活动策划．北京：化学工业出版社：121.

张伟武.2011. 媒体创意策划与营销. 太原：三晋出版社：79.

张夏.2010. 游艇旅游在中国发展. 商业文化（学术版），(3)：167-168.

章川.2003. 体验经济魅力—体验创造财富. 商业文化，1：30-32.

赵刚.2010. 自助餐必学礼仪. 理财，(10)：78-79.

郑文峰.2005. 会展业的发展探析. 大连：东北财经大学硕士学位论文.

郑欣.2008. 平民偶像崇拜：电视选秀节目的传播社会学研究. 北京：中国传媒大学出版社：24-26.

周智光.2010. 游艇业将成中国下一个旺业. 决策与信息，(11)：7.

朱可伟.2012. 如可提炼主题. 现代阅读（教育版），(20)：6.

朱学稳.1997. 洞穴学研究的进展. 科技导报，12：26 -29.

祝伟慧.2009. 海平面的感官享受——游艇生活. 风景名胜，8：24-29.

Maggie Y. 2007. 豪华游艇的浪漫密码. 中国科技财富，(11)：136-141.